MOEWIG
SCIENCE FICTION

Marion
Zimmer Bradley

DER PREIS DES BEWAHRERS

Herausgegeben von Hans Joachim Alpers

MOEWIG
Deutsche Erstausgabe

MOEWIG Band Nr. 3700
Moewig Taschenbuchverlag Rastatt

Andre Norton,
die uns alle inspiriert hat,
ist dieses Buch herzlichst gewidmet
von den Friends of Darkover

Titel der Originalausgabe: The Keeper's Price
Aus dem Amerikanischen von Rosemarie Hundertmarck,
mit Ausnahme der Story „Der Sohn des Falkenmeisters",
die von Martin Eisele übersetzt wurde

Umschlagillustration: Corey Wolfe
Umschlagentwurf und -gestaltung: Franz Wöllzenmüller, München
Redaktion: Hans Joachim Alpers
Verkaufspreis inkl. gesetzl. Mehrwertsteuer
Auslieferung in Österreich:
Pressegroßvertrieb Salzburg, Niederalm 300, A-5081 Anif
Printed in Germany 1986
Druck und Bindung: Elsnerdruck, Berlin
ISBN 3-8118-3700-1

Inhalt

Einführung

Ein Wort von der Schöpferin Darkovers

Zu den vielen falschen Vorstellungen junger Autoren, die den Durchbruch zur Veröffentlichung anstreben, gehört das Bild des Verlegers als harter, grausamer, gefühlloser und von Vorurteilen besessener Mensch, der einen sadistischen Spaß darin findet, Manuskripte mit unpersönlichen Vordrucken abzulehnen, der sich nur herabläßt, ein ihm eingesandtes Werk zu lesen, wenn der Verfasser einen „großen Namen" hat, und der im allgemeinen versucht, jungen, zukünftigen Schriftstellern so viele Steine wie möglich in den Weg zu legen.

Das stimmt einfach nicht. Ich bin selbst eine Reihe von Jahren Verlegerin gewesen und habe mit vielen Verlegern zusammengearbeitet, einschließlich Donald A. Wollheim, dem Verleger der DAW-Bücher. Deshalb kann ich sagen, daß sich die meisten Verleger ihre Begeisterungsfähigkeit für gute Science Fiction bewahrt haben und einen Großteil ihrer dem Beruf gewidmeten Zeit auf der Suche nach guten neuen Autoren verbringen. Ganz gleich, wie viele berühmte Namen ein Verleger in seinem (oder ihrem) „Stall" haben mag, er darf sich niemals allein auf „Namen" verlassen. Autoren sterben. Sie werden krank und versäumen Termine. Sie gehen für ein Jahr nach Europa, Afrika oder Katmandu. Fassen den Entschluß, die nächsten drei Jahre auf Vorarbeiten für den Großen amerikanischen Roman zu verwenden. Aus welchem Grund auch immer, der Verleger hat dann nichts zu veröffentlichen, und wenn er nichts veröffentlicht, verdient er kein Geld.

Und deshalb läßt der Verleger keinen Stein unumgewendet, um neue Autoren zu finden und zu ermutigen. Einer der Steine, die Don Wollheim umwendete, war *Starstone,* die Zeitschrift der Freunde Darkovers für Darkover-Apokryphen. Ich habe junge Schriftsteller stets ermutigt, in meiner Welt zu schreiben; ich finde, das macht Spaß. Außerdem, auf welche andere Weise könnte ich Darkover-Geschichten zu lesen bekommen, ohne daß ich mir erst die Mühe machen muß, sie zu schreiben?

Don war meine Gewohnheit bekannt, in *Starstone* verschiedene Einfälle über Darkover zu veröffentlichen, die ich für zu kurz oder zu bruchstückhaft hielt, um sie zu Romanen zu entwickeln. Einmal schlug er mir vor, eine Anthologie aus Darkover-Kurzgeschichten zusammenzustellen, und als ich antwortete, von diesen kurzen Sachen seien für ein Paperback nicht genug vorhanden, meinte er, ich könne doch die besten Erzählungen der Freunde Darkovers dazunehmen, von denen einige großes Talent zeigten.

Zufällig besteht diese Anthologie ausschließlich aus Beiträgen von Frauen. Ich hatte gehofft, daß sich zumindest mein Bruder Paul Zimmer (der einige der besten Szenen zu *Das Zauberschwert* beisteuerte) oder mein Sohn David Bradley, der ein kleines, halb-professionelles Fantasy-Magazin herausgibt, beteiligen würden, aber beide waren mit ihren eigenen Projekten beschäftigt.

Und dann fiel mir ein, daß auch die Amateur-Fiction für „Raumschiff Enterprise“ hauptsächlich von Frauen geschrieben ist. Im großen und ganzen ist ebenso das Phänomen Darkover ein weibliches Phänomen.

Also freue ich mich und fühle mich geehrt, daß so viele talentierte junge Frauen mein Darkover-Universum als Schrittstein benutzen, um zu eigenständiger Arbeit auf literarischem Gebiet zu gelangen. Zugegeben, ein großer Teil der Darkover-Geschichten ist nicht sehr gut. Aber auch von der Amateur-Musik, die für die Gedichte und Lieder in Tolkiens *Herr der Ringe* geschrieben wurde, ist vieles nicht sehr gut. In einem Vortrag über Tolkiens Verse sagte ich einmal (das war lange, bevor die Darkover-Serie bekannt wurde), das erstaunlichste daran sei für mich, daß sie so viele, viele Leute anregten, Musik zu schreiben! Fast jeden, so kam es mir vor, der je daran gedacht hatte zu komponieren, überkam das Verlangen, Tolkiens Verse zu vertonen.

Mit demütigem Staunen sehe ich, daß das Konzept „Darkover“ so viele junge Frauen, die bisher nicht geschrieben hatten, dazu ermutigte, ihre Begabung im Erschaffen neuer Personen und neuer Situationen auf Darkover zu erproben. Im Jargon des Feminismus könnte man sagen, Darkover habe ihnen „einen Freiraum zu kreativen Versuchen“ gegeben. Von einer für sie vorgefertigten Welt umgeben, war es ihnen möglich, sich auf Personen und Handlung zu konzentrieren, ohne erst selbst ein ganzes Universum ins Leben rufen zu müssen.

Einige dieser Frauen sind, nachdem sie ihre Schwingen in der dünnen Luft von Darkover erprobt hatten, dazu übergegangen, anderes zu schreiben. Einige haben Darkover dazu benutzt – und benutzen es noch –, um die Dimensionen ihrer eigenen Weltanschauung zu erkunden und gleichzeitig ihr Geschick und ihre Technik zu vervollkommnen.

Diese Anthologie dient teils der Anerkennung ihres Talents, teils der Anerkennung meiner Schuld ihnen gegenüber. Denn die meisten dieser Frauen haben sich zum Schreiben von Kurzgeschichten entschlossen. Das ist nie meine Stärke gewesen. Aber indem ich die Darkover-Kurzgeschichten meiner jungen Fans las und manchmal kritisierte und ihnen erklärte, was daran falsch war, habe ich irgendwie gelernt, selbst Kurzgeschichten zu schreiben, und bin ermutigt worden, mich in dieser subtilsten literarischen Form zu versuchen. Ich finde, meine Beiträge zu diesem Band gehören zu den besten meiner Kurzgeschichten, und sie wurden geschrieben, weil ich die Fehler zu vermeiden gelernt hatte, die ich in den Kurzgeschichten anderer Leute fähig war zu erkennen. Deshalb habe ich über die Kunst des Schreibens von meinen Fans ebensoviel gelernt wie sie, wie ich hoffe, von mir.

Manche Kritiker haben sich daran gestoßen, ich könnte meine Fans ausnutzen oder ihre Ideen stehlen oder ihre Arbeiten für meine zukünftigen Romane verwenden. Das gilt nur insofern, als alles, was ich lese, irgendwie einen Weg in mein Unterbewußtsein findet und dort die Umwälzung erfährt, die aus einer bloßen Idee einen Roman macht. Das kann ebenso mit einem Buch von Roger Zelazny – oder Daphne du Maurier – oder Agatha Christie – oder Pearl S. Buck geschehen.

Natürlich erhalte ich Ideen von meinen jungen Fans, genauso wie ich ihnen Ideen *gebe*. Doch was das Stehlen ihrer Ideen betrifft – ich habe *reichlich* genug eigene!

Ich fühle mich auch nicht bedroht, wenn die Geschichten anderer nicht mit meiner persönlichen Vision von Darkover übereinstimmen. Ich stelle mir vor, daß sie in einer Parallelwelt zu „meinem" Darkover spielen beziehungsweise in *einer* der Parallelwelten, die meinem eigenen Darkover sehr ähnlich sehen oder sich stark davon unterscheiden können, ganz wie es die junge Autorin wünscht.

Denn in einem sehr realen Sinn betrachte ich mich nicht als die „Erfinderin" Darkovers, sondern als seine Entdeckerin. Wenn andere in meiner Phantasie-Welt spielen möchten, wer bin ich, daß ich die Tür zuschlage und von ihnen verlange, sie sollten sich eine eigene bauen? Sind sie dazu fähig, werden sie es eines Tages tun. Wollen sie inzwischen über Darkover schreiben, freue ich mich darüber. Die ganze selbstsüchtige Exklusivität des Conan-Doyle-Nachlasses hat es nicht verhindern können, daß Freunde Sherlocks ihre eigenen Geschichten geschrieben und heimlich ausgetauscht haben. Warum sollte ich mir das Vergnügen versagen, jungen Talenten zuzusehen, wie sie sich auf meiner Welt einüben?

Betrachten wir es einmal auf diese Weise: Als ich ein kleines Kind war, liebte ich es über alles, „So tun, als ob" zu spielen. Doch mit neun oder zehn fand ich niemanden mehr, der es mit mir spielen wollte. Meine Freundinnen wuchsen darüber hinaus – ich nie. Und jetzt habe ich viele Fans und Freunde, die in meinen Zaubergarten kommen und das alte „So tun, als ob" mit mir spielen.

Weit, weit entfernt, irgendwo in der Mitte der Galaxis und etwa viertausend Jahre in der Zukunft, gibt es eine Welt mit einer großen roten Sonne und vier Monden. Wollt ihr nicht mitkommen und dort mit mir spielen?

Marion Zimmer Bradley

Diana Paxson ist nicht nur eine der in der Einführung erwähnten Schwestern, sie ist auch noch meine Schwägerin, verheiratet mit meinem Bruder Don, der unter dem Namen Jon de Cles schreibt. Wenn ihre Erzählung in dieser Sammlung an erster Stelle steht, so ist nicht Nepotismus der Grund, sondern die Tatsache, daß sie, chronologisch gesehen, die früheste in der aufgezeichneten darkovanischen Geschichte ist und nur wenige Generationen nach Landung auf Darkover spielt.

Wie viele hier vertretene Autorinnen – tatsächlich ist es typisch für die Frauen in dieser Anthologie – bewältigt Diana einen Haushalt, kleine Kinder, eine Ganztagsstellung und eine ernsthafte künstlerische Laufbahn gleichzeitig. Sie hat Kinderbücher illustriert (und zugestimmt, die Karte für die Hardcover-Ausgabe der Darkover-Bücher zu zeichnen), war wesentlich an der Gründung der Gesellschaft für kreativen Anachronismus beteiligt und hat Kurzgeschichten an Isaac Asimov's Science Fiction Magazine *und Anthologien wie* Millennial Women *und* Swords Against Darkness *verkauft. Außerdem schreibt sie an einem großartigen vierbändigen Werk für Kinder, das noch einen Verleger sucht (ich erinnere sie immer wieder daran, daß Madeleine L'Engles* A Wrinkle in Time, *das dann Geschichte machte, von mehreren Verlegern abgelehnt wurde, bevor es den Newberry-Preis gewann, und* The Earthstone *ist meiner Meinung nach ein mindestens ebenso gutes Kinderbuch).*

Bei allem, was sie zu tun hat, bin ich gerührt und fühle mich besonders geehrt, daß eine Autorin von Dianas Klasse meine Welt besucht, um „Vai Dom" zu schreiben.

Ich finde, Dianas Beruf paßt genau zu Darkover, denn Diana arbeitet für das Office of Education und stellt Lehrpläne für Indianerkinder zusammen. Navajo- und Hopikindern dabei zu helfen, daß sie sich in einer technologischen Gesellschaft zu-*

* Far West Laboratory for Educational Research and Development

rechtfinden, die den Mond erreicht hat, und doch die Verbindung mit ihrem eigenen Erbe nicht zu verlieren, hat in meinen Augen große Ähnlichkeit mit den Problemen Darkovers bei der Konfrontation mit dem Imperium.

In dieser Geschichte befaßt Diana sich mit der Frage, wie auf Darkover eine Kolonie, gegründet von Bürgern einer technologischen, demokratischen Gesellschaft, so schnell mittelalterlich und feudal werden konnte.

Diana L. Paxson

Vai Dom

VAI DOM

Obwohl die politische Geschichte Darkovers den Wissenschaftlern in den letzten Jahren in größerem Umfang zugänglich gemacht worden ist, werden einige Fragen wahrscheinlich unbeantwortet bleiben. Für den Historiker muß eine der frustrierendsten die nach dem Prozeß sein, mittels dessen Menschen, deren politischer Hintergrund durch eine Regierung aus Volksvertretern, eine zentralisierte Behörde und eine auf Verdiensten basierende Verwaltungshierarchie charakterisiert war, die lockere Föderation feudaler Staaten entwickelten, die heute auf dem Planeten dominieren.

John Wilkes Reade
Darkover – Probleme und Prämissen

Schweigend hoben die Trauergäste ihre Zinnkrüge vor dem leeren Stuhl am Kopf der langen Tafel, leerten sie und stellten sie nieder. Darriel di Asturien schluckte den letzten Rest Met hinunter. Die Säure in seinem Magen und die Ablenkung durch die Visionen, die hinter seinen Augen flackerten, machten ihm zu schaffen. Und dabei begann seine Schwester Kierestelli, die Krüge von neuem zu füllen! Er war das älteste Kind. Gleich mußte er den Trinkspruch auf das Gedächtnis seines Vaters ausbringen. Er durfte der alten Schwäche nicht nachgeben!

Heute abend würden viele Gelübde ausgesprochen und die Metfässer geleert werden, als hätten sie im Vorratsraum noch Dutzende davon. Aber vielleicht war es ein gerechter Austausch. Wo die Fässer gelegen hatten, ruhte nun Darriels Vater unverweslich in der Kälte. Sie würden ihn begraben, wenn der Frühling kam. Falls der Frühling kam . . .

Darriel bedeckte seine Augen, versuchte, sich den Frühling vorzustellen, die zur Hochebene führenden Hänge blau von Blüten zu sehen. Aber sein Geist betrog ihn mit dem schwindelerregenden Duft von *Kireseth;* Farben wirbelten vor ihm, das Blau verfärbte sich zu dem roten Blut seines Vaters auf dem Schnee.

Man rief ihn. Irgendwie gelang es Darriel aufzustehen. Er hörte sich die Worte sprechen, die er zu einer Litanei gemacht hatte, um in den dunklen Nächten seit seines Vaters Tod seine Gedanken zu bändigen:

„Auf Dawyd di Asturien, der glaubte, daß die Ebene an diesem Fluß es wert sei, geliebt zu werden. Für sie gab er sein Leben, und ich nenne ihn, wie er den Fluß nannte – *Valeron.*" Zum Schluß bebte seine Stimme.

Sein Halbbruder Loryn erhob sich. „Ich trinke auf meinen Pflegevater, der die von ihm urbar gemachten fruchtbaren Felder nicht verlassen wollte, als die Ratsmitglieder von Dellerey uns nach dem ersten Angriff der Ya-Männer in die Stadt zurückbefahlen. Wir werden seinen Traum nicht verraten."

Ein zustimmendes Brummen kam von Beltran, dem dritten di-Asturien-Bruder. Auch er trank auf das Andenken eines Vaters, der manchmal übereilt gehandelt hatte, aber niemals ungerecht gewesen war.

Nun wollte der alte Gabriel Ross seinen Trinkspruch ausbringen und stellte sich auf die Füße. Die rauhen Dielen knarrten. „Auf Dawyd, einen würdigen Enkel des Mannes, der vor erst siebzig Jahren Dellerey gründete." Gabriel war mit Dawyd gekommen, um die Ebene an der Flußmündung zu besiedeln und einen halben Tagesritt stromaufwärts von ihnen eine Farm aufzubauen.

Wieder und wieder trank Darriel, und die Kälte in seinem Bauch schwand. Achtunddreißig menschliche Wesen lebten heute am Ufer des Valeron, und alle waren sie zu Dawyd di Asturiens Leichenschmaus gekommen. Ein Säugling schrie.

Seine Mutter legte ihn an die Brust, und er verstummte. Darriels Blick wanderte über den unfertigen Wandfries von Gedenktafeln, an denen Dawyd des Winters geschnitzt hatte, über die kräftigen Gesichter rings um ihn, die gerötet waren vom Licht des lodernden Feuers. Es machte den Raum tageshell. Der Schein der Flammen spielte über die hölzernen Köpfe der Hirsch-Ponys hin, umkränzt von Blättern und Blüten, blitzte auf dem Messer, das auf Haken über dem Kamin hing.

Dies Messer war das kostbarste Erbe der di Asturiens. Sein Metall sollte von der Hülle des Sternenschiffs stammen, das vor fast einem Jahrhundert ihre Ahnen nach Darkover gebracht hatte. Tatsache war, daß die Schmiede in New Skye heute die Kunst, solches Metall herzustellen, nicht mehr besaßen.

Darriels Visionen verblaßten jetzt, *gratia Dios!* Auch sie waren ein Erbe. Aber wie sein rotes Haar stammte die Macht von Vergangenheit und Zukunft, die Wahrnehmung der Gegenwart zu überwältigen, von der Familie seiner Mutter. Sie war eine Nachkommin von Elorie Lovat gewesen, die die Legende das Kind des Chieri nannte.

Darriel richtete den Blick wieder auf seine Gäste. Robard Macrae schob seine Bank zurück, und Darriel fuhr zusammen. In der Ewigkeit, die der junge Robard zum Aufstehen brauchte – er zögerte, als suche er nach Worten – zermalmte die Wucht der Visionen Darriel von neuem:

Robard, das helle Haar aus dem Gesicht schüttelnd, verteidigte Darriel in dessen sechzehntem Sommer, als die Krankheit fast jeden Tag kam, gegen den Hohn seiner Brüder . . .

Robard widersetzte sich mit gleicher Hartnäckigkeit dem Wunsch von Darriels Vater, mit seiner Familie in El Haleine zu wohnen, bis der Winter und die Gefahr, von Ya-Männern angegriffen zu werden, vorüber waren . . .

Dawyd di Asturien fiel unter den Keulen und Schnäbeln der Ya-Männer, während eine große Überzahl seinen Söhnen so zu schaffen machte, daß sie ihm nicht zu Hilfe eilen konnten. Zu viele – es waren für nur vier Mann zu viele gewesen. Dann kam der Blizzard, und hinterher waren die Ya-Männer in irgendeiner ihrer Festungen verschwunden, aus denen sie der Hunger zuvor herausgetrieben hatte. Aber da war es zu spät gewesen . . .

Robards ruhiger Blick traf den Darriels über einem Lagerfeuer . . . seines Vaters Röcheln, als sie ihn endlich in einem Durcheinander von ausgemergelten Ya-Mann-Leichen und schmutzigen Federn fanden . . .

„Nein!“ rief Darriel laut. „Deine Heucheleien sollen das Gedächtnis meines Vaters nicht entehren. Wärest du zu uns gekommen, wie mein Vater dich bat, hätten wir sie ohne Verlust zurückschlagen können, und Dawyd di Asturien wäre nicht gefallen!“

Robard wehrte Darriels Worte mit einem Heben der Hand ab. „Ein Mann muß selbst entscheiden, wo seine Pflicht liegt, oder er ist kein Mann! Ich hielt meine Familie da, wo sie war, für sicherer.“

Das rote Glühen des Mets, das rote Glühen des Feuers, das rote Flackern des Messers über dem Herd brannten den Nebel der Vision weg. Darriel richtete die Augen auf Robard und erblickte anstelle seines leuchtenden Haars die Federn eines Ya-Mannes.

Er sprang auf, und die Bank fiel hinter ihm krachend um. Er lief zum unteren Ende des Tisches. Dort blieb er stehen und starrte Robard über die Platte hinweg an. Das Gemurmel der Gäste verstummte.

Robards Schwester legte ihm die Hand auf den Arm. Behutsam nahm er sie weg, schob die Frau und ihren kleinen Sohn hinter sich. Den Blick immer noch auf Darriel gerichtet, ging er um den Tisch. Wortlos nahmen die beiden jungen Männer die gleiche Haltung ein, die Füße auseinander, die Knie gebeugt, die Hände offen. Schon viele Male hatten sie das getan. Aber nicht so wie heute . . .

Die Vorfreude ließ Darriels Rückgrat kribbeln und spannte die Muskeln von Hals und Armen. Er war sich nur seiner wachsenden Lust bewußt, das Schnabelgesicht vor ihm zu zerschmettern. Er hörte ein Stöhnen und wußte nicht, daß es aus seiner eigenen Kehle kam. Die Spannung baute sich auf, zerriß. Er sprang seinen Feind an.

Ihre Hände suchten nach Ansatzpunkten am Körper des anderen, Füße scharrten. Darriel verstärkte die Hebelwirkung. Eine Böe warf Schnee gegen die geölten Tierhäute vor den Fenstern. Die Kämpfer schwankten, atmeten in harten Stößen, verharrten dann unbeweglich. Kraft traf auf so gleichwertige Kraft, daß nur das Zucken eines Muskels, das Pulsieren einer Ader Leben verriet.

Das Reißen der Schulternaht von Robards Jacke brach die Stille. Darriels Griff lockerte sich. Robard wand sich und hakte den Fuß hinter das Knie seines Gegners. Darriel warf die Arme in die Höhe, konnte aber das Gleichgewicht nicht halten. Beide Männer krachten auf den Boden und schlugen wütend um sich. Der Instinkt lenkte Darriels Finger an Robards Hals.

Die Gäste umstanden die Kämpfenden im Kreis, die Gesichter angespannt.

„Junge Narren!“ brummte Gabriel.

„Aber Darriel hat die Wahrheit gesprochen ...“, erwiderte Beltran di Asturien.

Wieder bewegten sich die aneinandergeklammerten Gestalten, rollten über die Dielenbretter. Robard, der Herr seiner Muskeln wie seines Verstandes war, manövrierte sie auf die erhöhte Steinplattform des Herdes zu. Die Leiber bäumten sich auf. Ein Geräusch wie von einem brechenden Stock war zu hören. Robard riß sich aus Darriels Umarmung los.

Ein brennender Schmerz durchfuhr Darriels rechten Arm, und Darriel war sich vage bewußt, daß es die Qual verstärken würde, wenn er versuchte, ihn zu benutzen. Aber sein Feind entrann! Er mühte sich auf die Füße. Sein Bruder Loryn tat einen Schritt in seine Richtung. Der Schatten lenkte ihn ab. Er drehte sich ein bißchen, und sein Auge fing das rote Glitzern des Messers über dem Herd auf. Eine einzige fließende Bewegung brachte ihn zu dem Messer und das Messer in seine Hand.

Er schritt auf seinen Feind zu, und die Stille dröhnte in seinen Ohren. Robard wich zurück und beobachtete ihn mit verzweifeltem Mitleid.

Darriel blieb stehen.

Eine graue Schwäche kämpfte mit dem Feuer in seinem

Kopf. Er hob das Messer, zeichnete ein Muster damit in die Luft, um den Blick seines Gegners zu verwirren, aber als er ihn bewegte, packte der Schmerz seinen anderen Arm. Er sah abwechselnd das Gesicht des Ya-Mannes und das seines Freundes vor sich. Dann schwankte er, und plötzlich faßte ihn Loryn von hinten.

Er taumelte. Gabriel Ross packte sein Handgelenk mit der ganzen knorrigen Kraft seiner sechzig Jahre. Darriels Finger wurden schwach. Das Messer wurde ihm entrissen. Er wimmerte. Jetzt waren rings um ihn Leute, füllten den Raum zwischen ihm und seinem Feind.

Seinem Feind . . .

Darriels Augen richteten sich auf Robards blasses Gesicht.

„Verräter! Verräter! Bist du von dem ganzen Rat von Dellerey gezeugt worden?“ flüsterte er, gegen den stärker werdenden Schmerz ankämpfend. „Lauf, solange du es noch kannst – das nächste Mal werde ich meine Hand nicht zurückhalten.“

Robard richtete sich auf. „Ich nenne dich nicht einen Bastard, sondern den echten Sohn eines vor Stolz wahnsinnigen Tyrannen. Ob du verrückt bist oder nicht, Darriel di Asturien, es wird Tod zwischen uns sein, bevor du mich wiedersiehst.“

Robards Gesicht schien zu verschwimmen. Darriel hörte ihn nach seinem jüngeren Bruder Rickard rufen, den Rest seiner Familie um sich versammeln. Dann wurde der Nebel um ihn dichter, und er fiel.

Darriel erwachte von dem Geräusch fließenden Wassers, dem stetigen Tropf-Tropf der Eiszapfen, dem Rieseln des von den Dachbalken abschmelzenden Schnees. Er rührte sich nicht, genoß die weiche Daunenmatratze, die Wärme der Wolldecken und der Zudecke, die Kierestelli aus Streifen von Rabbithorn-Fellen gewebt hatte. Ein Luftzug von einem offenen Fenster berührte sein Gesicht – kühl, aber nicht eisig, und so rein, als sei die Luft neu geschaffen worden. Sein Kopf war zu seiner Freude klar.

Sein Vater war tot. Er selbst hatte Stahl gegen seinen Freund gezogen.

Aber die Wucht dieser Erinnerungen wurde gedämpft von

den Bildern ängstlicher Gesichter, dem Rauschen starker Winde und seinen Träumen. Waren es wirklich nur Träume gewesen? Er konnte sie immer noch hinter seinen Augenlidern sehen – massive Steinmauern und Palisadenzäune um El Haleine und verhungernde Ya-Männer, die vergebens gegen sie anrannten.

Darriel hörte einen gedämpften Fluch und das Rascheln von Stoff. Er schlug die Augen auf und sah den bronzebraunen Schimmer auf dem gesenkten Kopf seiner Schwester vor dem rosigen Licht des Mittags.

„Kierestelli?"

Sie richtete sich auf, in der Hand die Nadel, die sie fallen gelassen hatte. Jetzt steckte sie sie an dem zerrissenen Hemd auf ihrem Schoß fest.

„Habe ich dich aufgeweckt? Wie fühlst du dich?"

„Gut, nur müde. Wie lange habe ich geschlafen?"

„Geschlafen! Zwei Wochen lang hast du getobt. *Geschlafen* hast du seit gestern nachmittag."

Jetzt fiel ihm auf, daß sie Ringe unter den Augen hatte und ihre Lippen schmal geworden waren. „Es tut mir leid . . ."

Sie seufzte. „Wir dachten, wir würden auch dich verlieren. Es war die Krankheit, nicht wahr?"

Er nickte. Von allen Kindern seiner Mutter kannte außer ihm nur Kierestelli die Qual, wenn die Realität einem entschlüpfte. Sie hatte jedoch nur eine Weile darunter zu leiden gehabt. Es schuf ein besonderes Band zwischen ihnen, und seit dieser Zeit erfaßte sie manchmal seine Gedanken wie er die ihren, ohne daß sie zu sprechen brauchten.

„Beim Leichenschmaus hat die Krankheit gesprochen, nicht du", fuhr sie fort. „Robard weiß, wie das mit dir ist – hättest du nicht . . ." Sie brach ab.

Robard, oh, mein Freund! Darriel schloß kurz die Augen. „Vielleicht, wenn wir unter uns gewesen wären. Aber das ganze Tal hat meine Worte und seine gehört. Auch Vater hat er beleidigt – glaubst du, Loryn und Beltran ließen es zu, daß ich ihm das verzeihe? Man würde uns beide verachten, suchten wir jetzt nach einer Einigung." Er lächelte bitter.

Kierestelli schüttelte den Kopf. Sie wußte, es war sinnlos, mehr zu sagen.

„Kierestelli, als ich krank war, habe ich ... geträumt", begann er.

Ihre grauen Augen blitzten auf. „Wie dein Traum von dem Waldbrand vor zwei Sommern? Wie der, bevor Mutter starb?"

Er nickte. „Wir müssen die Befestigungen verstärken. Die Ya-Männer kommen wieder – nicht in diesem Jahr, vielleicht auch nicht im nächsten, doch sie kommen."

„Natürlich ... im Sommer, wenn der Geisterwind weht", antwortete sie. „Doch dann sind sie berauscht und lassen sich mit Feuer leicht verscheuchen."

„Nein, im Winter."

„Dieser Winter war eine Ausnahme! Das Wetter hätte schon vor einem Monat umschlagen müssen. Die Ya-Männer hungerten ..."

„Ja, und sie werden wieder hungern und wieder angreifen. Ich weiß nicht, ob das irgendein Zyklus ist oder ob das Klima sich ständig verschlechtert, aber ist dir nicht aufgefallen, daß es, seit du ein Kind warst, immer kälter geworden ist?"

Sie starrte ihn an und zog ihr Tuch enger um sich.

„Diesmal hatten wir zum erstenmal einen wirklich harten Winter", fuhr er fort, „aber jedes Jahr ist der Schnee früher gekommen. Bei richtiger Vorausplanung werden wir die Ernte auch weiterhin einbringen können. Anders die Ya-Männer, sie bauen nichts an ..." Mühsam stützte er sich auf den Kissen hoch, ohne auf das Stechen in seinem geschienten Arm zu achten. „*Breda,* jetzt trage *ich* die Verantwortung für El Haleine! Hilf mir, Loryn und Beltran zu überzeugen, daß wir bereit sein müssen, wenn die Ya-Männer wiederkommen!"

Seine Vision sprang in ihrer ganzen Intensität auf sie über. Ihre Augen waren wie ein Waldsee. Sie spiegelten Unsicherheit, böse Ahnungen und Verzweiflung wider. Ihre Lippen bildeten die gleiche feste Linie wie die seinen.

Sie nickte.

Ungeachtet des Spottes ihrer Nachbarn arbeiteten die di Asturiens in diesem Sommer und dem nächsten angestrengt, verzichteten oft auf Essen und Schlaf, nur um die Mauern zu bauen und gleichzeitig die Ernte einzubringen. Einmal in dieser Zeit reiste Darriel nach Dellerey und heuerte zwei Männer an, die im Austausch für Land für ihn arbeiten wollten, dazu eine Witwe, die Kierestelli half.

Er hörte, Robard Macrae sei ebenfalls in der Stadt gewesen und habe ein Mädchen namens Alyssa Allart als seine Braut mit nach Hause genommen. Die di Asturiens wurden nicht zum Hochzeitsschmaus eingeladen. Später hieß es, sie habe Robard eine kupferhaarige Tochter geboren, die den Namen Margalys erhielt. Darriel schickte kein Geschenk.

Die Mauer von El Haleine wuchs stetig – vier Fuß hoch aus behauenen Steinen, darüber ein zehn Fuß hoher Palisadenzaun. Sie wand sich um die Halle, die Dawyd di Asturien vor zwanzig Jahren gebaut hatte und deren verwitterte Planken jetzt grau gegen das neue Holz abstachen, dann um die Scheune, die Schuppen, den Brunnen. Die Männer hängten gerade das schwere Tor ein, bewehrt und verrammelt unter seinem Steinbogen, als der erste Sturm des dritten Winters losbrach.

Darriel schluckte den letzten Löffel Suppe hinunter und horchte auf das Pfeifen des Windes. Hier an der Flußmündung wehte es immer, weshalb Dawyd den Ort El Haleine genannt hatte. Wie jedesmal, wenn er diesen Wind bemerkte, fiel Darriel ein, daß *alein* auch die Kraft und den Mut eines Mannes bedeutete, und er dachte an seinen Vater.

Obwohl er immer noch hungrig war, bat er nicht um mehr. Kierestelli wußte, wie viele Nüsse in jedem Korb der Vorratskammer lagen, wie viele Wurzeln im Keller, wie viele Fleischstücke im Rauchfang hingen, und sie hatte auf die Unze genau berechnet, was für jede Mahlzeit verbraucht werden durfte, wenn die Vorräte bis zum Frühjahr reichen sollten. Zu Herbstbeginn waren die Felle der Hirsch-Ponys so dicht wie Wolfspelze gewesen. Zumindest diese Voraussage Darriels hatte sich als richtig erwiesen – der Winter würde lange dauern.

Sein Bruder Beltran schnitzte ein Schneidebrett; die Späne

fielen in zarten Locken unter seinem Messer. Loryns dunkler Kopf war über einen Sattel gebeugt, der repariert werden mußte. Nach einer kurzen Überprüfung richtete er sich auf und begann, in dem Beutel mit den Lederabfällen zu stöbern. Rafael Carvalho saß dösend in einem Armsessel am Feuer. Der zweite Mann aus Dellerey war bereits zu Bett gegangen.

Darriel dachte an den unfertigen Stiefel in seinem Arbeitsraum, traf jedoch keine Anstalten, ihn zu holen. Er hatte Kopfschmerzen, und obwohl er eine gestrickte Weste unter seinem Wollhemd und eine Schaffelljacke darüber trug, war ihm kalt. Wenn bloß der Wind nicht so heulen würde!

Er lauschte. Da war etwas Ungewöhnliches an den Geräuschen des Sturms. Unbeholfen versuchte er, sein Wahrnehmungsvermögen so auszudehnen, daß er die störende Note sondieren konnte, und hörte einen schrillen, klagenden Schrei. Keine menschliche Kehle wäre fähig gewesen, ihn hervorzubringen, aber sicher war es nicht der Wind!

Angst und gleichzeitig eine bittere, gleißende Freude durchstachen seine Eingeweide. Kierestelli, die gerade mit einem Tischtuch in der Hand aus der Küche kam, blieb stehen und sah ihn an, und Loryn und Beltran folgten ihrem Blick.

Der Wind setzte für einen Augenblick aus, und ein weiterer Schrei erklang. Er war nicht mehr mißzuverstehen.

„Die Ya-Männer ...", keuchte Kierestelli. Beltran sprang auf. Das Schneidebrett fiel klappernd zu Boden.

Der Lärm weckte Darriel aus seiner Trance. Er rief seinen Brüdern und den anderen Männern Befehle zu. Schnell fuhren sie in Jacken und Mäntel, faßten nach den Messern am Gürtel, ergriffen Bogen und Köcher und die schweren Speere mit den Bronzespitzen. Ein kalter Luftzug fegte in die Halle, als sie durch die Tür hinauseilten. Die Männer hörten sie hinter sich zufallen und liefen zu ihren Posten auf der Plattform hinter der Mauer.

Darriel schützte seine Augen mit dem Unterarm vor den beißenden Schneewirbeln. Die Baumstämme neben ihm erzitterten unter einem von unsichtbarer Hand geführten Schlag. Er beugte sich zu der Schießscharte in dem Palisadenzaun nieder, spähte hindurch und erkannte eine dunkle Gestalt, die unten umhersprang. Wie der Schatten eines Schattens schienen die neun Fuß Länge des Ya-Mannes zu ihm emporzuwachsen. Darriel fragte sich, ob selbst vierzehn Fuß hohe Mauern sie draußen halten würden.

Als Waffen benutzten die Wilden nur primitive Keulen, aber sie waren unmenschlich stark und von dem verzweifelten Wunsch nach Nahrung und Wärme besessen, was es beides, wie sie wußten, drinnen gab. Wiederholt bebte die Mauer unter den Schlägen der Ya-Männer. Darriel legte einen Pfeil auf die Sehne, beugte sich über die Palisade und ließ ihn fliegen. Ein Schmerzgeheul war zu hören. Eine der Gestalten verschwand.

Der Wind ließ nach. War es eine Täuschung, oder hatte sich die Wut der Angreifer ebenso erschöpft? Wie lange mochte der Angriff gedauert haben? Darriel und die anderen warteten, spähten in das Schneetreiben. Ihre Glieder erstarrten, und die Welt um sie wurde still.

Als sie endlich ins Haus gingen, verrieten ihnen die Kerzen, daß sie weniger als eine Stunde draußen gewesen waren.

„Kein Ya-Mann weiß genug, um mit Dreifach-Schlägen zu klopfen", meinte Loryn. Das Klopfen war kaum lauter gewesen als das Knistern des Feuers in der Stille vor Sonnenaufgang. Die Männer erstarrten, warteten, daß es noch einmal kam

Tapp . . . tapp . . . tapp . . . Diesmal waren die Pausen länger. Darriel war bereits auf den Füßen und stürzte zur Tür. Die anderen folgten ihm.

Eine einzige kleine Gestalt war vor dem Tor zusammengebrochen. Schnell trugen sie sie in die Halle.

„Das ist Martin Delangelo von Macraes Hof", flüsterte Kierestelli, die den Mann erkannte, obwohl sein Gesicht glasig vor Erfrierungen und blutig von einer Kopfwunde war. Rafael machte sich daran, seine Weste aufzuhaken, während Beltran mit den Stiefeln kämpfte.

Martin bewegte sich. Darriel beugte sich über ihn.

„Die Ya-Männer . . .", keuchte er. Es schüttelte ihn.

„Wir wissen Bescheid." Kierestelli hielt ihm einen Becher

Glühwein an die Lippen. „Trinkt das, Ihr müßt warm werden." Er versuchte zu trinken, verschüttete Wein. Sein Kopf sank zurück.

„Sie kamen vor zwei Stunden – eine große Gruppe..." Er rang nach Atem, trank von neuem. „Verzweifelter als je zuvor. Sie schlugen die Tür unserer Halle ein..." Seine Augen richteten sich auf Darriel, füllten sich mit Schmerz, als die Wärme des Raums seine erfrorenen Glieder durchdrang.

„Sie stürmten die Halle!" wiederholte er. „Sie schlugen den jungen Rickard nieder, während Meister Robard uns übrige in den Keller jagte. Wir ließen Rickard tot auf dem Fußboden seines Vaterhauses zurück... ich hoffe, er ist tot. *Ah, Dios!* Ich hoffe, er hat diese Qual jetzt hinter sich!" Martins Kopf rollte hilflos hin und her.

Benommen hob Darriel den Blick. Kierestellis Gesicht war weiß geworden. Er erinnerte sich, daß er einmal gemeint hatte, sie und Robards junger Bruder hegten zärtliche Gefühle füreinander.

„Robard schob mich durch einen Luftschacht hinaus...", sprudelte Martin hervor. „Er sagte mir, ich solle Euch aufsuchen, Meister Darriel – er bittet Euch zu kommen! Sie können die Tür nicht für immer verteidigen, und sie haben dort kein Feuer und kein Wasser. Das kleine Kind ... war schon krank, bevor diese Teufel kamen..." Der alte Mann erschauerte und verlor das Bewußtsein.

Beltrans Lachen zerriß das entsetzte Schweigen. „Er *bittet* dich zu kommen, Dari – hast du das gehört? Nun ist das Blut unseres Vaters bezahlt!"

„Sind wir Kaufleute, die mit Leben handeln?" flüsterte Darriel. „Der Preis war zu hoch!"

„Rafael, mach Wasser warm – Martin ist kalt wie Eis – wenn wir ihn nicht sofort aufwärmen, wird er sterben..." Kierestellis Stimme hatte die Ruhe der Verzweiflung. Darriel blieb sitzen und ließ sie die Anordnungen treffen. Seines Bruders Worte, Robards Worte erklangen wie eine Litanei in seinem Gehirn.

Es wird ein Tod zwischen uns sein, bevor ich dich wiedersehe... Etwas verlagerte sich in Darriels Gehirn. Er stöhnte, suchte an dem Kamin eine Stütze. Seine Schulter schmerzte; er spürte, daß Robard an dieser Stelle verwundet worden war, obwohl Martin nichts davon gesagt hatte, es vielleicht nicht einmal wußte. Es sah Robard ähnlich, seine eigenen Schmerzen zu verheimlichen. Rings um ihn wurde heftig diskutiert. Darriel lehnte sich zurück, hilflos vor der Flut von Wahrnehmungen. Die Bilder in seinem Geist überschlugen sich.

Als seien die letzten drei Jahre nie gewesen, fühlte er Robards Qual, weil er Dawyd di Asturiens Bitte abschlagen mußte. Dann – er wußte es nicht zu deuten – beobachtete Darriel sich selbst. Sein rotes Haar war grau geworden, und er kämpfte Rücken an Rücken mit Robard gegen ein Dutzend zerlumpter Männer . . .

Aber die Gegenwart! Was geschah jetzt?

Undeutlich erkannte er Robard in dem dämmerigen Keller, hinter ihm die zusammengedrängten Gestalten seiner Mutter – seiner Schwester und seines Schwagers und deren Sohn – und eine hübsche Frau, die Alyssa sein mußte. Robard hatte die Arme um sein Kind gelegt. Er lauschte auf das Geheul der Ya-Männer, und mehr als seine Wunde peinigte ihn die Verzweiflung. Das kleine Mädchen wimmerte ängstlich und verbarg das Gesicht an ihres Vaters Brust.

Ein Rückstrom von Leid fegte die Vision hinweg. Darriel öffnete die Augen.

„Robard hat mich gebeten“, antwortete er Beltran, „und ich werde zu ihm gehen.“

„Was?“

„Wir gehen nach Macraes Hof.“

„Du bist wahnsinnig! Wer wird El Haleine verteidigen?“ rief Loryn aus.

„Warum sollten wir?“ fragte Beltran. „Er ist auch nicht zu uns gekommen, als wir ihn baten!“

„Robard Macrae tat, was er für seine Pflicht hielt“, gab Darriel zurück. „Er wußte nicht, daß Vater sterben würde. Wir aber wissen, was geschehen wird, wenn wir ihm nicht zu Hilfe eilen. Wenn zwei von euch mit mir gehen, können die anderen El Haleine halten. Die Ya-Männer haben gelernt, daß es ihnen nichts nützt, gegen unsere Mauern anzustürmen – und auch wenn sie es versuchen, kommen sie nicht herein."

Beltran starrte ihn an. Sie alle starrten ihn an. Doch niemand erhob Einspruch, als er sich zum Aufbruch rüstete. Eine halbe Stunde später ritt Darriel mit Beltran und Rafael davon und ließ die Mauern von El Haleine hinter sich.

Auf dem schmalen Pfad durch den Wald, unter einem im ersten Morgenlicht mehr blauen als lavendelfarbenen Himmel trieben sie die Hirsch-Ponys an. Die eine Reitstunde zwischen Robards Heim und El Haleine war ihnen noch nie so lang vorgekommen. Endlich lichteten sich die Bäume. Dahinter schimmerte das Valeron-Tal, weiße Felder bis zu den dunklen Klippen, die das Tiefland von der Hochebene trennten. Die Halle kam in Sicht.

Ya-Männer rannten in das Gebäude hinein und heraus, schleppten Lebensmittel, schlangen sich die blauen Vorhänge mit der gewebten Bordüre aus Granatapfelblüten um die Schultern. Über ihrem hohen Gekicher hörten die di Asturiens dumpfe Schläge gegen Holz und dann das Splittern eines nachgebenden Brettes.

Mit leiser Stimme sprach Darriel zu den anderen. Rasch banden sie die Hirsch-Ponys zwischen den Bäumen an und krochen mit schußbereiten Bogen näher.

Die Sehnen sangen wieder und wieder. Ya-Männer fielen. Das Gekicher ging in pfeifende Schmerzenslaute über. Andere stürmten heulend aus der Halle. Einer von ihnen erkannte, woher die Pfeile kamen, und sprang auf die Bäume zu.

Beltran trat hervor, ihm entgegen, die Speerspitze nach oben gerichtet. Darriel deckte seine Flanke und schoß aus Kernschußweite, als ein zweiter Wilder Beltran mit einem Tannenast angriff, an dem noch die Nadeln hingen. Der Pfeil durchbohrte die hagere Brust des Wesens. Es blieb stehen. Die Überraschung machte das scheußliche Gesicht für einen Augenblick komisch. Dann veränderte sich der Ausdruck, und der Ya-Mann fiel.

Jetzt griffen die übrigen an. Darriel konnte sogar bei dieser

Kälte ihre beißenden Ausdünstungen riechen. Er ließ den Bogen fallen und ergriff seinen Speer. Schritt um Schritt bewegte er sich vorwärts. Beltran und Rafael hielten sich neben und ein kleines Stück hinter ihm.

Eine blasse Gestalt sprang Darriel an. *„Das ist für meinen Vater!“* zischte er. Er spürte, wie die bronzene Speerspitze sich in fremdes Fleisch bohrte, biß die Zähne zusammen und trieb sie tiefer hinein.

Zu seiner Linken erklang ein Schrei. Er sah in die Richtung, spürte etwas seine Schulter streifen, wirbelte herum und erwischte einen weiteren Ya-Mann, bevor dieser seine Keule zu einem zweiten Schlag hochreißen konnte. Beltran lag am Boden. Darriel stellte sich mit gegrätschten Beinen über ihn und versuchte, in alle Richtungen gleichzeitig zu sehen.

Für einen Augenblick nahm er die Wut, den Schmerz, die Furcht der Ya-Männer wahr, und zu seinem Schrecken empfand er Mitleid mit ihrer Not, die sie hierhergetrieben hatte. Sein Leben lang waren sie für ihn zwischen den Bäumen flakkernde körperlose Schatten gewesen, die nur aggressiv wurden, wenn der Geisterwind blies und eine wahnsinnige Ausgelassenheit sie beherrschte.

Wir sind hier die Eindringlinge, dachte er, *aber für die lange Kälte sind wir nicht verantwortlich. Darkover besiegt uns alle . . .*

Es waren nur noch drei Ya-Männer übrig, die sie über die unbeweglichen Körper ihrer Gefährten und die purpurnen Flecken auf dem Schnee unsicher ansahen.

Darriel spürte, daß Beltran sich regte, und blickte nach unten. Sein Bruder war blaß, aber er versuchte zu lächeln. Darriel trat zur Seite, ein Auge immer noch auf die Ya-Männer gerichtet, und half Beltran auf die Füße.

„Bist du verletzt?“

„Ein paar angeknackste Rippen, vermute ich, aber es geht schon . . . Bringen wir diese Arbeit zu Ende!“

Darriel nickte. Langsam rückten die drei von neuem vor. Ihre Feinde gaben ein erschrockenes Zischen von sich, dann stieß einer von ihnen einen langen, klagenden Schrei aus, bei dem sich Darriel die Haare im Nacken sträubten. Keulen wurden gegen die Menschen geschüttelt und dann in den Schnee geworfen. So schnell, als seien sie tatsächlich Geister, machten die Ya-Männer kehrt und glitten über die weißen Felder davon.

Die Männer folgten ihnen nicht.

„Margalys wäre gestorben", wiederholte Robard. „Sie hätten sie *gefressen!*"

„Sie sind fort – es ist jetzt vorbei", beruhigte Darriel ihn. „Laß Alyssa nach deiner Schulter sehen und versuche dann zu schlafen." Er drückte ihn zurück auf das Bett. Die übrigen Familienmitglieder machten sich rings um sie eifrig zu schaffen, stellten Möbel wieder auf, zündeten Feuer an. Rickards Leiche war entfernt worden.

„Ich war nicht fähig, sie zu schützen, Darriel – ich konnte nichts für die Meinen tun . . ."

Darriel sah auf seinen Freund nieder. Das war es, was ihn nicht zur Ruhe kommen ließ, aber auch Darriel fand keine Antwort auf seine Qual. Als sie Jungen gewesen waren, hatte Robard *ihn* beschützt.

Margalys weinte krampfhaft. Alyssa beugte sich über die Wiege und summte ein Lied, das keine Worte hatte. Nach einer Weile wurde das Schluchzen des Kindes zum Aufstoßen, und auch das verging.

„Hör mir zu, Dari . . .", begann Robard von neuem. Seine Augen unter den zusammengekniffenen Brauen blickten konzentriert. „Du hattest recht mit den Ya-Männern und mit dem Wetter. Um meine Familie zu retten, mußte ich dich um Hilfe bitten. Nun denke ich, es könnte wieder so kommen . . ."

„Nein!" flüsterte Darriel, noch ohne zu wissen, was er abstritt.

„Deine ‚Verrücktheit', die dich belastet, verstehe ich immer noch nicht." Robard lächelte bitter. „Aber siehst du nicht, daß wir eine solche Verrücktheit jetzt brauchen? Sie ist eine Gabe – halte sie in Ehren, meistere sie, *benutze* sie! Ich will dir folgen, wohin du mich führst . . ."

Verständnislos betrachtete Darriel ihn und sah das Spiegelbild seines Gesichts in Robards grauen Augen.

„Du glaubst mir nicht? Wie solltest du auch – wir sind beide stolze Männer. Ich will dir einen Eid darauf leisten, Darriel di Asturien.“ Robards Lächeln wurde kläglich. „Das muß ich wohl, damit ich nicht vergesse, was ich heute gelernt habe.“

„Einen Eid des Gehorsams?“ Das Entsetzen machte Darriels Stimme dünn. „Wir sind von Dellerey herübergekommen, weil der Rat uns Vorschriften über unser Leben machen wollte. Wie kann ich dir befehlen, Robard? Du bist mein Freund!“

„Wir haben keine Zeit abzustimmen, wenn die Ya-Männer uns die Tür einbrechen“, erwiderte Robard. „Meine Pflicht gegenüber der Familie verlangt das von mir. Deine Pflicht gegenüber jenen, die an dem von deinem Vater erwählten Platz leben, fordert es von dir.“

Darriel warf verzweifelte Blicke um sich. Alyssa hielt das Kind in den Armen und ging mit ihm auf und ab, während Robards Mutter Beltrans Rippen verband. Robards Neffe war Rafael auf den Schoß geklettert, um seinen Speer zu betrachten. Über die Meilen hinweg nahm Darriel in El Haleine Kierestelli wahr, die voller Angst wartete, und, schwächer, das Entsetzen der sich zurückziehenden Ya-Männer.

Etwas Kaltes berührte Darriels Handfläche. Er blickte darauf nieder. Robard hatte sein eigenes, selbstgeschmiedetes Messer gezogen und legte ihm das Heft in die Hand.

„Darriel – nimm meine Klinge und meinen Eid . . . bitte . . .“

Eisig lief es von dem Messer Darriels Arm hinauf und durchbohrte sein Herz. Er hörte, wie Robards Worte von einer Vielzahl Stimmen wiederholt wurden, sah das Schimmern des primitiven Messers von Myriaden Klingen reflektiert. Wie aus eigenem Willen zog seine Hand das di-Asturien-Messer. Er erinnerte sich an das letzte Mal, als er diese Klinge in Robards Augen gesehen hatte. Aber jetzt zeigte die Spitze auf Darriel.

Robard legte seine Hand auf das Heft. „Bei der Hand, die ich auf dein Messer lege, verpflichte ich mich dir mit meinem Leben.“

Darriels Hand schloß sich über der seines Freundes, als vereinigten sich ihrer beider Leben durch diese Berührung, durch dies Metall, das zwischen den Sternen gereist war.

„Sei dann mein Schutz . . .“ Seine Stimme bebte. „Und möge diese Klinge mein Herz finden, wenn ich nicht der deine bin und wenn ich mich dir nicht als . . .“ *Domine* . . . Geschichten aus seiner Kinderzeit steuerten das alte Wort bei. „. . . wenn ich mich dir nicht als würdiger Herr erweise. Ich rufe die Götter, die uns an diesen Ort geführt haben, als Zeugen an!“

Die Klingen lagen vereint in ihren Händen. Um nichts in der Welt fähig, mehr zu sagen, nahm Darriel das Messer, das Robard ihm gegeben hatte, und schob es unbeholfen in die Scheide an seinem Gürtel. Robards Finger schlossen sich um das di-Asturien-Messer. Er zögerte, dann steckte auch er es ein.

„*Vai dom* . . .“, wiederholte er leise. Er ließ sich in die Kissen zurücksinken, und endlich entspannte sich sein Gesicht.

Darriel strich Robard das verworrene Haar aus der Stirn und sah zu, wie die Augenlider des Freundes sich schlossen und er tiefer atmete, als sei es jetzt sicher zu schlafen.

Darriel war sich des Gewichts der neuen Klinge an seiner Seite mit übernatürlicher Schärfe bewußt. Ihm war, als sei die Welt unter ihm ruhig geworden. Aber die Leere in ihrer Mitte, gewachsen in den drei Jahren, als er und Robard Feinde gewesen waren, bestand immer noch.

„Robard, Robard, was hast du getan?“ flüsterte er. „Wenn du wirklich wüßtest, was es bedeutet, so wie ich Dinge zu sehen, hättest du es keine Gabe genannt!“ Gab es irgendwo irgend jemanden, der es ganz verstehen konnte? Darriel seufzte. „Ich wollte nicht dein Herr sein, Robard, sondern dein Freund!“

Auf meinem Schreibtisch in Berkeley steht eine fröhliche kleine Skulptur – eine Kugel mit einem bezaubernden, pausbäckigen Gesicht, auf dessen kahlem Schädel die Buchstaben TUIT *eingraviert sind. Sie stammt von meiner ersten Begegnung mit Cynthia McQuillin, die diese und andere entzückende kleine Schöpfungen auf irgendeinem Konvent verkaufte. Als ich die junge Dame besser kennenlernte (und Cynthia ist sehr jung, Anfang Zwanzig – möglicherweise ist sie die jüngste Autorin, die einen Beitrag zu dieser Anthologie lieferte), fühlte ich mich gedrängt, auf den Seiten von* Starstone *zu fragen: „Gibt es irgend etwas, das diese junge Frau nicht kann?" Später bei diesem Konvent hörte ich sie singen und Gitarre spielen. Sie sagt, sie habe mehr als 450 Lieder komponiert, und ich bin zwar kein Fachmann, aber sie scheint eine gewandte Liedermacherin mit echter lyrischer Begabung zu sein. Sie stellt sowohl „ernste" Skulpturen und Zeichnungen als auch amüsante wie den „runden Tuit" auf meinem Schreibtisch her. Augenblicklich, so verriet sie mir, arbeitet sie mit einigen Freunden an einer musikalischen Komödie und wirkt an einem illustrierten Kinderbuch und einem Buch mit Karikaturen mit, an dem ein Verleger Interesse gezeigt hat. Sie singt mit einem süßen, etwas verschleierten Mezzosopran hauptsächlich Volkslieder. Sie ist aktiv in Darkover-Fanclubs, in dem neuen Andre-Norten-„Hexenwelt"-Fanclub und anderen. Und außerdem hat sie, wie Sie an der Geschichte „Der Wald" erkennen werden, ein empfindsames Ohr für das geschriebene Wort und ein Gefühl für die Schöpfung von fremden Lebewesen.*

Sie ist parapsychisch begabt, hat zwei Jahre als Forschungsassistentin für einen Parapsychologen gearbeitet und war Hilfslehrerin und Laborantin in einem hiesigen College für ESP.

„Der Wald" gehörte zu den Einsendungen bei unserm jüngst stattgefundenen Kurzgeschichten-Wettbewerb. Zwar erhielt er keinen Preis und landete nicht einmal auf einem sehr vorderen

Rang – der Wettbewerb war scharf, es nahmen verschiedene professionelle Schriftsteller teil, und die Geschichten wurden am Maßstab kommerzieller Techniken streng beurteilt –, aber mich persönlich beeindruckte das Geschick, mit dem Cynthia fremde Lebewesen beschrieb und aus meinen furchterregenden, skizzenhaft umrissenen Ya-Männern (aus Die Winde von Darkover*) glaubwürdige Personen machte. Die Standard-Techniken des Schreibens kann man ohne große Mühe lernen; die Fähigkeit, eine Geschichte zu erzählen und den Leser daran glauben zu machen, ist etwas, das einem jungen Autor angeboren sein muß. Und Cindy McQuillin besitzt dies Talent, wie ich fest glaube, in vollem Maß. Der Leser dieser Anthologie wird mir sicher beipflichten.*

Zeitlich ist die Geschichte, obwohl es nicht ausdrücklich erwähnt wird, kurz nach der in Landung auf Darkover *beschriebenen Kolonisierung Darkovers angesiedelt und folgt daher logischerweise auf „Vai Dom“.*

Cynthia McQuillin

Der Wald

THE FOREST

Die Sonne stand hoch und schien warm. Caselin ging über die Wiese. Ein Sack voll mit süßen Hochgebirgsbeeren schwang an ihrer Seite. Gedankenverloren blieb das Mädchen stehen und sah einem Rabbithorn zu, das ein Stückchen weiter bergab graste. Sie liebte Tiere. Ein heimliches Lächeln des Vergnügens wärmte sie, als sie ihre Zehen tief in das kühle Gras bohrte und eine Strähne dunklen Haars aus den Augen strich.

Schließlich legte sie ihren Sack beiseite, raffte ihren Rock aus grobem Stoff zusammen, damit er nicht raschelte, und schlich dem nichtsahnenden Rabbithorn nach. In seiner Nähe angekommen, sank sie geschmeidig auf die Knie und gab einen leisen, summenden Laut von sich. Erschrocken blickte das Tier hoch, sah sie und wollte fliehen, aber sie sprach ihm sanft zu. Wie von einem Zauber festgehalten, blieb das scheue Geschöpf fluchtbereit stehen. Sein Herz klopfte. Immerzu freundlich mit ihm redend, zog das Kind etwas aus der Tasche seines Rocks. Es war eine süße Knolle, bei Pferden und Chervines ebenso beliebt wie bei Kindern. Caselin hielt sie dem Rabbithorn hin. Das Tierchen beschnüffelte die Gabe zart und mußte wohl zu dem Schluß gekommen sein, Caselin sei harmlos. Es entspannte sich und begann, an dem Leckerbissen zu knabbern. Caselin kicherte. Das Nagetier suchte nach mehr, und das weiche Fell an seiner Schnauze kitzelte ihre Handfläche.

„Alle, alle“, sagte sie und zeigte ihm die leeren Handflächen.

Das Rabbithorn blickte etwas enttäuscht drein, erlaubte ihr

aber, es zu streicheln, bevor es sich wieder an sein Geschäft begab, Futter zu finden, solange die Weide sicher war.

Das Dorfmädchen sah ihm nach und lachte vor Entzücken. Dann stand es auf und rannte leichtfüßig dahin zurück, wo es die an diesem Vormittag gesammelten Beeren gelassen hatte.

Margali würde zufrieden mit ihr sein, denn sie war richtig wild auf diese Beeren, und Caselin hatte ein ganzes Dickicht mit ihnen gefunden. Zwar war es bis dahin vom Dorf aus gut zwei Stunden bergauf zu gehen, aber die anderen Kinder freuten sich bestimmt, wenn sie einen Tag lang beim Beerensuchen in aller Freiheit über Berg und Tal streifen durften. Das Leben war hart in Les Owen. Doch andererseits, wo war es das in den Hellers nicht?

Caselin blieb kurz an einem Bächlein stehen und trank. Das Wasser war eiskalt und betäubte ihre Zunge, aber sie mochte das Gefühl. Sie war ein glückliches Kind. Margali, die weise Frau, die sie seit ihrer Geburt betreut hatte, war großzügig und gütigen Herzens, und mit zehn Jahren wurde Caselin von großen und kleinen Dorfbewohnern gleicherweise wegen ihres sanften Wesens und ihrer Gefälligkeit geliebt. Sie mochte verwöhnt sein, doch sie war nicht nachtragend oder grausam, und ihr erwiesene Freundlichkeiten gab sie auf ihre eigene Art zurück.

Versonnen betrachtete sie das silberne Glitzern des Baches und dachte, wie schön es wäre, den ganzen Nachmittag faulenzend in dem kühlen, feuchten Gras zu liegen und den flinken, glänzenden Fischen zuzusehen, die durch das Spiel von Licht und Schatten schossen. Sie seufzte. Ihr fiel ein, daß Margali sie ausgeschickt hatte, nach Pflanzen und Blumen zu suchen, mit denen sie ihren Vorrat an Heilkräutern ergänzen wollte. Im kommenden Winter würde sie sie dringend brauchen, und es war eine recht angenehme Aufgabe, um damit einen Nachmittag zu füllen.

Caselin hatte gerade den anderen Sack von ihrem Gürtel gelöst und sich gebückt, um an einem schattigen Platz neben dem Bach eine Handvoll Fieberwurz zu pflücken, als sie einen scharfen, jammernden Schrei hörte. Er war schwach und schien aus der Tiefe des Waldes jenseits des Baches zu kommen. Langsam richtete Caselin sich auf und lauschte auf einen zweiten Schrei, aber statt dessen hörte sie ein ganz leises, klägliches Wimmern. Irgendein Geschöpf mußte schreckliche Schmerzen leiden.

Unentschlossen blieb sie stehen. Wie alle Kinder war sie wiederholt gewarnt worden, sie dürfe niemals in den tiefen Wald eindringen. Dort lauerten Gefahren in der Gestalt großer fleischfressender Tiere oder noch Schlimmeres, so daß sich nicht einmal die Erwachsenen freiwillig hineinwagten. Caselin, die ihr ganzes Leben in seinem unheimlichen Schatten verbracht hatte, fürchtete sich sehr vor dem Wald. Trotzdem brachte sie es nicht über sich, die Schmerzenslaute zu ignorieren.

Endlich faßte sie in ihrem Herzchen einen Entschluß. Sie durfte das Schmerzen leidende Geschöpf nicht im Stich lassen, weil sie Angst hatte oder auf ihre eigene Sicherheit bedacht war. Dann würde sie nie wieder der gleiche Mensch sein wie zuvor, und sie wußte, sie würde das schwache Ding hassen, das aus ihr geworden war. Eine seltene Einsicht für ein Kind von zehn Jahren!

Mit einem tiefen Atemzug stopfte Caselin den Sack wieder in den Gürtel. Sie ließ die Beeren liegen, raffte ihre Röcke zusammen, überquerte den Bach und betrat den Wald. Leichtfüßig bewegte sie sich unter den alten Bäumen und traute sich kaum zu atmen, damit sie die hochragenden Koniferen nicht störte und auch nicht die Gefahren herauslockte, die in ihrem Schatten lauern mochten. Alle paar Schritte hielt sie an und lauschte nach den Lauten der Qual, die ihr die Richtung wiesen. Nach einiger Zeit begann sie zu zittern. Die Bäume, dunkle, harzige Säulen mit dichten, blaugrauen Zweigen, schnitten die Wärme der rötlichen Sommersonne ab. Langsam und leise zog Caselin den groben Sack hervor, den sie im Gürtel stecken hatte, wikkelte ihn, so gut sie konnte, um sich und verknotete ihn, um die Hände frei zu haben.

Mittlerweile war sie ein gutes Stück vorangekommen. Die Laute waren näher, wenn auch schwächer, als sei das Wesen am

Ende seiner Kraft. Mit einer Entschlossenheit, die viele nur einer älteren Person zugetraut hätten, eilte sie weiter, schneller und weniger vorsichtig. In ihrem Unterbewußtsein wuchs der Gedanke, daß sie sich nicht im Wald von der Nacht überraschen lassen durfte. Im Dunkeln konnte sie dem Wesen und sich selbst nicht von Nutzen sein. Dieser Gedanke weckte ihre Furcht vor dem düsteren Wald, bis sie fast daran erstickte. Sie begann zu rennen.

Das Unterholz wurde dichter und immer undurchdringlicher, so daß Caselin sich ihren Weg mit Gewalt hindurchbahnen mußte. Die Zweige griffen nach ihrem Haar und ihrer Kleidung, bis ihre vorher ordentlich geflochtenen Zöpfe gelöst und ihre Kleider unordentlich und von Harz und Schmutz befleckt waren. Trotzdem mühte sie sich weiter voran, getrieben von einem Gefühl der Dringlichkeit.

Dann blieb sie stehen, außer Atem und der Verzweiflung nahe. Sie mußte die Richtung verloren haben, denn sonst hätte sie doch längst gefunden, was sie suchte! Caselin wischte Tränen der Enttäuschung von ihren geröteten, schmutzigen Wangen und sank auf den duftenden Teppich aus Tannennadeln nieder. *Vielleicht,* dachte sie, *wenn ich mich ausruhe und dann ganz ruhig nachdenke, werde ich einen Weg finden.* Das hatte Margali ihr immer gesagt, und sie hatte großen Respekt vor dem Rat ihrer Pflegemutter. Deshalb setzte sie sich hin, strich sich das Haar aus dem Gesicht und dachte nach.

Es dauerte eine oder zwei Minuten, bis Caselin auffiel, daß sie die Laute, die sie hergeführt hatten, nicht mehr hörte. Panik wollte sie überwältigen, aber das schob sie schnell beiseite. *Nein,* sagte sie streng zu sich selbst. Sie würde den Weg finden. *In der ganzen Zeit, die ich ihnen gefolgt bin, haben die Laute nie die Richtung gewechselt. Wenn ich also in der gleichen Richtung weitergehe,* überlegte sie, *werde ich das Wesen finden.* Wieder ruhig geworden, stand sie auf, brachte Kleider und Haar in Ordnung, so gut sie konnte, und ging weiter. Sie merkte nicht, daß es im Wald beträchtlich dunkler geworden war.

Als sie das nächste Mal anhielt, um auszuruhen, lauschte sie angespannt, überzeugt davon, daß sie in der Nähe sein mußte.

Diesmal war sie langsamer gegangen, weil sie fürchtete, in ihrer Hast das, was sie suchte, zu übersehen. Ihre Geduld wurde belohnt. Sie hörte ein Scharren und dann wieder den Schrei, schwächer, aber deutlich genug, um ihr zu verraten, daß sie wirklich schon ganz in der Nähe war. Der Göttin dankend, stand sie auf. Erleichtert und mit neuem Mut ging sie weiter. Mit einem Gefühl des Triumphes drängte sie sich durch das letzte Dickicht. Es war eine kurzlebige Freude. Caselin erstarrte vor Entsetzen.

Zuerst sah sie nur die grotesk gefiederte Gestalt mit den vor Schmerz wie wahnsinnig blickenden Augen. Caselins Herz klopfte wie das des Rabbithorns, mit dem sie vorhin gespielt hatte. Alle ihre Instinkte rieten ihr zu fliehen, aber sie konnte sich nicht bewegen. Als das Wesen sie nicht angriff, entspannte sie sich ein wenig und betrachtete es genauer. Es war tatsächlich ein Ya-Mann – aber dem hier fehlte die Körpergröße der Dämonen, die das Dorf in wilder Wut angegriffen hatten, als der Geisterwind wehte. Nein, dies Wesen war nur ein bißchen größer als sie, wenn auch wild und vogelähnlich.

Es regte sich nicht, stand nur da und sah sie an, so daß Caselin schließlich einen Schritt näher trat. Mit einem leisen Aufschrei schlug das Vogelwesen schwach um sich. Dann war es still.

Vorsichtig näherte sich das Mädchen und entdeckte, daß das Wesen in eine der Schlingen gestolpert war, mit denen die Waldbewohner Tiere fingen, deren Pelze sie verkauften. Von neuem begann das Wesen zu toben, und Caselin wich erschrokken zurück. *Nun, es bleibt mir nichts anderes übrig.* Sie mußte es befreien, oder es würde sterben. Ihren ganzen Mut zusammennehmend, holte sie tief Atem, trat vor und legte dem Wesen fest eine Hand auf die Schulter, damit es nicht um sich schlug, während sie die Falle untersuchte.

„Halt still“, sagte sie so ruhig sie konnte und gab sich Mühe, es mit ihrer Stimme zu beschwichtigen, wie sie es bei einem verletzten Hund getan hätte. „Ich will dir nichts tun.“ Es sah sie unentwegt an, den Schnabel zum Hacken erhoben – aber es hackte sie nicht. Vielmehr lief ein Zittern durch seinen zerbrechlich wirkenden Körper.

Caselins Hand zuckte vor den blutverklebten Federn zurück, doch sie überwand sich und prüfte das Bollwerk aus Holz und Eisen, in dem das Wesen festsaß. Die Falle war nicht für etwas so Großes wie einen Vogelmenschen gedacht, und so war das Wesen zwischen die Tür und den Rahmen geraten, als sie zuschnappte. Der Riegel hatte sich verklemmt, sonst hätte es sich längst losreißen können. Unglücklicherweise hatte es sich in einem Wirrwarr aus Holz und Draht verfangen, der ihm erbarmungslos die Brust und eine Schulter zusammendrückte, so daß es langsam erstickte. Sein Toben verschaffte ihm immer für Augenblicke Raum zum Atmen, aber schon war es zu schwach zum Kämpfen.

Caselin ließ ihre Hand von der Schulter des Ya-Mannes gleiten, bückte sich und untersuchte den Mechanismus des Riegels. Das Wesen beobachtete sie jetzt ohne Furcht.

„Nichts zu machen." Caselin schüttelte den Kopf. „Der Riegel hat sich tatsächlich verklemmt." Eine Sekunde lang hielt sie nachdenkend Umschau, dann hob sie einen kräftigen Ast hoch, prüfte ihn an ihrem Bein und trieb ihn in die Arretierung.

Es war schwere Arbeit für ein Kind, und einmal brach ihre improvisierte Brechstange und mußte ersetzt werden, aber endlich gab der Riegel unter dem Geräusch brechenden Holzes nach. Langsam schwang die Tür auf.

Schwitzend vor Anstrengung trat das Mädchen zurück. Halbwegs rechnete sie damit, daß der Ya-Mann sie angreifen werde, doch nach allem war sie zu müde, um sich Sorgen zu machen. Das Wesen sank zu Boden, schwache Pfeiflaute ausstoßend. Caselin setzte sich erschöpft daneben. Sie fühlte sich naß und schmutzig, und es tat ihr alles weh. *Was nun?* dachte sie und blickte in die zunehmende Dunkelheit. Es war zu spät zum Umkehren, und deshalb blieb sie einfach sitzen.

Als sie sich ein bißchen ausgeruht hatte, kniete sie sich müde hin und untersuchte die Schulter ihres Gefährten. Sie hatte aufgehört zu bluten, und die Wunde war mit einer Kruste bedeckt. *Das ist gut,* dachte Caselin. Margali hatte ihr gesagt, daß man sterben konnte, wenn man zu sehr blutete. Sanft legte sie ihre Hand auf die Brust des Wesens und spürte, daß sein

Herz kräftig und langsam schlug und sein Atem, immer noch etwas mühsam, leichter ging. Sie wünschte, mehr für ihn tun zu können, aber ohne einen Bach oder eine Quelle in der Nähe war es ihr nicht einmal möglich, Wasser für ihn zu holen.

Der Gedanke erweckte ihren eigenen Durst und mit ihm den Hunger. Überlegend sah sie sich in der Lichtung um. Es gab Beeren in Fülle, so daß die Nahrung kein Problem darstellte. Langsam, um ihren Patienten nicht zu beunruhigen, stand sie auf und begann, die dunklen Kugeln von den Zweigen zu streifen und sich in den Mund zu stopfen. Der süße, klebrige Saft rann ihr übers Kinn. Die Feuchtigkeit stillte ihren Durst, wie die Beeren ihren Magen füllten. Sie aß sich satt. Dann sammelte sie ein paar Handvoll in ihren Rock und brachte sie dem Ya-Mann. Er gab sehnsüchtige Laute von sich, als er die Beeren roch, und erlaubte ihr, ihn zu füttern. Das war eine langsame Prozedur, aber Caselin, die das Vogelwesen stützte, um eine halb sitzende Position einzunehmen, blieb geduldig dabei. Zu ihrer Überraschung war der Ya-Mann leichter, als er aussah.

Die Beeren waren alle, und der Ya-Mann legte sich wieder hin. Caselin setzte sich mit dem Rücken an einen Baumstamm, von wo aus sie das Wesen im Auge behalten konnte. Mittlerweile war es auf der Lichtung ganz dunkel und kalt geworden. Erschauernd zog Caselin den Sack dichter zusammen. Ängstlich auf die Geräusche horchend, die die Nacht durchgeisterten, wartete sie auf den Morgen.

Caselin erwachte von einem pfeifenden Ruf. Das neblige Morgenlicht schien ihr in die Augen. Sie sah, daß der Ya-Mann vor ihr stand, und fuhr mit einem Ruck in die Höhe – aber seine Aufmerksamkeit richtete sich auf etwas anderes. Benommen stand sie auf und schüttelte ihren Rock aus. Wieder erschrak sie über einen dieser vogelähnlichen Rufe, der diesmal von außerhalb der Lichtung kam. Caselin stand still wie eine Statue und wagte kaum zu atmen. Eine zweite hagere, gefiederte Gestalt betrat den offenen Raum. Der Neuankömmling, offensichtlich ein Erwachsener, war volle sieben Fuß groß und so furchterregend wie die Wesen, die das Dorf angegriffen hatten. Damals hatte Caselin durch eine Ritze im Fensterladen beobachtet, wie sie draußen wüteten und heulten. Der hier, der sie bei seinem verletzten Nestling entdeckte, machte wahrlich einen grimmigen Eindruck.

Caselin wollte entsetzt weglaufen, aber der junge Ya-Mann, den sie gepflegt hatte, faßte ihren Arm mit seiner Klauenhand. So zart die Hand aussah, hatte sie doch die Kraft eines voll erwachsenen Menschen. Der Kleine stieß eine Reihe von heiseren Trillern aus. Der Ältere antwortete und betrachtete Caselin mit einem Ausdruck, der, wie sie meinte, eine gewisse Neugier verriet. Sie atmete jetzt leichter, und als der Kleine ihren Arm losließ, traf sie keine Anstalten zur Flucht, sondern beobachtete interessiert, wie er zu dem Erwachsenen hinüberging. Dann sahen beide sie an, nickten auf merkwürdig menschliche Art mit den Köpfen und wandten sich zum Gehen. Der Große stützte den Kleinen, dessen einer Arm schlaff herunterhing. Sie hatten eine schlängelnde Art, sich fortzubewegen.

„Lebt wohl", rief Caselin ihnen leise nach, und irgendwie tat es ihr leid, daß sie gingen. Lange Zeit stand sie da und sah in die Richtung, wo sie verschwunden waren. Dann verließ auch sie die Lichtung und schlug den Weg ein, auf dem sie gekommen war.

Die Sonne schien hell, und sie war überzeugt, wenn sie ihrer Führung folgte, würde sie den Weg an den Waldrand ohne Mühe finden. Wacker schritt sie aus, ohne die Angst, die sie am Tag zuvor gehemmt hatte. An diesem seltsamen dunklen Ort gab es Schönheit ebenso wie Gefahr, und sie wußte, daß sie eines Tages zurückkehren würde. Vielleicht sah sie sogar ihren seltsamen Gefährten dieser Nacht wieder, obwohl sie das bezweifelte.

Wer mir diese Geschichte wohl glauben wird? fragte sie sich im Gehen. *Wahrscheinlich niemand,* entschied sie, *ausgenommen Margali.* Aber auch ihrer Pflegemutter wollte sie nichts erzählen, denn tief in ihrem Inneren erkannte sie, daß das, was zwischen ihr und dem Vogelwesen geschehen war, am besten verschwiegen wurde. Es war ein Geheimnis, das sie für immer wahren und in Ehren halten wollte.

Wieder dachte sie an ihre Pflegemutter und beschleunigte den Schritt. Margali würde sich Sorgen machen, und es gab so viel zu tun. Sie sah die dräuenden Riesen des Waldes an und konnte ein leises Lachen über ihre neugewonnene Freiheit nicht unterdrücken. Mit etwas Glück war sie rechtzeitig zum Mittagessen zu Hause. Frohgemut wanderte sie weiter.

Wahrscheinlich ist das größte von den Freunden Darkovers entdeckte schriftstellerische Talent das von Patricia Mathews. Sie lebt in Albuquerque und ist eine der in der Einführung erwähnten Frauen, die gleichzeitig mit einem Haushalt, kleinen Töchtern, einer Ganztagsstellung und dem Streben nach einer Karriere als Schriftstellerin jonglieren.

In dieser Geschichte benutzt sie ihr Konzept der Freien Amazonen, um ihre Ansicht von der Welt, in der wir leben, und der Stellung der Frau in dieser und allen anderen möglichen Welten klarzumachen. Eine der Hauptfunktionen der Science Fiction ist, wie ich es sehe, das Experimentieren – in Sicherheit und auf dem Papier – mit dem Entwerfen anderer Welten und anderer Gesellschaftsformen. „Es gibt immer eine Alternative" nimmt den Titel und das Thema von einem kurzen Gedankenaustausch in Die zerbrochene Kette: *Magda, die Heldin, ist mit einer Gruppe von Amazonen zusammengetroffen, die über die zwei Prostituierten zuteil gewordene Strafe diskutieren. Sie hatten versucht, sich als Freie Amazonen auszugeben, und dadurch hätten die Amazonen in schlechten Ruf kommen können.*

Magda sagte: „Ich habe immer sagen hören, eine grezalis *übe ihren Beruf aus, weil sie zu dumm ist, einen anderen zu erlernen. Deshalb mag ihnen die Lehre umsonst erteilt worden sein."*

„Ihr wart zu hart mit ihnen", bemerkte Sherna. „So hätte ich den perversen alten Bordellbesitzer behandelt. Er hat die schmutzige Darbietung auf die Bühne gebracht; es war nicht Schuld der Frauen."

„Ich denke ganz im Gegenteil, daß ihr mit ihnen zu milde verfahren seid", meldete sich Jaelle. „Solche Frauen in Schande zu bringen, ist sinnlos. Wenn sie gegen Schande nicht unempfindlich wären, würden sie sich ja nicht an einem solchen Ort befinden."

„Nicht alle Huren sind es freiwillig geworden", wandte Sherna ein. „Sie müssen sich irgendwie ihr Brot verdienen."

Camillas Stimme kratzte wie eine Feile. „Es gibt immer eine Alternative." Und damit war die Diskussion beendet.

Diese Geschichte ist eine der ganz wenigen offen feministischen Darstellungen Darkovers (denn die meisten ernsthaften Feministinnen betrachten Darkover als eine für ihre Aufmerksamkeit zu erstickend patriarchalische Gesellschaft). Patricia Mathews erzählt darin von der Panikreaktion eines äußerst engstirnigen Mannes, als Frauen ihre traditionelle Rolle abschütteln, und deutet eine Möglichkeit an, wie die Gilde der Entsagenden, auch die Gilde der Freien Amazonen genannt, entstanden sein könnte.

Patricia Mathews

Es gibt immer eine Alternative

THERE IS ALWAYS AN ALTERNATIVE

Wir trieben den kreischenden Mob zurück, und ich dachte: Es sind schwere Zeiten für einen Gardisten. Der Anführer, eine wildäugige Mißgeburt mit kahlrasiertem Schädel, stand auf einer Kiste und heulte Obszönitäten, die plötzlich zu unzusammenhängendem Gefasel wurden. Die Zauberin hatte nämlich in seinem Geist nach den Archetypen gesucht, die die meiste Macht über ihn hatten, und sie in ihrer wirksamsten Form auf ihn zurückgespiegelt.

Wir räumten hinter dem Mob auf. Was wollen diese Menschen eigentlich? Die Zerstörung der Gesellschaft, die Zerstörung von allem, was gut und anständig ist, von allem, was uns groß gemacht hat, das wollen sie, sagte ich bitter zu mir selbst. Wie schön würde es sein, nach Hause zu gehen, meinen kleinen Bruder wiederzusehen und die Stiefel auszuziehen. Ich hatte gehört, er habe geheiratet, ein Mädchen aus guter Familie von irgendwo aus dem Norden, deren Familie von Unglück betroffen worden war. So hatte er es erzählt; ich hoffte nur, es bedeutete nicht, daß sie einen großen Anhang von habgierigen Verwandten hatte. Wir sind nicht reich, aber wir kommen sehr gut zurecht.

Ich sorgte dafür, daß die Arbeit beendet wurde, und machte mich zu Rafe auf den Weg, ohne Nachricht vorauszuschicken. Ich wollte ihn überraschen und hatte keine Lust, Zeit darauf zu verschwenden. Ich war total erschöpft und voller Heimweh.

Rafe besaß ein Haus halbwegs zwischen dem Stadtzentrum

und den Außenbezirken, ein gutes, solides Haus mit einer schweren, geschnitzten Tür und gepflegten Pflanzen ringsherum. Entweder hatte er einen guten Gärtner oder eine gute Frau. Das Haus und alles, was ich sah, war ordentlich und sauber und wirkte gemütlich. Ich sehnte mich danach, im Herrschaftsbereich dieser neuen Schwägerin auszuruhen.

Ein kleines Mädchen kam mir als erste entgegen. „Ich bin Maellen", sagte sie und sah mich mit den ernsten Augen einer Vierjährigen an. „Meine Mama kommt gleich."

Als nächstes kam eine Frau, die hier vorzufinden ich nie geglaubt hätte. Mein Mund öffnete sich, ich wollte sprechen, aber mein Bruder folgte ihr und sah so glücklich aus wie ein junger Hund. „Dan, Dan, meine Frau Annilda und ihre Tochter Maellen. Sie war Witwe", setzte er hinzu. Nun, irgend etwas hatte sie ihm ja erzählen müssen, wie ich mir vorstellen kann.

Annilda ist kein gebräuchlicher Name. Man hört ihn an der Küste, und dort war ich ihr begegnet. Vielleicht war sie wirklich Witwe, bestimmt aber verdiente sie sich selbst ihr Brot.

Ich beobachtete Annilda beim Abendessen, während Rafe ahnungslos plauderte. Er hielt sie für eine gute Frau; er hielt sie für eine gute Gattin. Ganz gewiß war sie eine gute Schauspielerin. Ihr Talent ging sogar so weit, daß sie ihm vortäuschte, sie schaffe ihm ein schönes Heim und sei dem Bastardbalg, das sie ihm angehängt hatte, eine gute Mutter. Ich beobachtete und lauschte und hörte sie im Ton einer Ehefrau antworten. Auch gab sie sich Mühe, mich in die Unterhaltung einzubeziehen, wie es jede Gastgeberin tun würde. Sie beriet ihn sogar in geschäftlichen Angelegenheiten. Mir wäre beinahe übel geworden.

„Was fehlt dir, lieber Schwager? Du bist so still", wandte sie sich an mich, und in meinem Kopf schrie es: *Lügnerin! Lügnerin! Du weißt verdammt gut, was hier nicht stimmt, Hure! Willst du es mir auch noch frech unter die Nase reiben?*

Im Laufe des Abends gelang es mir einmal, sie abzufangen. Sie maß mich mit einem kalten und hochmütigen Blick. „Laß deine Hände von mir", sagte sie mit leiser Stimme.

„Woher nehmt Ihr das Recht, einem Mann zu befehlen, er solle die Hände von Euch lassen, Mistress Annilda?“ Ich betonte den Titel so, daß sie mich nicht mißverstehen konnte.

Kühl und unverschämt wie alle von ihrer Sorte antwortete sie, immer noch leise: „Weil ich das stets verabscheut habe – Sir.“ Sie tat etwas mit ihrer Hand, das sie nur an der Küste gelernt haben konnte, und in auflodderndem Schmerz griff ich nach ihr.

„Dan, bist du verrückt geworden?“ rief mein Bruder aus und faßte meinen Arm. „Annilda, bitte, verzeih ihm, er hat in diesem Bürgerkrieg, den jeder Teil unserer Welt gegen die anderen führt, an der Front gekämpft. Manchmal denke ich, das einzige, was uns daran hindert, einander in Fetzen zu reißen, ist die Familie.“

„Alle revoltieren, ausgenommen die Frauen“, bemerkte Annilda mit einem eigentümlichen Lächeln.

Rafe lachte nachsichtig. „Ihr Frauen habt nichts, gegen oder für das ihr revoltieren könntet! Abgesehen von mehr liebevoller Aufmerksamkeit seitens eures armen, euch vernachlässigenden Männervolks!“

Annilda berührte Maellens Haar, und ich sah, wie sich der höhnische Ausdruck auf ihrem Gesicht, verbittert wie das einer alten Hure, in Süßigkeit verwandelte. *Hure! Lügnerin! Balg!*

Am nächsten Tag stellte ich sie zur Rede. Ich flammte vor Entrüstung über die Art, wie sie sich in meine Familie eingeschlichen hatte, und ich war entschlossen, sie als das zu entlarven, was sie war. Mein armer Bruder! Sie wimmerte nicht, und sie flehte nicht um Gnade. Nein, natürlich versuchte sie, alles abzuleugnen. Schließlich hing ihr ganzes angenehmes Leben hier davon ab.

„Ich glaube, deine Kriegserfahrungen haben dir den Verstand zerrüttet“, erklärte sie, wieder ganz leise, obwohl ihre Stimme am Eßtisch nicht besonders leise war. „Vermutlich täuscht dich eine zufällige Ähnlichkeit. Ich habe kein ungewöhnliches Aussehen.“

„Und ich, Mistress, kann an jedem Ort zehn Gardisten zusammenbringen, die beschwören werden, was du bist.“

„War. Früher einmal war. Und was ich jetzt nicht mehr bin, weder in Taten noch im Geist. Bist du, was du mit achtzehn warst? Können Menschen sich nicht ändern? Müssen sie für immer in das eingeschlossen bleiben, was sie verabscheuen?"

„Also was du warst, wenn du das vorziehst. Und wenn mein Bruder es erfährt, wird es ihm das Herz brechen. Ich lasse dir die Wahl, Mistress. Verschwinde, erfinde irgendeine Geschichte, oder du zwingst mich, es ihm zu sagen."

„Von jetzt an", erwiderte sie mit schwerer Betonung, „tue ich nichts mehr, wozu ich nicht gezwungen werde. Sprich, du bösartiges Tier, zerstöre sein Glück und meins, zwinge ein hilfloses Kind, die Mutter oder den Vater zu verlieren."

„Ich bezweifele, ob das Balg, das du ihm angehängt hast, weiß, wer sein Vater ist", fuhr ich sie an. Ich war entschlossen, dem widerspenstigen Weib den Platz zuzuweisen, den sie von Rechts wegen verdiente.

Eine solche Szene möchte ich nie wieder erleben. Der arme Rafe bettelte, vom Schock wie betäubt. Die Hure, die er geheiratet hatte, erklärte mit dieser leisen Stimme, die sie bisher nur mir gegenüber benutzt hatte: „Für mich gab es nur das, stehlen oder verhungern. Ich versuchte es mit allen dreien. Ich arbeitete als Kellnerin, die einzige Stellung, die eine Frau bekommen kann, wenn sie keine Verwandten hat, die sie beschäftigen. Ich war keusch. Habt ihr jemals von einer keuschen Kellnerin gehört? Jetzt weiß ich, warum nicht. Die groben Witze, die brutale Behandlung – ich beschwerte mich darüber und wurde unter Verhöhnungen als eine kleine Schlampe, die nichts als Ärger macht, entlassen. Dann bekam ich Maellen."

„Dein namenloses Balg!"

„Gibt es einen Namen für *Kind eines bewaffneten Gardisten?* Oh, ich saß in der Falle, und welcher Ausweg blieb mir, wenn ich nicht sie und mich umbringen wollte? O ja, es ist wahr. Und anscheinend kann ich es nicht hinter mir lassen, was zu tun ich mich so sehne."

Maellen ging zu Rafe hinüber und bat: „Weine nicht, Papa!"

Er schob sie weg und brüllte: „Wie kannst du es wagen, dein Hurenbalg zu lehren, daß es mich Papa nennt?"

Annilda zog Maellen an sich. Dann griff sie sich mit einer einzigen schnellen Bewegung meinen Dolch. Ich schnappte nach Luft und rief: „Bist du wahnsinnig?“

„Du meinst, ich wolle ihr und mir vor euren Augen den Hals durchschneiden? Ich sollte es tun! Und was bleibt mir sonst? Wir hätten Männer und Jungen sein sollen, um... Hat dein Diener ein Hemd und eine Hose übrig? Einfache Arbeitskleidung genügt.“ Sie nahm den Dolch und begann, dem Kind das Haar abzuhacken.

Diese Geschichten, in denen Frauen sich die Zöpfe abschneiden, damit Bogensehnen daraus gemacht werden können, übersehen, wie lange so etwas dauert. Mein Bruder reichte ihr mit Bewegungen wie ein wandelnder Toter eine Schere. Sie beendete die Arbeit und machte sich an ihr eigenes Haar. Ich nahm den Dolch wieder an mich. Rafe kehrte mit der Männerkleidung zurück, auch mit Sachen, die einem Kind paßten. Der Himmel allein weiß, woher er sie hatte. Sie waren zerlumpt, von der Art, wie Arbeiter sie tragen. Die Frau zog sich vor mir aus und legte sie an. Rafe war entsetzt.

„Mein Bruder, Annilda!“ protestierte er.

„Er kann ruhig sehen, für was er einen Penny hingeworfen hat“, fuhr sie ihn an. „Gnädige Avarra, was bist du für ein widerlicher Heuchler, Danvar von der Garde! Stell dir deine Tochter als Hure vor, ihrer Kleider beraubt und blutend und von jedem Mistkerl mißbraucht, der des Weges kommt, und später von denselben Mistkerlen angespien! Träume davon des Nachts, denn irgendwo, innerhalb weniger Jahre wird dieser Traum wahr werden, und du wirst die unvergeßlichen Einzelheiten wiedererkennen.“

Sie kleidete sich und das Kind an, nahm allen ihren Schmuck ab und ging barfuß hinaus in die Welt. Mein Bruder brach weinend zusammen. Ich wollte ihn trösten.

„Geh weg! Ich will dein Gesicht nie mehr sehen!“ schrie er mich unter Schluchzen an. „Oh, du hast getan, was du mußtest, aber – geh weg!“

Ich ging, und innerlich weinte auch ich um den jüngeren Bruder, der so betrogen worden war. Ihr Götter da oben, die

Frau hatte sich benommen, als sei ihr Unrecht geschehen, nicht uns! „Was soll aus mir werden?“ winselte sie, typisch Hure. „Was soll aus meinem Kind werden?“ Als ob uns das etwas anginge! „Was kann ich tun, was könnte ich tun? Sag mir, welchen Ausweg es für mich gibt!“ sagte sie. Dann: „Wenigstens sichert das Männern deiner Sorte eine endlose Reihe von verzweifelten Mädchen, die ihr mißbrauchen könnt! Aber nicht mich, niemals wieder, *niemals wieder!*“

Und dann belegte sie mich mit dem Fluch, als hätte ich eine Tochter oder würde irgendwann einmal eine haben.

Einmal sah ich sie inmitten einer Rotte von Männern arbeiten. Sie benahm sich wie ein Kerl und wurde für einen Kerl gehalten, und mir drehte sich der Magen um. Ich ging zu dem Rottenführer und sagte ihm, was sie war. Später kam sie zu mir und schimpfte: „Warum verfolgst du mich? Bist du entschlossen, mich in der Jauchegrube festzuhalten, die du für mich geschaffen hast?“

Ihr Fluch hatte sein Werk an mir getan, und so fragte ich: „Wessen Kind ist Maellen?“

„Meins! Sie ist Maellen, Tochter Annildas, und sonst nichts! Jetzt geh; ich habe ein Messer, und an der Küste habe ich gelernt, es zu benutzen! Ay! Ein Schwein!“ rief sie, und drei der widerwärtigsten Weiber, die ich je gesehen hatte, näherten sich mir von hinten, bewaffnet mit Messern. Eine war ein zähes, muskulöses Fischweib mit entstelltem Gesicht, eine eine bemalte Hure in Männerkleidung. „Meine Zimmergefährtinnen“, stellte sie knapp vor. Ich ging.

Später hörte ich Gerüchte, im elendesten Viertel der Stadt nehme eine Frau Säuferinnen und Rauchgiftsüchtige und Huren und Bettlerinnen und dergleichen auf und organisiere sie. Die meisten Männer hielten das für einen guten Witz und stellten lachend Mutmaßungen über die Folgen eines Streiks der städtischen Huren an. Natürlich wußten sie genau, wie der Streik zu brechen war, und ich wußte es auch. Außerdem nahm bei all dem Hin und Her im Land, das immer Zerstörung zum Ziel hatte, niemand das Geplapper einer Handvoll Frauen ernst – und noch dazu dieser Sorte von Frauen!

Dann wurde berichtet, sie seien dabei, eine Gesellschaft von Amazonen zu gründen, die ohne Männer leben und sich an den Männern für alles, was sie von Männerhänden gelitten hatten, rächen wollten. *Sie* hatten gelitten! Bedenkt doch, wie eine von ihnen die einzige Familie, die ich je besaß, auseinandergerissen und meinem armen Bruder das Herz gebrochen hatte! Was für rachsüchtige, erbarmungslose Weiber mußten das sein!

Bald darauf wurde ich wieder in den Norden geschickt; mein Kommandeur sagte mir, es sei für alle Beteiligten das beste. Erst zwei Jahre später kehrte ich zurück, und da geriet ich gleich in einen neuen Aufstand. Frauen marschierten die Straße entlang, einfach gewandete Hausfrauen und Fischweiber in groben Arbeitsröcken und -jacken und ein paar Edelfrauen in Reitkleidung, und viele, viele von ihnen trugen die Tracht von Männern oder Knaben oder einen seltsamen Kompromiß zwischen der Kleidung von Frauen und der von Männern. Sie sangen.

„Was hat das alles zu bedeuten?" fragte ich den ranghöchsten Diensthabenden.

„Sie wollen mit den Männern regieren und wie Männer zur Arbeit angestellt werden", antwortete er, sie betrachtend. „Sie wollen frei von Vergewaltigung, Verführung und der Beherrschung durch Männer sein. Der Haufen da ist nicht in Gefahr."

Wirklich, attraktiv waren sie nicht. Keine von ihnen hatte sich das Gesicht bemalt oder sich mit Juwelen geschmückt, und im allgemeinen zeigten sie den Ausdruck einer zornigen Pflegemutter, die einen Rohrstock bereithält. Mir grauste.

„Wir wollen unsere Rechte, und wir wollen sie jetzt!" sangen sie. *„Wir wollen unsere Rechte, und es ist uns gleich, wie!"*

Als wir auf sie eindrangen, begannen sie, Steine zu werfen. Die Zauberin sondierte die Gedanken der Anführerin, einer hochgewachsenen, magnetisch wirkenden Frau in Männerkleidung. Plötzlich riß sie sich den Schleier ab, rief: „O nein! Oh, meine Schwestern!" und rannte auf die Straße hinaus. Niemand konnte sie aufhalten; niemand würde eine Zauberin anfassen.

Wir zerstreuten diesen Mob. Nicht den nächsten. Wie greift man eine Horde von Frauen an?

Es endete damit, daß ausgerechnet Annilda eingeladen wurde, zu den Herren des Landes zu sprechen und ihnen ihre Forderungen vorzulegen. Ich schüttelte mich bei dem Gedanken, daß eine Hure im hohen Rat unserer Regierung sitzen könne. Damals reichte ich mein Abschiedsgesuch ein und zog mich auf das Landgut unserer Familie in den fernen Bergen zurück. Soll sich die Welt ohne mich auf den Kopf stellen!

Warum nur nickte Annilda mir zu, als sie die Ratskammer verließ, und sagte: „Wir haben auch Hauptmann Danvar hierfür zu danken, meine Schwestern." Warum?

Ich schwöre, die Frau muß verrückt sein.

Eileen Ledbetter war eine der ersten Freunde Darkovers, die Apokryphen zu Darkover schrieben. „Darkover-Sommerschnee“ war ein Versuch, die erste Begegnung zwischen Lew Alton und Regis Hastur, Personen aus Hasturs Erbe, *neu zu gestalten. Sie hatte meine eigene Ansicht über diese Personen so geschickt aufgegriffen, daß die Darstellung sogar für mich unheimlich zwingend war. Ich mußte mir vor Augen halten, daß ich die Geschichte ihrer Begegnung, die nicht veröffentlicht wurde, anders geschrieben hatte. Und jetzt ist Eileens Geschichte trotzdem so sehr Teil „meines“ Darkover geworden, daß ich, wenn ich an Lew und Regis denke, als selbstverständlich voraussetze, sie hätten sich auf die von Eileen geschilderte Art kennengelernt und Freundschaft geschlossen.*

Natürlich war der erste Rat, den ich Eileen gab, als sie ein paar Monate später nach San Franzisko kam und mich besuchte, sie solle mit der Arbeit an ihren eigenen Geschichten anfangen, statt über die Welt von jemand anders zu schreiben. Das tat sie auch, aber mittendrin (ich habe die Geschichte, die ihrer eigenen Phantasiewelt entstammt, noch nicht gesehen) schrieb sie mir eines Tages: „Sehen Sie mal, was ich gefunden habe.“ Beim Lesen von Eileens Geschichte über Durraman und seinen Esel kicherte ich unaufhörlich. Grundlage ist ein in meinen Büchern ein- oder zweimal zitiertes Sprichwort des Sinnes, jemand sei so dumm – oder so tot – wie Durramans Esel.

Für mich war die Redensart nur eine Methode gewesen, fremdartiges Kolorit zu schaffen. Ich hatte, wie ich in einem Artikel über die Darkover-Bücher gestand, „keine Ahnung, wer Durraman gewesen sein könnte oder warum er Esel hielt.“ Später meinte Walter Breen, mein Mann, der dumme und lange tote Esel Durramans sei vielleicht jener gewesen, der zwischen zwei Heuballen verhungerte, weil er sich nicht entscheiden konnte, welchen er zuerst fressen sollte!

Eileen hatte eine andere Idee, und das ist eine andere Geschichte . . . die ich entzückt bin, hier zu präsentieren!

Über Eileen persönlich weiß ich nur: Sie ist Mitte Zwanzig, eine hübsche, dunkelhaarige und lebhafte junge Frau, und sie war einmal Stewardeß bei Allegheny Airlines. Sie ist aktiv in Arilinn, dem ersten Rat der Darkover-Fans, gelegen in New England, und nahm an dem ersten Darkover-Konvent im Kostüm einer Freien Amazone teil.

Und ich weiß außerdem, daß sie die Gabe hat, eine amüsante Geschichte zu erzählen! Nur zu viele der jungen Schriftsteller, die mit dem Schreiben von Darkover-Apokryphen ihre Schwingen erproben, neigen zu grimmigen Tragödien, ja Melodramen. Das ist auf seine Weise auch gut, aber ich finde, Humor und eine leichte Hand sind seltenere Talente und für einen Schriftsteller beinahe unbezahlbar. Ich bin überzeugt, Eileen wird weiterschreiben; ein solches Talent darf nicht vergeudet werden!

Eileen Ledbetter

Die Geschichte von Durramans Esel

(Wie sie die Kinder der Domänen von ihren Kinderfrauen erzählt bekommen)

THE TALE OF DURRAMAN'S DONKEY

Trage falsches Geld für Diebe bei dir
Überliefertes Sprichwort

Vor vielen Jahren lebte im Land der Sieben Domänen ein junger Comyn-Lord, der als Damar Aillard bekannt war. Eines Tages gelangte ein Gerücht über ein fernes Dorf an der Grenze der Domänen namens Candermay an seine Ohren. Es war ein hübscher, idyllischer Ort, in dem Damar als Kind auf Jagdausflügen mit seinem Vater viele glückliche Stunden verbracht hatte. Aber man tuschelte davon, daß der Frieden des Dorfes jetzt gestört sei. Damar hörte es mit Betrüben, und da er ein wackerer und einfallsreicher junger Lord war, entschloß er sich, den langen Ritt nach Candermay zu unternehmen und dem heimgesuchten Dorf seine Hilfe anzubieten.

Es war eine lange, mühselige Reise, aber endlich kam das kleine Dorf in Sicht. Damar zügelte sein Reittier und starrte es entsetzt und erschrocken an. Das einst so schmucke, blühende Dorf war zu einem Ort der Armut und des Verfalls geworden. Die hübschen kleinen Werkstätten und Häuser waren schäbig und lange nicht mehr repariert, die Gärten erstickten unter Unkraut, und kleine Kinder, barfuß und zerlumpt, spielten mit räudigen Hunden auf der schlammigen Straße.

Damar ritt in das Dorf ein, schön und prächtig in seinem Comyn-Staat und seinem im Sonnenlicht leuchtenden roten Haar. Die Kinder unterbrachen ihre Spiele und sahen in stummer Ehrfurcht zu ihm hoch. Er schämte sich plötzlich seines Reichtums und seines glücklichen Geschicks und dachte: *Ich will alles tun, was ich kann, um diesen guten Leuten zu helfen, denn bestimmt hat sie ein Unglück getroffen.*

Er hörte das Knarren sich öffnender Türen, und einen Augenblick darauf kamen alle Männer des Dorfes aus ihren Häusern gerannt, die Straße hinauf und ihm entgegen. Sie waren ebenso zerlumpt wie die Kinder, aber sie jubelten und hießen ihn mit ausgestreckten Armen willkommen. Zum erstenmal seit vielen Tagen glomm Hoffnung in ihren gequälten Augen auf.

Damar erkannte ein ihm aus seiner Kinderzeit vertrautes Gesicht wieder und winkte den Mann heran. Es war Ferrick, der gewählte Bürgermeister von Candermay.

„Ferrick", sagte Damar, „berichte mir schnell, was hier Schreckliches geschehen ist, denn ich erinnere mich, daß die Schönheit deines Dorfes die Quelle deines größten Stolzes war."

„Oh, Lord Damar, es ist furchtbar – einfach furchtbar!" rief Ferrick und rang verzweifelt die Hände. „Schon seit vielen Monden sind wir einem bösen, gräßlichen Mann ausgeliefert, Durraman von den Trockenstädten heißt er – möge Zandru tausend Skorpionpeitschen schicken, die ihn stechen! Er nennt sich einen Händler, wo er in Wahrheit doch ein Dieb, ein Pirat, ein Plünderer ist! Er reitet mit seiner großen Schar von Männern in unser Dorf und nimmt, was er will: unser Essen, unser Geld, sogar ..." Die Stimme des armen Mannes brach. „Sogar unsere Frauen. Und wir sind nicht fähig, ihn daran zu hindern. Seine Leute sind Halsabschneider, geübt in den Kriegskünsten – während wir immer eine friedliche Gemeinde gewesen sind, sicher an unserem abgelegenen Ort. Beim zweitenmal, das er kam, versuchten unsere Männer, ihm Widerstand zu leisten, aber in weniger als einer Minute betrug unsere Zahl nur noch die Hälfte, und wir waren gezwungen, uns zu ergeben. Und er kommt wieder und wieder, als wolle er Blut aus einem Stein pressen! Wir halten es nicht länger aus, *vai dom,* und jetzt – jetzt . . ." Ferrick wurde noch aufgeregter, seine Stimme stieg in beinahe hysterische Höhen. „Wir haben gehört, daß Durraman und seine Bande von neuem diesen Weg reiten und noch vor dem Nachmittag hier sein werden. Oh, *vai dom,* was sollen wir tun? Ihr müßt uns helfen! Bitte!"

Bei dieser Geschichte preßte sich Damars Mund zu einer harten, schmalen Linie zusammen, und in seinen grauen Augen glitzerte es wie von Stahl. „Ja, ich werde Euch helfen, Ferrick, mit Freuden! Ihr müßt folgendes tun." Er hob die Stimme und sprach zu den wartenden Männern. „Ihr alle geht in eure Häuser. Nehmt eure Frauen, Kinder und Tiere mit und schließt euch ein. Kommt nicht heraus, bevor ich es euch sage. Ferrick, nimm zwei deiner Männer und gehe mit ihnen Durraman entgegen, wenn er in das Dorf einreitet. Sag ihm, ein Comyn-Lord sei angekommen, allein und unbewaffnet, der sich mit ihm treffen und ihm alles, was er wünscht, im Austausch dafür geben will, daß er das Dorf in Frieden läßt. Der Preis sollte hoch genug sein, um seinen gierigen Appetit zu wecken! Sag ihm, ich werde im Hof des alten Gasthauses auf ihn warten, und auch er müsse allein und unbewaffnet kommen. Ich gebe ihm mein Wort als Comyn-Lord, daß ihm kein Hinterhalt gelegt wird. Sag ihm, seine Leute könnten euch drei als Geiseln festhalten, bis ihr Anführer unverletzt zurückkehrt." Er lächelte ihnen ermutigend zu. „Vertraut mir, liebe Freunde, denn ich habe einen Plan, und vielleicht werdet ihr von diesem Durraman ein für allemal freiwerden. Jetzt geht schnell!"

Die Männer taten, wie ihnen geheißen worden war. Sie liefen in ihre Häuser und sammelten auf dem Weg Kinder, Hunde und Hühner ein. In Sekunden lag die Straße verlassen da bis auf den alten Ferrick und Damar.

„Bevor du deine Männer auswählst, alter Freund", sagte Damar, „beantworte mir eine Frage, so seltsam sie klingen mag. Gibt es hier im Dorf ein Tier – vielleicht ein altes und nutzloses –, das geschlachtet werden soll?"

Mit verwirrtem Gesicht dachte Ferrick nach. Dann plötzlich hellte sich seine Miene auf. „Aye, es gibt eins, *vai dom!* Piedro der Fallensteller hat einen alten Esel, den er zum Futter für die Hunde schlachten wollte. Ich verstehe Euer Interesse nicht, denn das Tier könnte niemandem mehr von irgendeinem anderen Nutzen sein. Seit dem Tag seiner Geburt hat es ein bösartiges Temperament, und jetzt, wo es alt, blind und lahm ist, benimmt es sich noch schlimmer. Gestern schlug es mit seinen Hufen nach einem kleinen Jungen aus und brach ihm den Arm. Da erkannte Piedro, daß die Zeit gekommen ist, den Esel abzutun. Er ist so alt, ich bezweifle, ob ihm überhaupt noch viele Tage geblieben wären. Doch warum fragt Ihr, *vai dom?* Wie kann ein alter Esel irgendeinen Wert für Euch haben?"

Langsam breitete sich ein Lächeln auf Damars hübschem Gesicht aus. „Nun, das ist besser, als ich gehofft hatte! Ich werde dir all deine Fragen später beantworten, Ferrick. Im Augenblick beeile dich und beschaffe mir diesen Esel. Bringe ihn in den Hof des Gasthauses, wo ich auf dich warten will, und sage Piedro, ich werde ihn gut bezahlen."

Ferrick rannte los, aber Damar bemerkte seinen besorgten Blick und dachte: *Der arme alte Bursche glaubt, ich sei verrückt geworden. Ich hoffe nur, mein Plan funktioniert.*

Kurze Zeit später lagerte Damar im Hof des Gasthauses, und alle seine Besitztümer waren rings um ihn ausgebreitet. Plötzlich beleidigte ein furchterregendes I-aah! seine Ohren, und aufblickend entdeckte er Ferrick, der den Esel brachte – die kläglichste Kreatur, die Damar je gesehen hatte. Es war ein grauer, zottiger Esel, knickebeinig und triefäugig. Lange, bösartig aussehende Zähne ragten über die schlaffen Lippen, und er hatte ein lächerliches Hohlkreuz.

„Er gehört Euch, *vai dom*", meldete Ferrick und reichte Damar den Führungsstrick. „Aber bei der gesegneten Cassilda – *warum?*"

„Später, Ferrick, später", lachte Damar. Er klopfte dem zottigen Tier den Hals, hielt sich dabei aber weislich von den bösartigen Zähnen fern. „Alter Junge", flüsterte er in die hängenden Ohren, „vielleicht kannst du uns einen letzten Dienst erweisen . . ."

Die Sonne hatte ihren Scheitelpunkt erreicht, als Damar endlich angeberisches Gelärm auf der Straße hörte. Also war der berüchtigte Durraman eingetroffen! Damar brauchte nicht lange zu warten, bis ein riesiger, brutal wirkender Mann mit sandfarbenem Haar durch das Tor in den Hof trat und höhnend brüllte: „Ich habe gehört, es ist ein Comyn-Lord da, der mit mir handeln will!"

„Hier, Trockenstädter!" Damar erhob sich und stand hochgewachsen und furchtlos vor seinem Gegner.

Durraman musterte ihn von oben bis unten. Dann verzog sich sein häßliches Narbengesicht zu einer angewiderten Grimasse. „Das ist also ein großer Comyn-Lord! Du bist ja kaum mehr als ein bartloser Knabe! Hat man einen Jungen geschickt, um die Arbeit eines Mannes zu tun? Wo ist der Rest Eurer Männer . . . Lord?" Er sprach das Wort wie eine Beleidigung aus.

„Es sind keine anderen Männer da, Trockenstädter. Ich bin allein in dies Dorf gekommen, wie man es dir berichtet hat. Mein Wort gilt, und ich möchte nur, daß du mit mir einen Handel abschließt und das Dorf in Frieden läßt."

Durramans Augen glitzerten argwöhnisch. „Ich habe einiges über euch Comyn gehört. Es geht das Gerücht, die Leute eurer Kaste seien so etwas wie Zauberer, aber ich bin immer viel zu intelligent gewesen, um solchen abergläubischen Quatsch zu glauben. Wie ist es damit, mein Lord? Steckt Wahrheit hinter den Gerüchten? Vielleicht wollt Ihr mich mit einem Zaubertrick töten?"

Damar lächelte liebenswürdig. „Ich habe nicht die Absicht, dich zu töten, Trockenstädter, und ich bezweifele, ob ich es könnte, selbst wenn ich es wollte, denn leider befassen sich die Leute meiner Art mehr mit Wissenschaft als mit Zauberei. Ich möchte nur mit dir um die Freiheit dieses Dorfes handeln. Sein Elend hat mein Herz gerührt." Seine Stimme wurde plötzlich streng und hart. „Es ist schlecht und böse, was du hier tust, Durraman!"

Durraman ballte die Hände zu zwei gewaltigen, fleischigen Fäusten. „Ich bin nicht in der Stimmung für deine Moralpredigten, Comyn-Welpe!“ schnaubte er drohend. „Ich kann tun, was ich will! Macht geht vor Recht – ich habe die Macht, deshalb habe ich auch das Recht. Ganz einfach, nicht wahr?“

„Ja“, antwortete Damar, und seine Stimme klang sehr leise. „Ich erkenne die Regeln deines Spiels an, Trockenstädter, und ich beabsichtige, mich an sie zu halten.“

Durramans Gesicht strahlte in triumphierender Verachtung auf. „Wenn wir uns also einig sind, wollen wir zur Sache kommen. Ich denke, es wird mir Spaß machen! Und welche Reichtümer hat ein törichter Comyn-Lord mir anzubieten – denn töricht bist du in der Tat!“

Damar wies auf seine Besitztümer, die auf dem Boden ausgebreitet waren. „Wie du siehst, habe ich eine große Menge Kupfer, und ich könnte mehr besorgen. Juwelen habe ich auch, und ein edles Reittier. Alles zusammen hat mehr Wert als du diesem ausgesogenen kleinen Dorf abzupressen vermagst, Trockenstädter. Und du kannst es alles haben – alles, heißt das, bis auf diesen alten grauen Esel, der dort drüben in der Ecke angebunden ist.“

Durraman blickte einen Moment verdutzt drein, dann warf er den Kopf in den Nacken und brüllte vor Lachen. „Was würde ich denn mit der armseligen Kreatur anfangen, Comyn?“ keuchte er schließlich unter Prusten hervor. „Hast du dein bißchen Verstand jetzt ganz verloren?“

„Oh, lache nicht voreilig, Trockenstädter“, erklärte Damar ganz ernsthaft. „Zufällig besitzt die ‚Kreatur‘, wie du sie nennst, ein höchst wunderbares Geheimnis.“

Die Gier machte Durramans Gesicht plötzlich hart. „Was für ein Geheimnis, Comyn?“

Damar trat verlegen von einem Fuß auf den anderen. „Das darf ich nicht sagen.“

„Warum nicht?“

„Meine Familie hat es verboten. Das Wissen über ihre verborgenen Kräfte und Talente soll nicht herumposaunt werden.“

Durraman ragte drohend über dem jüngeren Mann auf. „Trotzdem glaube ich, daß du es mir sagen wirst!“

Damar kaute nervös auf seiner Unterlippe und grub die Fußspitze in den Boden. Endlich seufzte er. „Ich sehe ein, in welcher Lage ich mich befinde. Nun gut, Trockenstädter, ich will es dir sagen.“ Er warf einen flüchtigen Blick über die Schulter, als lauerten Spione in jedem Schatten. Dann beugte er sich vor, fast bis an Durramans Ohr, und flüsterte: „Er kann fliegen.“

Durraman durchbohrte ihn mit einem mißtrauischen Blick. „Wie war das, Comyn?“

„Ich sagte, das Tier – kann fliegen.“

Wieder warf der riesige Trockenstädter den Kopf in den Nacken und heulte. „Du mutest mir zu, das zu glauben? Diese knickbeinige, abgewirtschaftete Kreatur kann ja kaum noch laufen! Du bist noch dümmer, als ich anfangs dachte.“

Damar zuckte die Schultern und wandte sich ab. „Also gut, dann glaubst du mir eben nicht.“

Schnell wie eine zuschlagende Schlange schoß Durramans Hand hervor und schloß sich um Damars Handgelenk. Der Griff hatte die Kraft einer Stahlklammer. Der Trockenstädter riß den jüngeren Mann an sich heran und zischte ihm ins Gesicht: „Du denkst, du kannst mich mit Tricks hereinlegen, Comyn? Du hast deine schönen Worte gesprochen, nun beweise sie!“

Damar wich bestürzt zurück. „Ehrlich, ich kann es nicht! Das Geheimnis seiner Kraft wird seit Jahren in meinem Clan bewahrt. Ich kann es nicht enthüllen – ich habe es geschworen!“

„Du wirst es enthüllen, Comyn, oder es werden auf ein Wort von mir drei Männer sterben – und du wirst ihnen bald darauf folgen.“

Damar kniff die Augen zusammen, und seine Mundwinkel verzogen sich zu einem dünnen, gepreßten Lächeln. „Du bist ein harter und überzeugender Mann, Durraman – ich habe es nicht anders von dir erwartet. Anscheinend habe ich keine Wahl. Gut. Aber du mußt genau aufpassen.“ Schnell ging er zu dem Esel, band den Strick los, schritt langsam zurück und intonierte mit feierlicher Stimme: „Trockenstädter, dieses Tier stammt von edlen Vorfahren ab, die seit Jahren an geheimen

Orten unserer Domänen gezüchtet und trainiert wurden. Seine Talente darf man nicht leichtfertig leugnen. Hör mir zu, wenn ich die magischen Worte spreche!"

Durramans gierige Augen hingen an dem Esel, und deshalb bemerkte er nicht, wie Damars Hand sich über sein reichbesticktes Hemd nach oben stahl, in den Ausschnitt glitt und ein Juwel umfaßte, das mit einem merkwürdigen blauen Licht an seiner Brust schimmerte.

„Evanda erhebe dich Avarra!" rief der junge Lord.

Und vor ihren Augen erhob sich der Esel langsam in die Luft, höher und höher, bis seine vier Beine drei Fuß über dem Boden baumelten. Das dumme Tier begann, wie verrückt zu schreien und um sich zu schlagen, und gleichzeitig beschrieb es einen weiten Kreis um den Hof. Es flog schneller und schneller dahin, bis nichts mehr zu sehen war als ein verwischter grauer Streifen hoch über dem Hof. Es war ein höchst wundersamer und erschreckender Anblick.

Durramans Augen waren groß und ungläubig. Er blieb eisern stehen, als der Esel an ihm vorübersauste, aber heimlich machte er ein abergläubisches Zeichen mit seinen Fingern. Schließlich hatte das Geschrei des armen Tiers eine markerschütternde Lautstärke erreicht. Durraman schlug die Hände über die Ohren und rief: „Genug! Ich habe genug gesehen! Du bist ein Zauberer, Comyn!"

„Avarra senke dich Evanda", sagte Damar, das blaue Juwel betastend. Langsam hörte der Esel auf zu kreisen, dann fiel er mit hörbarem Plumps auf die Erde zurück. Er keuchte und schwankte leicht, dann schüttelte er sich entrüstet und trottete davon. Seine Ohren zuckten gereizt.

„Zuerst habe ich dir nicht geglaubt, Comyn, aber jetzt, wo ich sein Talent gesehen habe, erkenne ich, daß es in Wahrheit ein wunderschönes Tier ist." Durraman konzentrierte sich immer noch so auf den Esel, daß er Damars blasse, schweißbedeckte Stirn nicht sah. „Vielleicht habe ich dich unterschätzt. Von nun an gibt es keine Spielchen mehr zwischen uns." Gierig leckte er sich die Lippen. „Du sagtest, du wollest um das Dorf handeln. Gilt dein Wort noch?"

„Natürlich. Du verschwendest deinen Atem, indem du fragst."

„Dann will ich den Esel haben."

„Aber ich habe dich aufgefordert, alles, nur den Esel nicht, zu nehmen!" japste Damar.

Durraman lachte. „Was sind dein Kupfer und deine Juwelen, Comyn? Mit diesem Tier brauche ich keine Schätze mehr. Dies ist mein Angebot: Gib mir den Esel, und das Dorf ist frei – für immer!"

„Oh, wie ungern tue ich das!" jammerte der junge Lord. „Mein Clan wird mich verstoßen, wenn ich ohne das Tier zurückkehre! Und doch – ich möchte das Dorf von einem Räuber wie dir befreit sehen."

„Sei vorsichtig mit deinen Worten, Comyn! Ich empfinde – im Augenblick – einige Achtung für dich, doch vergiß nicht, ich habe drei Männer in meiner Gewalt!"

„Nun, vielleicht bin ich ein Narr. Aber ich nehme dich beim Wort, Trockenstädter. Der Esel gehört dir, Durraman, im Austausch für das Dorf. Versuche bloß nicht, mehr zu nehmen, als wir ausgemacht haben. Meine Familie wird sich mit dem Verlust des Tieres um dieser Sache willen abfinden. Begehst du jedoch Verrat, hast du meine Verwandten als Rächer auf dem Hals."

„Ich weiß, wann ich ein gutes Geschäft gemacht habe, Comyn", erwiderte Durraman. „Der Handel ist also perfekt. Aber erzähle mir mehr über dieses wunderbare Tier. Was frißt es?"

„Das gleiche wie jeder andere Esel. Doch wie du siehst, ist er bei Jahren, deshalb mußt du ihn mit Respekt behandeln und ihm nicht zuviel aufladen. Mehr als dein Gewicht könnte er beim Fliegen nicht ohne Mühe tragen. Und du darfst sein Talent niemals leichtfertig einsetzen. Zwischen den Demonstrationen muß er sich ausruhen. Nach ein paar Stunden ist er dann wieder bereit. Und vergiß nicht, die Worte lauten ‚Evanda erhebe dich Avarra' und ‚Avarra senke dich Evanda'."

„Ah, Comyn!" rief Durraman herzlich. Eine fleischige Hand fiel auf Damars Schulter nieder und faßte sie mit hartem Griff. „Es war ein Vergnügen, mit dir Geschäfte zu machen! Ich hatte aus dem Dorf hier bereits alles weggeholt, was ich wollte, und nur eine merkwürdige Ahnung ließ mich von neuem diesen Weg einschlagen. Das war ein glücklicher Tag für mich, ein weniger glücklicher für dich – obwohl wir wenigstens beide bekommen haben, was wir uns wünschten! Lebe wohl, Comyn! Mögen wir uns wiedersehen – nur nicht zu bald!“ Prahlerisch lachend ergriff er den Strick des Esels und führte ihn triumphierend aus dem Hof.

Damar sah ihm nach, dann ließ er sich erschöpft vornüber sinken. Ein paar Augenblicke später stürzten Ferrick und seine beiden Männer in den Hof, keuchend und ungläubig plappernd. „Sie ziehen ab, *vai dom*“, rief der Bürgermeister, „nur mit dem grauen Esel und ohne jede andere Beute! Und Durraman – Zandru hole mich in seine kälteste Hölle, wenn ich lüge –, Durraman lacht, als wolle er nie wieder damit aufhören! Wie habt Ihr das gemacht, Lord Damar?“

„Es ist eine lange Geschichte, Ferrick.“ Müde fuhr sich Damar mit der Hand über sein junges Gesicht. „Doch komm! Ich stelle fest, daß ich einen nahrhaften Imbiß brauche, und dabei werde ich dir alles erzählen.“ In einer kameradschaftlichen Geste legte er Ferrick den Arm um die Schultern. „Mein Freund, ich glaube, bald werden wir alle über Durraman lachen. Denn wenn sich jemals zwei gegenseitig verdient haben, sind es Durraman und sein Esel!“

Als Durraman mit nichts als einem knickbeinigen, räudigen alten Esel aus dem Hof auftauchte, dachten seine Männer natürlich, er sei verrückt geworden.

„Wo ist unser Schatz, Lord?“ riefen sie und sahen hierhin und dahin.

„Habt ihr denn keine Augen im Kopf, ihr dummes Wolfsrudel?“ schnauzte Durraman. „Hier ist der Schatz! Und ich warne euch, der erste, der seine Hand gegen dies Tier hebt, wird seinen Kopf auf einer Stange wiederfinden!“

„Ja, Durraman“, flüsterten sie ehrerbietig, denn sie hatten schon vor langer Zeit gelernt, sich vor seinen Wutanfällen in acht zu nehmen. Aber einige tippten sich hinter seinem Rükken an die Stirn.

Sie verließen Candermay und zogen die Straße entlang, Durraman voraus, der Esel, der bei jedem Schritt kriegerisch schrie, hinter ihm. Als die Männer erkannten, in welche Richtung es ging, kam einer von ihnen nach vorn und fragte: „Lord Durraman, gehen wir nicht nach Trilltan, wie geplant?“

„Natürlich nicht, Dummkopf! Ich habe es nicht mehr nötig, Ortschaften zu plündern! Ich habe alles, was ich will. Wir kehren gleich nach Shainsa zurück.“ Drohend hob er seine Reitpeitsche. „Hast du irgendwelche Einwände dagegen?“ Es gab natürlich keine, die der Mann auszusprechen wagte. Schweigend zog er sich zurück.

Der Weg war steil und tückisch, und weil Durraman darauf bestand, ritten sie langsam, damit der alte, blinde Esel sich nicht den Fuß vertrat. Zweimal legte er sich mitten auf der Straße nieder und weigerte sich weiterzugehen, bis er sich ausgeruht hatte, und als die Männer versuchten, ihn anzutreiben, schnappte er mit den Zähnen nach ihnen.

Die Männer begannen zu murren. „Bei diesem Tempo wird uns der Winterschnee auf den Pfaden im Hochgebirge überraschen!“ Aber sie trauten sich nicht, Durraman noch einmal anzureden, denn sie wußten, irgendwie hatte dieser armselige Esel ihrem Anführer das Gehirn erweicht.

Immer wieder anhaltend, brachten sie drei Tagesritte hinter sich. Der vierte Tag war schon zu einem guten Teil vorüber und sie ritten einen unebenen, schmalen Sims entlang, als der Weg fast unter ihren Füßen bröckelte und verschwand. Sie blieben auf einem Felsvorsprung zurück, und vor ihnen fiel die Wand tausend Fuß zu dem Tal tief unten ab.

Die Männer drängten sich fluchend am Rand des Abgrunds zusammen.

„Der Pfad ist weggespült worden!“

„Seht, auf der anderen Seite beginnt er von neuem – zu weit zum Springen!“

„Jetzt müssen wir auf der eigenen Spur umkehren!“

„Bei allen Göttern, ich wußte doch, wir würden Shainsa nie vor dem Schnee erreichen!“

Da begann Durraman zu lachen. Für seine Männer war es ein furchterregendes, dämonisches Geräusch. „Ihr werdet Shainsa vor dem Schnee vielleicht nicht erreichen – aber ich werde morgen dort sein, warm und reich!“ Ungeduldig winkte er einem der Männer. „Bring mir meinen Esel!“

Mit offenem Mund sahen die Männer zu, wie ihr Anführer – der jetzt, so dachten sie, vollständig verrückt geworden sein mußte – den häßlichen grauen Esel bis an den äußersten Rand des Felsvorsprungs führte und auf seinen Rücken sprang. Es war ein lächerlicher Anblick: der riesige bärtige Trockenstädter, dessen Beine fast bis auf den Boden reichten, auf dem hohlrückigen, jämmerlichen Esel. Der Unterkiefer sackte ihnen noch weiter herunter und ihre Augen wurden rund, als Durraman seine Peitsche erhob, sie dreimal fest auf den Rumpf des Esels niedersausen ließ und dazu rief: „Evanda erhebe dich Avarra!“

Mit einem wütenden Aufschrei bockte der Esel, dann sprang er vorwärts – hinein in den Abgrund! Einen Augenblick lang schien er in der Luft zu schweben. Dann fielen Tier und Reiter wie ein Stein auf das Tal unten zu – und die Männer auf der Klippe meinten, eine hysterische Stimme immer wieder und wieder und wieder „Evanda erhebe dich Avarra!“ brüllen zu hören . . .

Ein paar Minuten standen sie schweigend da und lauschten auf die letzten ersterbenden Echos. Dann zuckten sie wie *ein* Mann mit den Schultern und ritten den Weg zurück, den sie gekommen waren, ohne sich noch einmal umzublicken.

All dies geschah vor vielen Jahren. Aber es heißt, wenn man an einem kalten Winterabend durch das blühende kleine Dorf Candermay kommt, kann man hören, wie sie sich um das Feuer versammeln und die Geschichte von dem edlen jungen Comyn-Lord erzählen, der einen Trockenstädter mit Hilfe eines nutzlosen alten Esels überlistete. Zweifellos wächst die Geschichte bei jedem Erzählen, doch man nennt sie die Geschichte von Durramans Esel, und sie lachen immer noch darüber.

Susan Shwartz sagt von sich, sie habe „angefangen, Mythologie zu lesen, als ich sieben war, und SF mit zwölf". Sie wuchs in Youngstown, Ohio, auf, was auf den ersten Blick kein Science Fiction-Zentrum zu sein scheint. Aber sie war als junges Mädchen mit einer Schwester von Edmond Hamilton bekannt, und der aufmerksame Leser wird in dieser ihrer ersten veröffentlichten Geschichte den Einfluß des Schriftstellers spüren, den seine Fans liebevoll „den alten Planetenvernichter" nannten. Sie besuchte das Mount Holyoke College – „einem Gildenhaus der Freien Amazonen so nahe, wie ich kommen konnte", machte 1972 ihren Abschluß und verbrachte mehrere Sommer am Trinity College, Oxford. Dann erwarb sie in Harvard ihren Dr. phil. in Englisch. Ihre Dissertation behandelt die Prophezeiungen Merlins. Zur Zeit ist sie Dozentin für Englisch am Ithaca-College oben im Staat New York. Sie hält Vorlesungen über Chaucer und König-Artus-Literatur sowie Kurse in Fantasy und Science Fiction. Wie sie sagt, versucht sie „meine Studenten gleichzeitig in die Literaturkritik und in das Fantum einzuführen." Einmal bemerkte sie, sie würde „alles lesen, was mich nicht zuerst erwischt", einschließlich Manuskripte aus dem vierzehnten Jahrhundert!

Bei einer Kennerin des Mittelalters ist es vielleicht nicht verwunderlich, daß Ms. Shwartz sich für die Geschichte des „Mittelalters" auf Darkover und das Zeitalter des Chaos entschieden hat. Das Thema der Geschichte „Das Feuer ihrer Rache" stammt aus dem Zauberschwert *(Seite 97), wo eine Bewahrerin Mirella Hastur heißt. In* Hasturs Erbe *erzählt Lew Alton wortwörtlich die gleiche Geschichte, nennt die Bewahrerin aber Marelie (was zeigt, wie sich mündliche Überlieferungen schon in wenigen Generationen durch die Wiederholung verändern). Susan Shwartz meint ergänzend dazu:*

„Man halte sich vor Augen, daß die Geschichte von Marelie

Hastur eigentlich in Versen mit Rryl-*Begleitung vorgetragen werden muß und daß das eine gute Lyrik-Interpretin erfordert. Ich habe sie in die englische Prosa des späten 20. Jahrhunderts übersetzt und in die Form der Ritterromane Gottfried von Straßburgs gegossen. Alle darin enthaltenen Fehler gehen auf das Konto der Übersetzerin, nicht auf das der ursprünglichen Sängerinnen, von denen Damon und Lew die Geschichte hörten. Wenn ich jemals in die Archive der Comyn-Burg gelange und dort die Manuskripte studieren kann, werde ich versuchen, eine verbesserte Auflage herauszubringen. Bekäme ich doch nur ein Reisestipendium von der Interstellaren Stifung für klassische Philologie! Ich sehe es direkt vor mir, wie man mir eine Rückfahrkarte für eine Raumschiffkoje nach Cottman IV überreicht...“*

Dazu kann man nur sagen: „Wenn das klappt, würden wir gern mitkommen!“

Susan M. Shwartz

Das Feuer ihrer Rache

THE FIRES OF HER VENGEANCE

„Marelie, Marelie! Wehe über dich, wenn du nicht töten kannst! Und wehe, wehe, wenn du dir jemals wünschen solltest zu töten!“

„Cleindori!“ rief Marelie. Der Name entrang sich Lippen, die zerbissen und von Erbrochenem beschmutzt waren. „Verlaß mich nicht.“

Aber die Erscheinung der alten *Leronis* verlöschte. Da waren nur Bäume und Schnee, Wolken und das wilde Licht der blutigen Sonne. Blut schändete den Schnee. Das ihre: Cleindori hatte richtig vorhergesagt, daß Marelie Esyllt, Prinzessin von Hastur und Lady von Arilinn, nicht töten konnte, nicht einmal, um sich selbst zu retten, als *er,* der Schwarzbärtige, sie von den übrigen Kilghard-Räubern wegzerrte und . . . und . . .

„Jetzt zeige dich den Hali'imyn als ein Symbol ihres Untergangs!“ hatte er gebrüllt.

Die Bewahrerin, die sich gegen die Vergewaltigung nicht verteidigen konnte oder wollte, würden die Leute flüstern. *Aber Bewahrerin ist sie nicht mehr.*

Marelie würgte trocken, schmeckte Blut, Schmutz und Schnee. Ihre Augen brannten von unvergossenen Tränen, und ihre Wangen glühten im Fieber von der Freveltat, die über eine Demütigung hinausging. Immer noch lag sie mit dem Gesicht nach unten auf dem eisigen Boden. Ihre Lenden schmerzten. Jeder Muskel war von dem Kampf überanstrengt, den sie geliefert hatte (obwohl sie davor zurückgescheut war, die Blitze heraufzubeschwören), von dem Kampf, der geendet hatte, als ein Hieb gegen ihr Kinn sie bewußtlos schlug. Und sobald sie in sicherer Ohnmacht lag, hatte er sie vergewaltigt.

Gnädige Evanda, vergib mir. Wie konnte ich Laran benutzen, um zu töten?

Verächtlich hatte jemand einen Mantel über sie geworfen, bevor die Räuber sich in ihre Kilghard-*Forst* und zu dem Kriegsherrn, der Arilinn überfallen hatte, zurückzogen. Zandru lasse ihre Mannheit verdorren! Marelie war es entsetzlich, daß sie ihr Leben ihrer Gnade verdankte. Aber warum nicht? Vergewaltige die Bewahrerin, und die Frau ist entwaffnet. Unnötig, sie erfrieren zu lassen.

Erst gestern morgen war Marelie mit einer Eskorte von Stadtgardisten zu den Aschenhaufen geritten, die einmal ein auf Hastur eingeschworenes Dorf gewesen waren. Überlebende, so schrecklich verbrannt, daß das Fleisch an ihren sterbenden Gliedern verkohlt war, berichteten stöhnend von Flammen, die aus dem Nichts hochsprangen und ihre Häuser in Brand steckten. Dann hatten die Räuber angegriffen, Räuber, die grinsend Kinder zwangen, in das Feuer zurückzulaufen. Und über das Prasseln der Flammen und die Schreie der Sterbenden war das wahnsinnige, verdammte Lachen aufgestiegen: „Wie Naotalba, *vai leronis,* wenn sie sich in Zandrus Armen windet!“

Das war kein gewöhnlicher Krieg. Irgend jemand verfügte über eine der riesigen künstlichen Matrices und einen Matrix-Kreis, der geschickt und pervers genug war, sie so zu mißbrauchen. Die meisten Matrices der zehnten Ebene und noch stärker waren vernichtet worden; ein paar, überwacht und fast nie benutzt, blieben in den Türmen isoliert. Trotzdem hatten die Comyn immer gefürchtet, eine illegale Matrix könne das Zeitalter des Chaos überlebt haben und in die Hände eines wahnsinnigen *Laranzu* fallen, der sie für Kriegszwecke einsetzte. Marelie, die geschworen hatte, die Domänen mit ihrem Leben gegen einen solchen Angriff zu verteidigen, war ausgeritten, um der Sache auf den Grund zu gehen.

Die Räuber hatten auf Befehl ihres Anführers im Hinterhalt auf sie gelauert. Messer und Fackeln schwingend, griffen sie an.

Die Fackeln machten die Chervines scheu, versengten die Männer ihrer Eskorte. Während sie sich auf dem Boden vor Schmerzen krümmten, erstachen die Räuber sie. Mehrere andere hatten Marelies Reittier überwältigt und sie niedergeworfen. Dann warteten sie auf ihren Hauptmann.

Schreie und Flammen verbrannten ihre Ohren, und darüber kreischte das wahnsinnige verdammte Lachen . . .

Irgend jemand hatte gewußt, daß die Zerstörung des Dorfes und der Mißbrauch von *Laran* sie herlocken würde. Und ohne sie war Arilinn – nun, Janna, die andere Bewahrerin, besaß bei weitem nicht ihre Kraft. Arilinn lag so verwundbar da, wie sie dagelegen hatte, nachdem ihr Angreifer in seiner tierischen Wut ihr die harte Faust ans Kinn geschlagen hatte.

Wer ist es nur, der Arilinn zerstören will? dachte Marelie verzweifelt. *Unter den Lords herrscht Frieden; es muß ein Wahnsinniger sein, ein Ausgestoßener, Zandru vernichte ihn! Aber würde selbst ein Wahnsinniger wünschen, die Türme einzuebnen und sich als Herr über Ruinen aufzuspielen?*

Aldones! Kehrte das Zeitalter des Chaos zurück?

Einen solchen Mann hätte Marelie gern getötet. Noch mehr wünschte sie sich jedoch, nach Arilinn fliehen zu können.

Sie stützte sich mit ihrem steifen Arm auf. So schwer war ihr noch nie eine Aufgabe geworden. Sie betrachtete die Hügel, den Trampelpfad, der durch den Wald führte. Arilinn lag in *dieser* Richtung. Tatsächlich ragten die Stadttore gleich über jener Kuppe auf. Oh, die Räuber waren sich sicher, ganz sicher gewesen, daß sie sie entwaffnet und vernichtet hatten.

Mit aller Willenskraft gelang es Marelie, sich aufzusetzen. Sie zog die Beine unter sich. Der hämmernde Schmerz in ihrem zerrissenen Fleisch machte ihr ein bißchen schwindelig. Wie sie mit der Disziplin ihrer langen Ausbildung andere Qualen bemeistert hatte, bemeisterte sie auch diese. Der Wind wehte, und sie erschauerte. Trotz ihres Abscheus zwang sie sich, den Mantel, den man ihr gegeben hatte – schwere, farblose Wolle, mit schäbigem Pelz besetzt – um ihre zitternden Schultern zu legen. Sie brauchte seine Wärme, wenn sie nach Arilinn gelangen wollte. Und sie war froh, sich bedecken zu können. Es schickte sich nicht, daß die Lady von Arilinn in ihrer Domäne mit zerrissenem Mieder und blutbefleckten Röcken einherging.

War sie denn noch Bewahrerin?

Ah, frohlockte sie, die Unwissenheit ihres Feindes würde ihn vernichten! Eine Zeit der Abgeschiedenheit, des Heilens, des teilweisen Vergessens, und Marelie, Lady von Arilinn, bog die Energon-Ringe von neuem nach ihrem Willen. Janna, die Unterbewahrerin, und Felizia, ihre Cousine und Arilinns *Rikhi,* würden dafür sorgen, daß sie wieder ihr altes Selbst wurde.

Schmerz durchfuhr ihren Bauch. Sie krümmte sich. Durch die zusammengepreßten Lippen entwich Luft in einem dünnen Wimmern. Das Feuer, das Feuer! So viele Leichen hatten unbeerdigt in diesem Dorf gelegen. Mit bebenden, unsicheren Fingern zog Marelie die Matrix aus ihrem zerfetzten Gewand. *(Gelobt sei Avanda, daß sie sie ihr nicht abgenommen hatten, sonst wäre sie an dem Schock gestorben!)* Fast fürchtete sie sich, in die flackernden Tiefen des Steins zu blicken. Sie schloß die Hand darum. Der Sternenstein erwärmte sich, pulsierte unter der Berührung im Rhythmus ihres Herzschlags. Sie sah hinein, versuchte, ihr Ziel – Arilinn – zu visualisieren.

Der Turm – belagert! Erschöpft, wie sie war, gelang es ihr nicht, seine geschlossenen Verteidigungsschirme zu durchdringen. Also stand Arilinn noch. Jetzt zu ihrer eigenen Person. Rasch überprüfte sie ihren Körper. Sie unterdrückte einen Laut des Entsetzens, als sie entdeckte, daß die Nervenkanäle und Knoten ihrer Beckenregion rot und träge pulsierten. Ihre Kanäle, einst so klar, wie es sich für die Reinheit einer jungfräulichen Bewahrerin ziemte, waren jetzt befleckt. Es war ungerecht. Sie hatte nicht zugestimmt, und doch waren ihre Kanäle von dem Trauma der Vergewaltigung überladen. Die Welt, seufzte sie, ging, wie sie wollte, nicht wie man es sich wünschte. Immerhin stand Arilinn noch. Bald würde sie zu Hause sein.

Marelie Esyllt, Bewahrerin und Lady, mühte sich auf die Füße. Es war ein merkwürdiges Gefühl, über den gefrorenen Boden zu gehen. Jeder Schritt erschütterte ihren wunden Körper, aber sie ging weiter. Wie es sich für eine Zauberin und Prinzessin schickte, betrat sie die Tore von Arilinn hocherhobenen Hauptes. Die blutige Sonne gloste niedrig am Horizont und berührte die fernen Gipfel mit Flammen. Ein Wachposten wollte sie aufhalten, und sie schüttelte sich die Kapuze des ekelhaften Mantels aus dem Gesicht: feingezeichnete, blasse Züge unter dem leuchtenden Feuerrot ihres verwirrten Haars. Der Anruf erstarb dem Mann auf den Lippen. Sie schritt weiter.

Ich bin Marelie Hastur, ich schäme mich nicht, sagte sie sich immer wieder vor. Sie hätte gern wie ein verletztes Kind in den Armen seiner Pflegemutter geschluchzt, aber sie war Bewahrerin, und Bewahrerinnen weinen nicht. Arilinns Schleier, der allen Feinden tödliche Regenbogennebel, zitterte vor ihr, und sie ging hindurch. Die Haare an ihren Armen sträubten sich, denn sie hatte Angst, der Schleier könne sich gegen sie wenden, eine nicht mehr jungfräuliche Bewahrerin, und sie mit seinen Blitzen verbrennen.

Schnelle, entschlossene Schritte hallten auf den Treppenstufen des Turms wider. Obwohl Marelie wußte, daß ein Mann im Arilinn-Turm nichts anderes als ein Verwandter von ihr sein konnte, der ihr den Treueeid geleistet hatte, drückte sie sich in eine Ecke. Doch des Mannes *Laran* verriet ihm ihre Anwesenheit.

„Marelie! Oh, Dank sei dem Herrn des Lichts, daß du noch lebst!“ Amaury Ridenow-Elhalyn, Sohn eines Prinzen, kam mit ausgestreckten Händen auf sie zu, als wolle er sie umarmen. Sie war Bewahrerin; kein Mann durfte sie berühren. Als sie an die Wand zurückwich, erinnerte er sich und blieb stehen. Marelie hob die Hand und streifte seine Fingerspitzen.

„Räuber entführten mich“, berichtete sie leise in dem kristallinen Ton einer Bewahrerin, die einen Techniker anredet. „Meine Eskorte wurde getötet, aber mir gelang es zu fliehen.“

Evanda, laß ihn nicht am Wort einer Hastur zweifeln! Amaury war Techniker und stand im Rang unmittelbar unter ihr, Janna und der jungen Felizia. Er brauchte sie nur zu sondieren, und schon würde er es wissen. Sie mußte ihn ablenken.

„Sie besitzen eine nicht überwachte Matrix der zehnten Ebene oder noch stärker", fuhr sie fort. „Haben sie sie gegen den Turm eingesetzt?"

„O ihr Götter, du kannst es ja nicht wissen", stöhnte Amaury. Sein Gesicht wurde blaß. „Wir haben gekämpft, und wie wir gekämpft haben! Janna – du wärest stolz auf sie gewesen. Aber Janna . . . sie ist tot, brannte sich selbst aus, und wir konnten sie nicht retten . . ."

Also keine Abgeschiedenheit, keine Hilfe einer Bewahrerin für Marelie! Was sie brauchte, konne Felizia allein ihr nicht geben. Und Marelie konnte sie nicht guten Gewissens aus dem Kreis abziehen, damit sie den vergeblichen Versuch machte, sie zu heilen. Gegen eine Matrix der zehnten Ebene brauchte Arilinn seine Bewahrerin.

„Avarra gebe ihr Frieden", murmelte Marelie. Sie sah die Erschöpfung, die Amaurys Augen beschattete. „Und die anderen – Felizia, Damon, Arnaud . . ."

„Als Janna zusammenbrach, wurde Arnaud, der ihr helfen wollte, von einem tödlichen Rückstrom getroffen", berichtete Amaury. „Die Überwacherinnen versuchten, ihn von ihr zu lösen; sie sind immer noch bewußtlos. Wir hoffen, daß sie am Leben bleiben. Aber die Götter mögen uns beistehen, wenn wir heute nacht von neuem angegriffen werden. Ich fürchte, das wird geschehen."

Sohn eines Prinzen, Techniker, stolz wie alle Elhalyns, sah er Marelie an. *Sei stark, sei Bewahrerin und beschütze uns,* flehten die grauen Augen. Sie waren gerötet, sie brannten . . .

Marelie wandte den Blick ab und ignorierte höflich seinen Selbstverrat.

„Die Stadt. Erzähle es mir", befahl sie. Bald konnte sie sich in das Sanktuarium ihrer eigenen Räume zurückziehen, sich von ihren schmutzigen Kleidern befreien, baden und schlafen. Doch als erstes kam ihre Verantwortung gegenüber ihren Gefolgsleuten, dem Turmkreis und der Stadt.

„Hauptmann Marius fiel beim ersten Ansturm. Die Räuber griffen an, während wir . . . durch den feindlichen Kreis abgelenkt waren. Duvic, *Teniente* der Garde, hat jetzt den Befehl", teilte er ihr mit. Seine Augen blitzten; auch er war einmal

Gardist gewesen, ein Krieger, bevor er ein Zauberer wurde. „Er spricht von *Geilt* . . .“

Das Wort, einem obskuren Dialekt der Hellers entstammend, war Marelie fremd. Amaury übersetzte es. „Von Berserkern. Sie fürchten nichts, spüren keine Wunde, keinen Schmerz. Hackt man ihnen die Schwerthand ab, ziehen sie den Dolch mit der Rechten. Die Männer haben beinahe allen Mut verloren, aber Duvic versucht, sie heute abend zu einem Angriff zu sammeln.“

Er schüttelte den Kopf, fuhr sich mit der Hand durch das lange, kupfer-goldene Haar. „Da du nicht da warst, hatten wir nach Jannas Tod kaum noch Hoffnung, den Schleier oder Arilinn selbst halten zu können.“ Seine Stimme schwankte. „Es war wie ein Duell zwischen zwei Türmen, Lady. Aldones, kehrt das Zeitalter des Chaos zurück?“

Marelie, die schon vor der üblichen Berührung der Fingerspitzen zurückgeschauert war, strich ihm über die Schulter. Auch sie hatte sich diese Frage gestellt. Aber Amaury erwartete von ihr eine Antwort. „Ich bete darum, daß es nicht geschieht, Verwandter“, sagte sie. „Wir werden sie aufhalten. Niemals sollen Räuber die Domänen beherrschen.“

Damon kam hereingerannt, und sein Gesicht leuchtete wie die Sonne, wenn sie nach einem Schneesturm den Scaravel-Paß bescheint. Zwei Männer im Raum! Marelie hielt sich steif aufrecht. Sie unterdrückte die Angst und dann die Erleichterung, die sie erfüllte, als Felizia nach Damon eintrat.

Das Mädchen, die älteste Tochter ihres Bruders, keuchte auf und wollte auf sie losstürmen.

„Langsam, Kind!“ befahl Marelie. „Eine Bewahrerin beherrscht sich.“ Felizia versuchte, ihre Panik und ihre Freude unter Kontrolle zu bringen; ihr Mund arbeitete, und ihr Gesicht zuckte. Es war zuviel für sie, und sie brach in halb hysterisches Schluchzen aus. Niemand berührte sie. Eine Bewahrerin ist sakrosankt.

„Verwandte, die Garde muß von deiner Rückkehr benachrichtigt werden“, meinte Damon, ein Mechaniker, zu dessen erworbenem Wissen die angeborene Alton-Robustheit kam.

„Dann werden die Männer besser kämpfen. ‚Höher fliegen die Gedanken, kühner schlagen unsre Herzen, immer stärker wächst der Mut, wenn die Kraft uns schwindet'", zitierte er im Sprechgesang aus seiner Lieblingsballade. „Darf ich es ihnen ..."

„Ja", nickte Marelie. Sie straffte sich, eine hochgewachsene, schlanke Frau, königlich in der *Präsenz,* die die Kinder Hasturs, des Sohnes Aldones', der der Herr des Lichts ist, mehr als menschlich zu machen scheint. „Sage Duvic und unseren tapferen Gardisten, daß Marelie Esyllt, Lady von Arilinn –" das Schluchzen würgte sie in der Kehle, und sie atmete tief durch „– sie sieht und segnet. Sie sollen nicht besiegt werden, das gelobe ich!" Sie hob eine schmutzige Hand. „Die Götter sind Zeugen, und die heiligen Gegenstände zu Hali!"

„Eure Worte erhellen den Himmel, *vai leronis*", flüsterte Damon die rituelle Antwort, verbeugte sich tief und ging.

Habe ich eine andere Wahl? dachte sie. *Mein Eid verpflichtet mich, den Turm und die Domänen mit meinem Leben zu verteidigen. Und jetzt währt mein Leben nicht mehr länger, als eine Kerze brennt.*

„Geh, Amaury", sagte sie. „Der Kreis soll sich bereithalten. Wenn Liriel am Himmel aufsteigt, werden wir uns in der Matrix-Kammer zum Krieg versammeln. Felizia, *chiya,* du ziehst dich auf dein Zimmer zurück, um zu meditieren und dich zu beruhigen. Da Janna tot ist, muß ich mich auf dich verlassen."

„Aber du bist müde", wagte Felizia zu widersprechen. „Siehst du – du hinkst ja!"

Marelie blieb auf dem Weg zu ihren Räumen stehen. „Ich brauche jetzt weder deine Hilfe noch deinen Ungehorsam", wies sie das Mädchen zurecht. „Die *Kyrri* werden mir bringen, was ich brauche."

Jemand – wahrscheinlich Amaury – versuchte, ihre Gedanken zu berühren. Sie blockte den Kontakt ab. Zu stark war die Erinnerung an die Brutalität und den Schmerz, an die Explosion in ihrem Kiefer, die ihr das Bewußtsein geraubt hatte. In ihrem Gesicht zeigte sich nichts; der Schaden lag tiefer. Ihre Kanäle waren vergiftet, und der Drang zu töten brannte in ihrem Herzen, wühlte in ihrem Bauch wie ein Feuerdrache.

Obwohl der Raum jetzt leer war, meinte Marelie, sie spüre die Anwesenheit Cleindoris, so lange schon tot, die Arilinn vor ihr regiert hatte, und höre ihre Worte:

„Wehe dir, Marelie, wenn du dir jemals wünschen solltest zu töten!“

Das *Kyrri* kam in den Garten des Duftes getrippelt, wo Marelie unter einem Baum stand. Schnee und seine violetten Blüten rieselten auf ihr aufgelöstes Haar. Der Nichtmensch gab ihr zu verstehen, daß ihr Bad bereit sei.

„Ich danke dir.“ Mit der starken Empathie seiner Rasse sah das *Kyrri* sie an, etwas wie Besorgnis in seinen grünen Augen, bevor es sich abwandte.

Marelie führte eine schmutzige Hand zum Mund. Eine Blüte lag darauf, und sie berührte sie sacht. *Niemals mehr sollte sie ihren Garten in Blüte sehen und riechen . . .*

Sie hatte versprochen, in der Matrix-Kammer einen Kriegskreis zu versammeln. Bewahrerin, aber keine Jungfrau: Ihre Kanäle unrein, aber keine Möglichkeit, keine Zeit, sie zu säubern. Nicht jetzt, wo Janna tot war, und Amaury – sie konnte Amaury nicht enthüllen, was dieser viehische Räuber ihr angetan hatte. Sie war allein und hatte große Angst. Die Kraft der Energon-Ringe, erzeugt von den Matrices ihres Kreises, flossen durch ihren Körper in die Schirme und Relais, eine Kraft, die sie allein zur Waffe schmieden mußte. Es ist immer gefährlich, *Laran* zu benutzen, um zu töten, aber besonders jetzt . . . jetzt verstand sie Cleindoris Prophezeiung.

Marelie wollte töten. Doch das bedeutete ihren eigenen Tod. Nur die Kanäle einer Jungfrau sind der Energie gewachsen, mit der eine Bewahrerin umgeht. Sicher, es gab Geschichten, Fragmente aus dem Zeitalter des Chaos, Märchen, um sich an den langen Abenden vor dem Mittwinter-Fest die Zeit zu vertreiben, über Bewahrerinnen, die geradewegs von ihren Liebhabern an ihre Arbeit im Kreis gingen. Aber die rituelle Jungfräulichkeit der Bewahrerin war sakrosankt, seit Frauen vor Jahrhunderten den Platz der *Tenerézuin* aus der Zeit Varzils des Guten eingenommen hatten. Niemand ließ sich einfallen, nicht daran zu glauben. Die unkeusche Bewahrerin war keine Bewahrerin. Ungeachtet ihrer Entschlossenheit entsetzte Marelie sich.

Und ihr war so kalt, sie war so schmutzig.

Sie betrat ihre Räume, zog sich aus und bündelte den Mantel, die zerrissene rote Robe und ihre Unterwäsche hastig zusammen.

„Verbrenne das", sagte sie zu dem Kyrri. Es ging.

Das Badewasser war warm und zart parfümiert, und es tat ihrem zerschlagenen Körper unendlich wohl. Es stillte sogar den Schmerz zwischen ihren Beinen. Sie lag lang ausgestreckt in der Wanne, weichte sich ein und schrubbte sich, als könne sie die Erinnerung ebenso abwaschen wie den Dreck. Das *Kyrri* kam, um sie zu bedienen, aber sie winkte es weg. Nacktheit war verwundbar. Marelie, Prinzessin von Hastur, wollte in den wenigen Stunden, die ihr blieben, nicht noch einmal verwundbar sein. Ihr Sternenstein lag, befreit von der seidenen Umhüllung und dem Lederbeutel, zwischen ihren Brüsten unter dem Wasser, und sie starrte ihn an.

Feuer, Feuer in seinen Tiefen.

Was hatte sie sonst noch zu erwarten? Eine Schlacht und einen Sieg. Aber sie wünschte sich, zu leben und weder das Mitleid der Frauen noch das Getuschel der Männer ertragen zu müssen. Auch wollte sie den Turm nicht verlassen, den sie gerettet hatte. Hasturs leisteten einen Eid für das ganze Leben. Marelie hatte geschworen, bis zu ihrem Tod Lady von Arilinn zu sein.

Nach geraumer Zeit stieg sie aus der Wanne und trocknete sich mit den dicken, vorgewärmten Handtüchern ab, die das *Kyrri* für sie bereitgelegt hatte. Sie wickelte sich in einen Bademantel. Auf dem kleinen Tisch am Feuer wartete Essen auf sie. Mechanisch setzte sie sich hin und aß. Jetzt erst merkte sie, wie hungrig sie war, und sie genoß die Speisen wie seit Jahren nicht mehr. Das Baden, das Essen, das Ausruhen, auf Kissen gestützt, um eine Stunde zu meditieren, nahmen beinahe rituelle Bedeutung an.

Denn alles war zum letztenmal . . .

Die blutige Sonne glühte wie eine Kohle hinter den Kilghardbergen, als Marelie Esyllt sich anzukleiden begann. Süßes, parfümiertes Öl auf ihre wunde Haut, frische Unterwäsche und darüber die rote Robe der Bewahrerin. Rot für Blut, rot für Feuer. Das Kupfer und Gold der Stickereien und der Ornamente an Ausschnitt und Gürtel glitzerten wie Funken, der Edelstein auf ihrer Stirn flammte. Sie erlaubte ihrem Sternenstein, an ihrer Kehle zu strahlen.

Ich bin Feuer und Luft, flüsterte sie ihrem Bild in dem Silberspiegel zu. Die grauen Augen brannten auf sie zurück. Sie bürstete ihr langes Haar. Statische Elektrizität ließ es knistern; es floß in roten Wolken über ihre schmalen Schultern. Der Körper hat für eine Bewahrerin nur Bedeutung als Werkzeug, mit dem sie ihre Arbeit verrichtet, aber Marelie, die dem Tod entgegenging, zollte ihm Aufmerksamkeit.

Sie war schön. Schön wie die Flammenhaarige, bevor der Sohn Hasturs sie in Ketten legte. Jetzt mußte sie, Hasturs Tochter, den Brand herbeirufen.

Sie kämmte ihr Haar zurück, steckte es fest und stand auf. Liriel schimmerte über ihrem stillen, versiegelten Garten. Es war Zeit.

Marelie Hasturs Schritte hallten in der Stille der gewölbten Matrix-Kammer wider.

„Ich stelle für unsere Sicherheit die Dämpfer auf", hörte sie Felizia sagen. „Aber jetzt, wo Arnaud tot ist, haben wir keinen Überwacher, und aus dem Kreis können wir niemanden entbehren."

„Dann werden wir ohne Überwacher arbeiten", erklärte Marelie. Ein Überwacher würde den Aufruhr in ihren Kanälen entdecken, erkennen, was ihr angetan worden war, sie zurückhalten, sie bedauern. Das ertrug sie nicht. Sie wagte nicht, es zuzulassen, denn Arilinn mußte verteidigt werden. Sie hob die Hand, Proteste erstickend.

„Damon, die Garde?"

„Duvic kann die Tore kurze Zeit gegen die Räuber halten, falls er nicht mit Zauberei angegriffen wird."

„Wir werden ihn schnell entsetzen."

Die violette Nacht schien durch den Lichtgaden unter dem alten Holzgewölbe. Sonst erhellte nur das unheimliche Flakkern der Matrix-Schirme und -Gitter den Raum, ein Glosen in der Dunkelheit, das Marelies Kreis zu heftigem Leben anfachen mußte. Sie hob die Hand, und das Überlicht schimmerte von ihren sechs Fingerspitzen, tanzte wie verrückt in dem riesigen künstlichen Sternenstein, den sie enthüllte und auf den massiven Tisch stellte.

Sie nahm ihren erhöhten Platz ein, sah, wie die anderen sich die Hände reichten, und blickte dann krampfhaft zur Seite. Das magische Licht der Matrices und Gitter fiel auf das dunkle Holzwerk der Schränke und machte aus den darauf geschnitzten Figuren Hochreliefs. Marelie ertappte sich dabei, daß sie die Figuren intensiv studierte, und riß ihren Blick davon los.

„Fangt an", befahl sie.

Die neun Überlebenden des Kreises, eine jämmerlich kleine Gruppe, um die große Matrix zu meistern, fiel in Rapport wie die Schichten eines Kristalls, auf den man mit Feuerstein schlägt, um Funken zu erzeugen. Mit der einzigen Intimität, die sie in ihrem Leben je kennengelernt hatte, berührte Marelie jeden Geist.

Sie hob die linke Hand. Ihr Geist erweiterte sich, bereitete sich vor, die Energon-Flüsse aus dem Rapport-Kreis zu empfangen und zu ergreifen. Tief im Innern des riesigen Kristalls begann die blaue Flamme zu beben und zu pulsieren. Die altehrwürdigen Schirme erwachten zu heftigem Leben.

Dann schwang sich Marelies Geist von ihrem Körper hoch wie Funken von einem in Flammen stehenden Harzbaum.

Unter ihr kämpfte Teniente *Duvic. Sein Schwert war schartig und gerötet bis zum Griff. Er stolperte und fiel. Sofort sprangen Räuber auf ihn ein, ohne ihrer Wunden zu achten, und der weißlippige Kadett, der sich mit gespreizten Beinen über ihn stellte . . .*

Über dem Schlachtfeld fliegend, streckte Marelie eine „Hand" aus. Blitze entsprangen ihr. Räuber verbrannten schreiend. Noch einmal! Und die im Hintergrund lauernden Reservetruppen zuckten und jammerten, als die Blitze auch sie verzehrten.

Dann flog Marelie über die Tore und die Wälder, vorbei an dem verfluchten Ort, wo sie gelegen hatte – sie unterdrückte die Erinnerung, bevor Felicia sie entdeckte – *in die Vorberge, zu den toten Überresten des Dorfes, das von der wahnsinnigen Matrix verbrannt worden war.* Marelie hätte beim Anblick der verkohlten Leichen, der qualmenden Dächer unter ihr beinahe laut gestöhnt. Ein Bolzen blauen Lichts löschte alles aus. Bald würde der Schnee das frühere Dorf bedecken.

Marelie suchte die Richtung. *Nach Osten.* Die Räuber – der Mann, der sie angegriffen hatte, und der *Laranzu* – hatten eine *Forst* in den östlichen Klippen. Sie richtete ihr Gedanken-Ich nach Osten, fühlte, wie ihr Körper beim schnellen Flug durch die widerstandslose Nachtluft warm wurde.

Noch nicht! betete sie.

Fragen beunruhigten den Kreis, sie sandte ihm Ermutigung zu.

Weiter ging es über die Hügel. Hinter ihnen ragten die Kilghardberge auf, verkrüppelte Bäume und zwischen ihnen hohe Klippen und Gipfel. Dort kreisten die Kyorebni, *und die Banshees kreischten vor Entsetzen über die von blauem Licht erhellte* Forst *neben dem Abgrund. Marelie schleuderte ihre Blitze, immer wieder und wieder. Sie lachte, das feurige Haar ihres Gedanken-Ichs flatterte im Wind. Wer lachte jetzt zuletzt, sie oder ihr Feind?*

Mauern brachen zusammen. Im innersten Turm der Forst *hatte sich der gesetzlose Kreis um eine große, zackige Matrix die Hände gereicht. Der Bewahrer war ein flammenhaariger* Emmasca. *Noch durch die Trance der Konzentration, mit der der* Emmasca *seinen Kreis schützen und die Domänen zerstören wollte, sah Marelie Haß und Wahnsinn wie brennende Säure in sein Gesicht eingeätzt...*

Ganz dicht neben ihm stand unter der Menge hingerissener

Gefolgsleute, die ihm ihre Kraft, ihren Glauben liehen, ein Muskelberg von einem Mann, das bärtige Kinn blau im Matrix-Feuer. Marelie erkannte ihn. Marelie verlangte seinen Tod.

Kurz kehrte sie in ihren Körper und zu dem Kreis in Arilinn zurück. Blitze knisterten und sprangen von den Matrices zu den Schirmen, von den Schirmen zu den Gittern. Die Luft war scharf von Ozon und einer Unruhe, die die Matrix-Trance bedrohte. Marelie überprüfte ihren Körper, sah, welche Zerstörung die Energon-Flüsse, die ihn durchströmten und ihre Nervenbahnen verwüsteten, angerichtet hatten. Ihre Ganglien sahen wie heiße Kohlen aus. Sie würde nicht mehr lange leben.

Es kommt nicht darauf an, es kommt nicht darauf an.

Nein! Das war Amaurys Gedanke.

Doch! befahl sie ihm. *Wir müssen das zu Ende bringen.*

Wehe, wehe, ertönte eine mentale Stimme in herzzerreißender Klage. War es wieder Cleindori, oder war es Amaury? Marelie betrachtete den Techniker. In seinen Gedanken war eine Wahrheit, die sie nie zuvor bemerkt hatte. *Keine Zeit jetzt.*

Von neuem verließ Marelie ihren schmerzenden Körper, streckte die Hände über ihrem Feind aus. Zuerst der Laranzu, *dann die anderen. Von ihnen als erster der Mann, der sie vergewaltigt hatte. Dann, immer nur einer auf einmal, langsam, langsam, die übrigen, die Zerstörer ihrer Domäne . . .*

Eine Flamme durchstach den Sessel des *Laranzu.* Schwarzbart schrie, seine Kleider brannten. Er wollte hinaus und in eine rettende Schneewehe laufen, aber er fiel über den Klippenrand. Marelie spürte die Geschwindigkeit seines Sturzes, als falle sie selbst. Sie hörte ihn gegen die Kälte ankreischen, und sie frohlockte. *Hatte Sharra das in dem Augenblick empfunden, bevor Hasturs Sohn sie mit brennenden Ketten band?*

Marelie lachte. Es war ein schöner wilder Laut, der in der Matrix-Kammer widerhallte. Das Feuer ihrer Rache schien auf den entrückten Gesichtern ihres Kreises zu glühen. Wie still, wie schön sie alle waren! Triumph klang aus ihrem Lachen. Sie, die Befleckte, Besiegte, hatte sie gerettet. Die Befriedigung schleuderte ihr Bewußtsein wie einen Funken im Aufwind hoch über Arilinn hinaus. Rings um die alte Stadt strafften Soldaten ihre Schultern, glücklich, am Leben zu sein. Lachend schwebte Marelie auf ihren Körper hinunter.

Dann spürte ihr Fleisch die Qualen des Verbrennens, aber sie war sich in den letzten Sekunden immer noch jubelnd bewußt, daß Arilinn gerettet war.

Ich lernte Elisabeth Waters unter Umständen kennen, die bei der Besprechung der Titelgeschichte Der Preis des Bewahrers *erzählt werden. Sie ist in der zeitlichen Reihenfolge später eingeordnet.*

Bei unserm kürzlich stattgefundenen Wettbewerb der Freunde Darkovers um die am besten geschriebene Kurzgeschichte gewann „Die Alton-Gabe" einen der Preise. Die Beurteilung erfolgte nach drei Kriterien: Jeweils höchstens zehn Punkte gab es für die Erzähltechnik, die Authentizität des Darkover-Hintergrundes und das reine Lesevergnügen. Von den fünf Richterinnen gaben drei (darunter ich selbst) dieser Geschichte volle dreißig Punkte, was bedeutet, daß sie sie nach jedem der drei Kriterien mit der höchstmöglichen Punktzahl bewerteten. Am ersten Platz fehlten dann knappe zwei Punkte (die Geschichte, die den ersten Preis erhielt, findet sich anderswo in diesem Band), weil einer Richterin der schreckliche, makabre Schluß nicht gefiel. Doch auch sie benotete die Authentizität und die Technik hoch. Keine andere Geschichte erhielt von mehr als zwei der fünf Richterinnen volle dreißig Punkte.

Jedes erläuternde Wort über „Die Alton-Gabe" würde die Wirkung schmälern. Sie spielt im finstersten Zeitalter des Chaos, dieser Zeit der Tyrannei, als die großen Familien Darkovers die Laran-*Gaben züchteten, die später, als sie die Comyn wurden, für ihre Machtstellung so wesentlich waren.*

Ich sollte hinzufügen, daß alle Beiträge zu dem Wettbewerb der Freunde Darkovers anonym eingesandt wurden. Namen und Anschrift der Autoren waren in geschlossenen Umschlägen beigelegt, die erst geöffnet wurden, nachdem *wir alle Geschichten beurteilt und über die Preise entschieden hatten. Lisa Waters hatte sich die Mühe gemacht, eine andere Schreibmaschine als die für ihre Briefe zu benutzen und eine Freundin zu beauftragen, die Geschichte in einem weit entfernten Staat zur Post zu geben, so daß auch die Briefmarke auf dem Umschlag den Richterinnen, von denen zwei (ich selbst und Jacqueline Lichtenberg) zu ihren nahen persönlichen Freunden zählen, die Autorin nicht verriet. Für Jacqueline kann ich nicht sprechen, aber ich besuchte Lisa Waters, als die Ergebnisse schon feststanden, und fragte sie ganz nebenbei, welche Geschichte sie geschrieben habe. Doch halt, zuvor hatte ich ihr erzählt, daß sich in dem Wettbewerb zwar viel* Talent *gezeigt habe, das allgemeine Niveau der Technik aber* beklagenswert *sei. Eine einzige Geschichte stehe nach der Wirkung und der meisterlichen Erzählkunst so weit über allen anderen, daß sie unbedingt einen Preis bekommen müsse. Mein Kompliment, Lisa kann sich ausgezeichnet verstellen! Ihr Gesicht verriet nichts als den genau richtigen Grad von Nachdenklichkeit, als sie laut Überlegungen anstellte, wer eine Geschichte mit einem so merkwürdigen Titel wie „Die Alton-Gabe" wohl geschrieben haben könne . . . Später bei diesem Besuch sagte ich, da die Geschichten alle schon beurteilt worden seien, schade es nichts, wenn sie mir verrate, welche von ihr stamme. Sie antwortete: „Die Alton-Gabe", und ich fiel buchstäblich auf den nächsten Sessel und japste.*

„Das ist nicht wahr! Du machst Witze!"

Ich hatte gewußt, daß die Begabung vorhanden war. Nach „Des Bewahrers Preis" hatte ich nie daran gezweifelt. Aber dem Original von „Des Bewahrers Preis" hatte es, so packend die Schilderung war, fast ganz an Aufbau gefehlt, es war chaotisch, ein bloßes Fragment. Ich hatte keine Ahnung gehabt, daß Lisa fähig war, eine mitreißende Geschichte in meisterhafter Weise auf so knappem Raum unterzubringen. Der schlimmste Fehler von Amateuren ist, daß sie versuchen, einen Roman auf sieben Seiten zu schreiben. Die Geschicklichkeit, sich in einer sehr kurzen Geschichte auszudrücken, wird einem für gewöhnlich erst nach langer Erfahrung zuteil.

Ich besitze sie immer noch nicht; schon ist diese Vorrede fast ebenso lang geworden wie die Geschichte, die sie beschreibt.

Elisabeth Waters

Die Alton-Gabe

THE ALTON GIFT

Caillean Alton schnürte ihr Kleid zu und begann, ihr Haar zu flechten. Sie tat es ziemlich ungeschickt, denn es war erst das dritte Mal, daß sie es allein versuchte. An dem Tag, als mit einem Fest gefeiert wurde, daß Caillean zur Frau geworden war, hatte man ihr das Haar abgeschnitten und Evanda geopfert, und jetzt, wo es gerade eben ihre Schlüsselbeine berührte und lang genug war, wieder geflochten zu werden, sah man sie als voll erwachsen und alt genug an, um zu heiraten. Das war der höfliche Ausdruck dafür, dachte Caillean bitter, daß die *Leroni* bestimmen würden, wo sie sie in ihrem Zuchtprogramm einfügen wollten, und sie würde einem Mann übergeben werden, als sei sie eine Kuh oder ein Schaf – und das nannte man dann „ihre Pflicht gegenüber Verwandten und Clan". Gnädige Avarra!

In diesem Augenblick betrat ihre Mutter das Zimmer, unangemeldet. Bianca Alton hatte neun Kinder geboren, von denen fünf das Säuglingsalter und nur zwei die Pubertät überlebt hatten. Caillean wünschte wirklich, ihre Mutter würde anklopfen oder wenigstens im Flur ein kleines Geräusch machen, statt plötzlich aufzutauchen, so daß man vor Schreck zusammenfuhr. Aber sie wußte, daß nichts ihre Mutter jemals ändern würde.

„Caillean, wieviel Zeit willst du noch brauchen, um dein Haar zu flechten?! Zum Frühstück kommst du schon zu spät, und dein Vater möchte gleich danach mit dir reden!"

Hastig griff Caillean nach ihrer Spange und versuchte, das Ende des Zopfes zu befestigen, aber ihre Hände glitten ab, und das ganze Kunstwerk löste sich wieder auf.

Bianca murmelte etwas über Durramans Esel, das Caillean nicht ganz mitbekam, flocht schnell und geschickt den Zopf ihrer Tochter und brachte die Spange an. „So! Komm, Kind, laß deinen Vater nicht warten."

Nach einem eilig eingenommenen Frühstück fand sich Caillean ihren Eltern in Vaters Arbeitszimmer gegenübersitzend wieder.

„Nun Caillean . . ." – ihr Vater lächelte ihr zu – „. . . du hörst sicher gern, daß ein Gatte für dich ausgewählt worden ist. Du wirst im nächsten Monat Dom Bertin Serrais heiraten."

„Du bist ein sehr glückliches Mädchen", fügte Bianca hinzu. „Eine edle Familie, ein schöner Besitz; es ist eine ausgezeichnete Partie."

„Aber, Mutter, ich mag ihn nicht. Und ich möchte eigentlich gar nicht heiraten."

„Unsinn, jedes Mädchen möchte heiraten! Und es spielt keine Rolle, ob du ihn magst oder nicht – was hat das damit zu tun, daß du ihn heiraten sollst?"

„Ich möchte nicht bis an mein Lebensende mit jemandem zusammenleben, den ich nicht einmal mag!"

„Warum meinst du denn, ihn nicht zu mögen?" Offensichtlich bemühte sich ihr Vater mit begrenztem Erfolg um eine Haltung der Geduld gegenüber mädchenhafter Torheit.

„Er hat mich beim letzten Mittwinterfest geküßt, und das gefiel mir nicht, und ich wollte ihn daran hindern, und er hörte mir nicht einmal zu!"

„Du solltest dich geschmeichelt fühlen, daß er dich attraktiv findet, Kind", sagte ihre Mutter scharf. „Das wird eine große Hilfe sein, wenn ihr verheiratet seid."

„Aber ich will ihn nicht heiraten – und auch sonst niemanden! Denkt doch daran, was Rafaella passiert ist! Sie heiratete, und nicht einmal ein Jahr später war sie tot!"

„Deine Schwester war immer kränklich, das weißt du doch. Die meisten Frauen überstehen das Wochenbett ohne Schaden;

ich habe es immer überstanden. Jetzt beruhige dich, Caillean. Es ist durchaus in Ordnung, wenn eine Braut ein bißchen nervös ist, doch du darfst kein solches Theater machen, daß Dom Bertin, wenn er eintrifft, daran Anstoß nimmt."

„Mutter, ich werde ihn *nicht* heiraten!"

„Sei nicht so kindisch, natürlich wirst du ihn heiraten! Wirklich, Caillean, du solltest dem Schicksal dankbar sein. Dein *Laran* ist ja im Grunde zu nichts nütze, es ist nur etwas, womit die *Leroni* experimentieren möchten – und für dich springt dabei heraus, daß du einen sehr guten Mann bekommst. Deshalb erwarte ich von dir, daß du den Mund hältst und dich wie eine guterzogene junge Dame benimmst!"

„Warum hörst du mir niemals zu? Es kümmert dich überhaupt nicht, wie mir zumute ist – alles, was dich kümmert, ist dein eigenes Ich! Von dir aus kann ich mit Dom Bertin gepaart werden, als sei ich ein Schaf oder so etwas, und wenn ich wie Rafaella sterbe, ist das eben Pech, und dir ist es einerlei!" Caillean begann zu schreien. „Ich hasse dich! Ich wünschte, *du* wärst im Kindbett gestorben!"

Bianca gab ein leises Keuchen von sich, kippte vornüber und fiel von ihrem Stuhl auf den Fußboden. Caillean sprang entsetzt auf. Ihr Vater beugte sich über die Leiche ihrer Mutter. Dann wandte er den Kopf und sah sie voller Zorn an.

„Sie ist tot! Du Abkömmling der Katzenwesen, was hast du ihr angetan?"

Plötzlich begriff Caillean. Das war also das *Laran,* das „eigentlich zu nichts nütze" war, das die *Leroni* aber haben wollten – die Fähigkeit, mit einem zornigen Gedanken zu töten. „Das ist alles, was sie wollen, eine neue Waffe für ihre unaufhörlichen Kriege! Nein! Das lasse ich nicht zu!"

„Was hast du ihr *angetan?*"

„Es war nicht sehr schwer, Vater", antwortete Caillean ruhig. „Nur das." Und sie faßte in ihren eigenen Körper und hielt ihr Herz an.

Die meisten Autoren dieser Anthologie sind mir bekannt, zumindest durch einen Briefwechsel oder eine kurze Begegnung bei den Freunden Darkovers. Kathleen Williams stellt die Ausnahme dar. Vielleicht ist sie einmal bei einem Treffen der Freunde oder bei dem einen oder anderen Konvent gewesen, aber sie hat sich mir nicht vorgestellt – sehr zu meinem Bedauern. Am allerletzten Tag vor Einsendeschluß für Beiträge zu dieser Anthologie wurde ihre Geschichte „Kreis des Lichts" in meiner Abwesenheit an meiner Haustür abgegeben. Ich schrieb der Autorin sofort (ein Versuch, sie telefonisch zu erreichen, war erfolglos), bat sie um die Erlaubnis, die Geschichte zu verwenden, und um eine kurze Biographie. Aber während ich dies schreibe, ist noch keine Antwort eingetroffen, und so kann ich Kathleen Williams nur nach ihrer ausgezeichneten und ergreifenden Geschichte beurteilen. Sie handelt von Alindas, einer jungen Überwacherin im Zeitalter des Chaos, die gegen die Politik ihres Kreises rebelliert und ihr Laran *für die unbekannte Kunst des Heilens einsetzen möchte.*

Kathleen S. Williams

Kreis des Lichts

CIRCLE OF LIGHT

Alindas' Füße fanden die undeutliche weiße Lache ihrer hastig abgeworfenen Überwacherinnen-Robe und die samtenen Hausschuhe daneben, noch bevor der dringende mentale Ruf in ihrem Kopf erstarb. Schnell raffte sie einen Schal an sich, band ihn um ihr verwirrtes blondes Haar und eilte den Flur hinunter, ganz ohne die Würde, die ihr drei Jahre Aufenthalt im Turm von Hali eigentlich hätten einprägen müssen.

Sich auf ihre Matrix konzentrierend, schoß sie den Aufzugschacht so schnell empor, daß sie beim Anhalten hart gegen eine der Wände prallte. Auf dem Weg zu der innersten der drei isolierten Arbeitskammern mäßigte Alindas ihren Schritt und bemühte sich um die Gelassenheit, die sie, wie sie wußte, in den vor ihr liegenden Minuten brauchen würde.

Die Mitglieder des Kreises, die sich um ihren zusammengebrochenen Bewahrer gedrängt hatten, warteten schon auf sie, die ihrer Begabung wegen den höchsten Rang unter den Überwachern Halis einnahm. In resigniertem Schweigen verwandten sie ihre versagenden Kräfte darauf, Damon Leynier, Erstem Bewahrer des Turms von Hali, das Sterben zu erleichtern.

Alindas preßte die Lippen fest zusammen und suchte den Blick eines jeden Mitglieds von Damons Kreis. Sie sah Mhari an, Überwacherin dieses Kreises und seit langer Zeit Gefährtin und Geliebte seines Bewahrers, und Mhari starrte herausfordernd zurück. „Wir erleichtern ihm das Sterben, Alindas, wie er es von uns wünschte. Du wurdest nur gerufen, weil er dich gern noch einmal sehen wollte." Mharis Stimme wurde weicher; ihre bernsteinfarbenen Augen füllten sich mit Tränen. „Er liebt dich, *chiya mia,* wie wir alle es tun, und wollte dir sein Hinscheiden ersparen, da er genau wußte, wie tief du es empfinden würdest." Sie winkte Alindas, den Platz neben Damon einzunehmen, und kniete selbst nieder.

Alindas kroch näher heran, zu aufgewühlt, um zu antworten. Jede Technik der Selbstkontrolle heraufbeschwörend, die sie gelernt hatte, streckte sie die Hände über Damon aus, spürte mit ihrem sensiblen Geist den Nervenkanälen, dem Fluß des Blutes und der lebenswichtigen Substanzen in den Organen seines Körpers nach.

Über seinem Herzen angelangt, erkannte sie, daß das, was sie lange hatte kommen sehen, schließlich eingetreten war. Die großen Blutgefäße, die sein Herz versorgten, hatten sich immer mehr zusammengezogen, bis sie nicht mehr genug Blut herantrugen. Alindas hatte sein Herz vor ihren Augen sterben sehen, und jetzt folgte ihm sein Körper. Sie ließ ihr Bewußtsein in ihn einsinken, erleichterte ihm das Atmen und lauschte seinen letzten Gedanken für sie: „Trauere nicht, meine Tochter, denn ich weiß seit langem über Zeitpunkt und Art meines Todes Bescheid. Störe den Frieden nicht, den ich in meinem Herzen festhalte, sondern nimm meine Liebe und laß mich sacht durch den Schleier gehen." In stummer Einwilligung linderte Alindas seine Schmerzen, und als er sich schließlich zu weit von ihr entfernt hatte, als daß sie ihm noch hätte helfen können, stimmte sie leise das Lied an, das ihn an die Seite des Herrn des Lichts führen sollte.

Sie setzte sich mit tränenüberströmten Wangen auf die Fersen zurück und ließ ihrem heftigen Schmerz und ihrem Zorn freien Lauf. „Ich hätte ihm helfen, ihn retten können", jammerte sie. „Ihr alle wißt, daß ich es gekonnt hätte!" Sie stürmte aus der Kammer und aus dem Turm, ohne darauf zu achten, welchen Weg sie einschlug. Mahri wollte ihr folgen, aber Lerrys, der Kreis-Techniker, hielt sie zurück.

„Sie will keinen Trost", sagte er sanft, „und sie will auch nicht glauben, wie gern wir Damon gerettet hätten. Ihr *Laran* ist, wenn es sich wirklich um ein neues Talent handelt, noch unerprobt, und ein solches Heilen widerspricht unserm Glauben. Mit diesen Tatsachen muß sie selbst fertig werden." Er führte die weinende Mhari von dem immer noch betäubten Kreis weg und übergab sie der Fürsorge ihrer Diener.

Alindas floh vor dem Rückstrom ihres eigenen Schmerzes und vor der Hülle des Mannes, in dem sie fast einen Vater gesehen hatte, durch den schützenden Schleier des Turms, fort von dem glitzernden See. Sie war eine *Nedestra* des großen Serrais-Clans, ihre Mutter war eine gefangene Ridenow-Frau aus dem Tiefland gewesen. Damon und Mhari waren die einzige Familie, die sie je gekannt hatte.

Sobald sie die Selbstbeherrschung zurückgewann, würde es ihr leid tun, Mhari Kummer bereitet zu haben. Aber ihr Leid steigerte den Schmerz, den Zorn und die Enttäuschung so, daß Alindas fürchtete, sich unter dem Druck ihrer Emotionen aufzulösen und ein Netzwerk aus pulsierenden Nerven über das Gesicht der Welt zu breiten.

Sie kletterte in einiger Entfernung von dem Turm einen steilen Hügel hinauf und stieg auf der anderen Seite in eine kleine, von Bäumen umstandene Senke ab. Dort lief sie eine Zeitlang hin und her. Ihr Herz raste, ihre Muskeln zuckten, ihre Eingeweide verkrampften sich. So absorbierte ihr eigener Körper die zerstörerischen Gefühle, die sie am liebsten über die anderen Mitglieder des Turms ausgegossen hätte.

Plötzlich stieß ein goldener Falke in die Senke herab, schlug ein Rabbithorn, das ahnungslos vor seinem Bau saß, und flog wieder davon. Sein goldenes Gefieder verdunkelte sich vor der aufgehenden roten Sonne zu dem Braun alten Blutes.

Das Überleben der Tüchtigsten, der Stärksten, sagen die Alten, dachte Alindas bitter. *Sind wir nichts als Tiere, die ihre Tage damit verbringen, dem Wald und den Ebenen Nahrungsmittel abzuringen, ohne jemals den Blick zu erheben und das Licht des Tages zu sehen?*

„Eine etwas veraltete Lehre, aber vielleicht nicht ganz wertlos", erklang eine feste, gelehrtenhafte Stimme hinter ihr.

Alindas drehte sich um und erkannte Krist, der jetzt Erster

Bewahrer im Turm von Hali werden würde. Hochgewachsen, schlank und scheinbar alterslos, war er ein *Emmasca* der Hasturs und der Halbbruder des gegenwärtigen Königs.

Außerdem war er der eine Mensch, der Damon hätte überreden können, ihr zu erlauben, daß sie ihn heilte, und bei seinem Anblick kehrte Alindas' Zorn in voller Stärke zurück und richtete sich gegen ihn.

„Frieden, *Chiya.*" Er lenkte ihren Schlag mit einiger Mühe ab. „Damon glaubte fest an die alten Sitten, und wenn es wahr ist, was du mir über dein *Laran* berichten konntest, erfordert es die Mitarbeit des Patienten." Er hob die Hand und wehrte ihrem Protest. „Auch setzt du die Kraft seines Willens und Geistes herab, wenn du meinst, er hätte in seinem Entschluß von anderen – und wäre ich es gewesen – umgestimmt werden können. Denke darüber nach, was du tun kannst, mein Kind, und habe etwas Geduld mit dem Rad der Zivilisation. Glaubst du, du seist die erste, die mit der Gabe geboren ist, durch die Matrix zu heilen?" Alindas' Überraschung und Ärger darüber, daß sie nicht einzigartig war, wirkten so komisch, daß Krists Ernst nicht standhielt. Sein sympathisches, herzhaftes Lachen drang durch die graugrünen Tannen des kleinen Amphitheaters.

„Ich habe in meinem zugestandenermaßen langen Leben außer dir mindestens noch vier kennengelernt. Sie kehren letzten Endes in ihre Heimat zu Ehemännern und Ehefrauen und Kindern zurück und erforschen Ausmaß und Kraft ihres Talents auf ihre eigene Art. Dabei wissen sie, daß ihre Kinder und Enkel eines Tages fähig sein werden, dies Gleichgewicht zu verlagern. Und dann werden nicht nur höchst wertvolle Menschen wie Damon gerettet werden, sondern für alle Männer und Frauen der Domänen wird es ein längeres und gesünderes Leben bedeuten."

Alindas starrte ihn an, ehrlich entsetzt über seine Einstellung. „Siehst du denn nicht, wieviel mehr wir tun und lernen könnten, wenn wir zusammenarbeiten würden? Findest du es richtig, solche Leute wegzuschicken, damit sie auf Bauernhöfen Kinder großziehen, wenn sie so viel vollbringen könnten?

Einem Kreis mit einem einzigen guten Heiler in jedem Turm wäre es möglich, Tausenden von Leuten im Jahr zu helfen!“

„Bist du dir wirklich darüber im klaren, was du tun könntest, Alindas?“ fragte Krist ernst. „Wer weiß es? Wer soll dich unterrichten? Was wäre, wenn du nicht fertigbrächtest, was du dir zutraust? An wem sollen wir dich deiner Meinung nach experimentieren lassen? Die Zeit ist noch nicht reif, mein Kind. Übe dich in Geduld, lerne dich selbst kennen und beherrschen. Komm jetzt, du hast dich heute morgen übermäßig verausgabt; du mußt den Tag mit Ruhen und Meditieren verbringen, damit du für die Arbeit der kommenden Nacht, die für unser Volk ebenfalls wichtig ist, die nötige Kraft und Selbstbeherrschung zurückgewinnst.“ Er machte kehrt und stieg mit anmutigen, athletischen Schritten den Hang hinauf.

„Erzabbau“, zischte Alindas verächtlich einem Felsblock zu und folgte ihm widerstrebend zurück in den Turm.

Krist saß müßig an dem Schreibtisch in der Zimmerecke, die er als Büro für Verwaltungsangelegenheiten und als Empfangsraum für einen gelegentlichen Besucher des Turms benutzte. Seine Gedanken schweiften auf angenehme, entspannte Art umher, und seine schlanken, sechsfingrigen Hände liebkosten das weiche Holz der Gegenstände auf der Tischplatte. Er spürte dabei die Gedanken früherer Bewahrer und genoß die taktilen Freuden, die altes, vielbenutztes Holz bietet. Die Nachmittagssonne verwandelte die durchscheinenden blauen Steinwände in ein tiefes, warmes Amethyst und färbte die zerkratzten Sandsteinfliesen im Rot sehr alten Weins. Die Spätsommerbrise trug den würzigen Geruch des nahen Waldes und die exotischen, unbeschreiblichen Düfte des Sees in sein erweitertes Bewußtsein.

Er hielt in seinen Reflektionen inne, um über das Mädchen Alindas nachzudenken. Jetzt das fünfte Jahr im Turm, hatte sie endlich einen unsicheren Frieden mit den Beschränkungen des Lebens hier und seiner, Krists, Politik gegenüber ihrem *Laran* geschlossen. Über das Begehren der Jugend, die Gesellschaft nach ihren eigenen Erwartungen umzuformen, war sie immer noch nicht hinausgewachsen, und gelegentlich war sie aus keinem ohne weiteres erkennbaren Grund launisch und niedergeschlagen. Krist jedoch ermutigten diese Zeichen. Das richtige Gleichgewicht zwischen Selbstbewußtsein und Demut würde sie zu einem ungewöhnlich starken Menschen machen und ihr bei der Erforschung des für sie so wichtigen *Laran* reiche Früchte bringen.

Krist erlaubte seinem Geist, in jene schmerzlichen Monate und Jahre zurückzuwandern, als er sich mit seinem eigenen Status als *Emmasca* hatte abfinden und akzeptieren müssen, daß er niemals Lord seiner Domäne werden konnte – des Königreichs, das zu regieren er, soweit seine Erinnerungen reichten, erzogen und vorbereitet worden war. Gleichgültig, ein wie guter König er hätte werden können, die Laune der Natur, die ihn der eindeutigen Zugehörigkeit zu dem einen oder anderen Geschlecht beraubt hatte, hatte ihn auch seines Geburtsrechtes beraubt. Er benahm sich und fühlte sich zwar als Mann, doch oft fragte er sich, ob er *wirklich* wisse, was es bedeutete, ein Mann *oder* eine Frau zu sein. Verhielt er sich vielleicht einfach so, wie es jeder von ihm erwartete?

Er wandte sich von diesem Gedankengang ab und wünschte Alindas stumm, sie möge lernen, mit der Natur und den Menschen zusammenzuarbeiten, und aufhören, sich in einem Kampf zu verausgaben, den sie nicht begriff. „Akzeptiere", betete er, „das Wunder deiner Gabe, mein Kind, und laß uns gemeinsam erforschen, welchen Nutzen wir daraus gewinnen können."

Eine gedankliche Bitte um seine Aufmerksamkeit wurde von einem leisen Klopfen an den Rahmen der Tür begleitet. „Herein", rief er, neugierig, wer seine Einsamkeit zu dieser Zeit des Tages stören würde.

Eine der neueren Überwacherinnen trat diskret zurück und ließ Regis Estaban Alton-Hastur, Prinz und Erbe der Sieben Domänen, ein. Krist stand auf und verbeugte sich. „Ihr erweist uns Gnade, Euer Hoheit. Wie können wir Euch dienen?"

Regis' breites Grinsen verlieh seinem mageren, fast fleischlosen Gesicht Helligkeit und Charme. „Ich dachte, solche Formalitäten gebe es im Turm von Hali nicht, Onkel. Wenn ich gewußt hätte, daß man es von mir erwartet, hätte ich einen spektakuläreren Auftritt inszeniert!"

„Ich muß gestehen, daß ich mich habe überraschen lassen, Verwandter. Dein Vater besteht – und das mit Recht – darauf, daß du jederzeit als unser künftiger König behandelt wirst, und die Gewohnheit stirbt schwer, sogar in einem Turm." Krist winkte seinen königlichen Neffen zu seinem Sessel und bat das Mädchen, Erfrischungen heraufzuschicken.

Er musterte den Jungen und verbarg seine Traurigkeit. Schwach und zart von Geburt an, war Regis das einzige von vier männlichen Kindern, die die ersten zehn Tage nach der Geburt überlebt hatten. Er wurde bald vierzehn und war designierter Erbe eines immer noch unstabilen Königreichs. Aber Krist zweifelte sehr daran, ob der Junge lange genug leben würde, um einen Erben zu zeugen. Und selbst wenn es ihm gelang, besaß er die Kraft, ein Königreich zusammenzuhalten, das sich in fast ständigem Aufruhr befand? Krists Bruder Stephan war der achte König der Sieben Domänen, die – angeblich – die sieben wichtigsten Familien Darkovers umfaßten, jene mit dem so überaus bedeutungsvollen *Laran.* Doch er war der erste, dem alle sieben gleichzeitig den Treueeid geleistet hatten, und das war ihm nur durch den Schachzug gelungen, daß er eine Prinzessin der Altons heiratete, der Familie, die sich gegen eine Verschmelzung am längsten und erbittertsten gewehrt hatte. Der Verlust des einzigen legalen Erben aus Hastur- wie aus Alton-Blut würde ihre Welt in einen blutigen Bürgerkrieg stürzen.

Krist hatte einmal ernsthaft daran gedacht, seinen Bruder zu bitten, er möge ihrer Halbschwester Melora Hastur-Elhaylan, einer Heilerin von großer potentieller Kraft, erlauben, einen Versuch zu machen, dem Jungen zu helfen. Aber, offen gestanden, die Konsequenzen eines Versagens waren zu gefährlich. „Nun", dachte er finster, „solange er lebt, müssen wir das Beste hoffen." Seine Sorgen verbannend, wandte er sich dem Jungen zu, der etwas ängstlich zu werden schien.

„Was kann ich für dich tun, Verwandter? Bestimmt hat dein

Vater dir in diesen unruhigen Zeiten nicht erlaubt, nur eines Besuchs wegen herüberzukommen."

Regis leckte nervös seine blassen, bläulichen Lippen. „Ich bin gekommen, um getestet zu werden, Onkel", platzte er heraus. Offenbar rechnete er mit einer strengen Prüfung.

Krist lachte leise vor sich hin und stellte erleichtert fest, daß etwas von der Anspannung aus Regis' Gesicht wich. „Bist du dir denn sicher, daß du die Schwellenkrankheit völlig überwunden hast?" erkundigte er sich.

„O ja, Onkel. Keine Schwindelanfälle, seltsamen Stimmen und ... seltsamen Gefühle mehr", setzte er heftig errötend hinzu. „Und wenn mein Vater in Gedanken zu mir spricht, höre ich ihn ganz deutlich. Meine Mutter auch, und beide sagen, sie verstehen mich recht gut. Aber sie wollen es mich nicht bei jemand anders versuchen lassen, nicht einmal bei Cathal, und dabei sind wir *Bredin!*" endete er mit einem gewissen Groll.

„Die Entscheidung deiner Eltern ist weise, Regis. Ein unausgebildeter Telepath mit dem hohen Potential eines Hasturs kann in den Gedanken und Gefühlen anderer große Verwüstungen anrichten. Cathal selbst ist nicht getestet oder ausgebildet worden, nicht wahr?"

„Nein, Verwandter, leider nicht", antwortete Regis langsam. „Ich hatte keine Ahnung, daß ich Cathal mit meinen Gedanken weh tun könnte."

„Ich verstehe das, Regis, also mache dir darüber keine Sorgen mehr. Als erstes werden wir dir eine Matrix geben. Sobald du das getan hast, was wir das Einstimmen nennen, das Angleichen der Schwingungen des Kristalls an deine eigenen, wirst du imstande sein, ohne Gefahr für irgend jemanden Gedanken zu hören, soviel du willst. Du bleibst ein paarmal zehn Tage hier, denn du mußt nicht nur lernen, dein *Laran* zu benutzen, sondern auch bestimmte Höflichkeitsformen und Bräuche unter Telepathen."

„Mein Vater sagt, ich solle mich vollständig in deine Hände geben und bleiben, solange du es für notwendig hältst. Wann fangen wir an?" Regis war der Eifer deutlich anzumerken.

„Sofort natürlich, Verwandter. Ich würde mir nie einfallen

lassen, dich hinzuhalten", lachte Krist. „Da die Hasturs sich im *Laran* tummeln wie ein Rabbithorn im Schnee, könnte das sogar gefährlich sein!"

In Krists ansteckendes Lachen einstimmend, wechselte Regis in den näher am Schreibtisch stehenden Sessel über, auf den sein Onkel wies. Krist war richtig aufgeregt. Stephan und Camilla, seine Königin, holten beide aus einer Matrix mehr als die übliche Energie heraus, wie es auch Krist konnte. Wenn Regis dies *Laran* in doppeltem Ausmaß besaß, brannte Krist darauf, festzustellen, was er fertigbrachte.

Krist kniete sich vor Regis, nahm die Hände des Jungen zwischen die seinen und begann, die Schwingungen mit ihm abzustimmen. „Entspanne dich einfach, Regis, und laß dich auf einem See mit warmem, ruhigem Wasser treiben. Atme langsam und tief, entspanne dich." Mit sehr geringen Schwierigkeiten paßten ihre Schwingungen sich einander an. Krist nahm einen unbenutzten Stein aus der Tasche und hielt ihn Regis vor die Augen. Begeistert stellte er fest, daß Regis den Stein instinktiv in ihr kombiniertes Bewußtsein hereinholte. Langsam, mit unendlicher Vorsicht zog sich Krist zurück und entfernte sich von Regis, der wie verzaubert von der Matrix, die er mit den Händen umschloß, dasaß. Der Bewahrer berührte Regis leicht an der Schulter. „Verwandter", fragte er freundlich, „ist alles in Ordnung mit dir?"

Regis blickte hoch. Sein vom blassen blauen Glühen der Matrix beschienenes Gesicht strahlte. „Es ist herrlicher, als ich mir je hätte träumen lassen, Onkel. Ich . . . ich fühle, wie die ganze Welt vor Leben pulsiert!" Er starrte in den Stein, ganz versunken in die Betrachtung der neuen Welt, die er entdeckte. Krist ließ ihn eine Weile in Ruhe. Langsam schwand das Sonnenlicht aus dem Arbeitszimmer.

Mit einem äußerst behutsamen mentalen Ruf holte Krist den Prinzen zurück in die Realität des sich verdunkelnden Turmzimmers. Regis blinzelte mehrmals, immer noch überwältigt von dem, was er im Bann der Matrix gesehen und empfunden hatte.

„Paß jetzt auf, Regis", sagte Krist, „ich werde dir die erste

Lektion im Gebrauch dieser Matrix geben." Indem er sich ganz kurz konzentrierte, zündete Krist alle Kerzen im Raum an.

Regis keuchte, wie vom Donner gerührt durch diese einfache, aber spektakuläre Demonstration, wie man eine Matrix im täglichen Leben verwenden kann. „War das eine einfache oder eine schwierige Aufgabe, Verwandter?" erkundigte er sich, ernsthaft besorgt, daß seine ganze Kraft nur dazu reichen würde, Kerzen anzuzünden, so beeindruckend das auf den ersten Blick auch war.

„Das", erklärte Krist feierlich, „wird von deinem persönlichen Energie-Niveau abhängen. Manche Menschen brauchen dazu viel mehr Konzentration als andere. Ich würde es natürlich nicht tun, wenn es mich große Anstrengung kostete, weil es meine Pflicht ist, mich für die Arbeit in den Kreisen zu schonen. Als nächstes werden wir dein Energie-Potential testen." Regis war ganz zappelig vor Verlangen, damit zu beginnen.

„Hör mir aufmerksam zu." Krist klopfte mit seinem langen Zeigefinger auf die Schreibtischplatte und nahm eine lehrerhafte Haltung ein. Regis beugte sich vor, bereit, den eifrigen Studenten zu spielen, um die ersehnte Information zu erlangen. Das offensichtliche Bemühen des Jungen um Toleranz entlockte Krist ein Lächeln. Er sagte sich, daß er besser schnell voranmachte.

„Das Gehirn eines menschlichen Wesens ist zu vielen Dingen fähig, und von den meisten wissen wir wenig oder gar nichts. Aber als unsere Vorfahren auf diese Welt kamen, gaben die Weisen des Waldes ihnen die Sternensteine, die wir heute Matrices nennen. Und da sie manchmal mit unsern Leuten zusammenkamen, wurden Kinder geboren, die uns lehrten, wie die Steine zu benutzen sind. Wir sehen die Weisen kaum noch, doch ihre Gaben an uns leben in unserm Volk und in den Steinen selbst. Bei einigen von uns, jenen, die verwandt mit Hastur und der gesegneten Cassilda sind, den Kindern der Sieben Domänen, sind diese Gaben stark und oft bei jedem einzelnen von uns unterschiedlich. Das Wichtigste, was du niemals vergessen darfst, ist jedoch, daß du dies Geschenk der Macht zu respektieren hast. Denke immer daran, daß es dir vertrauensvoll gegeben wurde als Teil deines Erbes und daß es niemals mißbraucht werden darf. Jeder Mensch, der diesen Turm betritt und mit einer Matrix wieder geht, nimmt auch den Eid mit sich, nicht nur seine eigene Kraft ausschließlich zum Guten einzusetzen, sondern auch andere vor jenen zu beschützen, die damit Böses tun wollen. Dich als unsern zukünftigen König wird die Bürde besonders schwer drücken, daß du die Macht niemals offensiv benutzen darfst und den Türmen bei der Bestrafung eines jeden helfen mußt, der sie mißbraucht."

Regis saß ganz still, jede Linie seines dünnen, knochigen Körpers zeugte von Anspannung, sein Gesicht trug den Ausdruck intensiver Konzentration. „Es berührt mich seltsam, Onkel, daß es Menschen gibt, die aus etwas so Wundervollem Böses machen", erklärte er ernst. „Aber mein Wissen ist noch gering. Ich verlasse mich darauf, daß du mich führen wirst, wie es der Wunsch meines Vaters ist und der deine sicher auch." Er endete mit einem fragenden Heben der linken Augenbraue, eine Geste, die Krist stark an seinen Bruder erinnerte.

Krist mußte sich setzen, so überwältigte ihn Regis' Antwort. Wie entschlossen und erwachsen hatte er das Problem erfaßt – und gelöst –, von dem er zuvor nicht die geringste Kenntnis gehabt hatte! Wieder überkam den Bewahrer eine kaum noch zu kontrollierende Traurigkeit bei dem Gedanken an Regis' Gesundheitszustand. Dieses Kind – nein, dieser *junge Mann* – hatte die Anlage zu einem großen König. Regis lächelte seinen Onkel zögernd an, und Krist zwang sich, zurückzulächeln und sich zu entspannen. „Ich werde dir immer zur Verfügung stehen, Verwandter", sagte er leise.

„Und da wir die Formalitäten jetzt hinter uns gebracht haben", fuhr er munter fort, „wollen wir einmal sehen, was du mit diesem Stück Felsgestein fertigbringst!" Die Antwort seines Onkels freute Regis. Er grinste und sprang auf die Füße, froh, daß man jetzt zur Sache kam.

Krist brachte ein kleines Gitterwerk zum Vorschein, bestehend aus vier Steinen vom Umfang der Matrices zum persönlichen Gebrauch, und stellte es auf den Schreibtisch. Es war das größte Gitter, das er bis heute synthetisiert und kontrolliert hatte. Wenn Regis es mit Energie aufladen konnte, bedeutete es, daß er die Hastur-Fähigkeit geerbt hatte, mit mehr als einer Matrix gleichzeitig zu arbeiten.

„Jetzt möchte ich, daß du dich auf dieses Gitter konzentrierst. Versuche nicht, die Kraft zu lenken oder irgend etwas damit zu bewirken. Dazu hast du weder die Ausbildung noch die Erfahrung. Bleibe ganz ruhig, gleiche deine Schwingungen deinem Sternenstein an, wie du es eben schon getan hast, und versuche, das gleiche mit diesem größeren Arrangement von Steinen zu tun. Verstehst du, was ich meine?"

„Ich denke doch, Onkel. Ich soll diese Struktur aktivieren, wie du *meinen* Stein für mich aktiviert hast. Ist das richtig?"

„Vollkommen, Regis", nickte Krist, aufgeregt und befriedigt, daß der Prinz die Technik so rasch begriff. „Jetzt trete ich zurück, und du konzentrierst dich." Mit Hilfe seines eigenen Steins stellte er einen leichten Kontakt her, um Regis' Körperfunktionen zu überwachen und ihm Einhalt zu gebieten, falls er Zeichen von Schwäche zeigen sollte.

Regis starrte in seinen Stein. Eine Zeit, die Krist sehr lang vorkam, konzentrierte Regis sich nur auf den Matrix-Kristall, dessen blasses Leuchten sich über seinen ganzen Körper ausbreitete. Dann spürte Krist, daß Regis' Geist nach dem Matrix-Gitter griff, und ihm stockte der Atem in der Kehle.

Langsam erglühte das Gitter in einem hellen Licht, das für seine Ausdehnung keine Grenzen zu kennen schien. Gebannt sah Krist zu, wie die Energie auf ein Niveau anstieg, das er noch nie zuvor erlebt hatte. Das pulsierende Glühen überschritt die Grenzen des menschlichen Sehvermögens, und mit einem Teil seines Ichs fragte Krist sich, ob er für immer blind bleiben würde. Verzweifelt versuchte er, die hypnotische Verbindung zwischen Regis und dem Gitter zu brechen. In diesem Augenblick wurde die Widerstandskraft des Gitters überschritten, und es zerbrach in tausend geschwärzte Stücke, die als Hagelkörner im Raum herumflogen. Der Rückstrom traf sie beide wie ein auf sie fallender Berg. Mit seiner letzten Kraft strahlte Krist einen panischen Hilferuf ab.

Alindas stürzte ins Zimmer, gefolgt von sechs anderen, und Krist kam halbwegs wieder zu Bewußtsein.

Krists schwache Handbewegung zu Regis hin bemerkend, winkte Alindas einer der jüngeren Überwacherinnen, sich um diesen zu kümmern, und ging selbst zu Krist. „Nein *Chiya*", flüsterte er, „nimm dich zuerst unseres Prinzen an."

Überrascht, aber ohne gleich zu begreifen, war Alindas mit einer einzigen Bewegung bei dem jungen Mann. Er war dem Tod sehr nahe. Schnell ergriff sie seine linke Hand und reichte die ihre der anderen Überwacherin. Miteinander verbunden, ließen sie ihre Kraft in den Prinzen strömen, während Alindas ihn auf einer anderen Ebene ihres Geistes überwachte. Als er wieder regelmäßig atmete und seine Hautfarbe und sein Herzschlag so normal geworden waren, wie sie nach Alindas' Vermutung überhaupt werden konnten, schickte sie die zweite Überwacherin, sich auszuruhen und ihre Kraft zurückzugewinnen. Sie selbst wandte sich Krist zu, der auf einem Diwan ausgestreckt lag und die Farbe von frischgefallenem Schnee zeigte.

„Du siehst aus, als seist du kaum noch am Leben. Mehr konnte Mhari nicht für dich tun?"

„Ich habe sie gebeten, Essen zu besorgen, denn ich möchte nicht, daß zu viele Leute anwesend sind, wenn Regis aufwacht. Er wird starke mentale Rückstromschmerzen haben." Besorgt sah er zu Regis hin, den man auf einen zweiten Diwan gebettet hatte.

„Du meinst, *falls* er aufwacht, nicht wahr?" fragte Alindas bissig. „Was hast du dir nur dabei gedacht, Krist, daß du jemandem in seinem Zustand erlaubtest, zu tun . . . was auch immer ihr angestellt habt?" Sie bezog das ganze verwüstete Zimmer in ihren empörten Blick ein.

Krist umklammerte ihr Handgelenk mit einer Kraft, die sein Aussehen Lügen strafte. „Was meinst du mit ‚jemand in seinem Zustand'?" fragte er besorgt. „Er ist immer schwächlich gewesen, aber er machte heute keinen besonders kranken Eindruck."

Alindas sah ihn erstaunt an. „Das verstehe ich nicht, Krist.

Hast du ihn nicht einmal überwacht? Ehrlich, es überrascht mich , daß er noch am Leben ist. Lange leben wird er nicht mehr, weißt du."

Krist ließ sich auf den Diwan zurücksinken. Tränen sammelten sich in seinen klaren grauen Augen. „Ja, Alindas, ich *habe* ihn überwacht. Nur weiß ich einfach nicht, was mit ihm los ist. Er war immer ein zartes Kind, und offen gestanden, ich hatte nie damit gerechnet, daß er so lange überleben würde. Da er es jedoch tat, hoffte ich, Evanda würde ihn unseres Königreichs wegen, das ihn so sehr braucht, verschonen."

Er weinte leise, den Kopf in ihrem Schoß geborgen, und sie hatte großes Mitleid mit ihm. Die deprimierenden Nachwirkungen schwerer Matrix-Arbeit nahmen ihm die letzte Selbstbeherrschung. „Das betrübt mich sehr, Krist. Ich weiß, wieviel dir deine Domäne und deine Familie bedeuten. Aber ihm ist nicht mehr viel Zeit gegönnt. Die Überwacherinnen in Neskaya wohnen oft Geburten in ihrer Gegend bei, um den Schmerz zu lindern und das Kind zu beruhigen. Als ich ein Jahr dort zum Studium war, entdeckte ich, daß Neugeborene Löcher zwischen den Kammern ihres Herzens haben. Anfangs glaubte ich, sie seien in akuter Lebensgefahr", gestand Alindas. „Man belehrte mich jedoch, daß sich diese Löcher wie eine Wunde innerhalb weniger Tage nach der Geburt schließen. Lauria, deren *Laran* dem meinen sehr ähnlich ist, erzählte, sie habe ein Baby, dessen Löcher sich nicht schlossen, sterben gesehen, bevor es zehn Tage alt war, weil sein Herz nicht fähig war, das Blut an die verschiedenen Stellen im Körper zu pumpen. Deshalb überrascht es mich, daß der Prinz noch lebt, denn die Löcher in seinem Herzen sind immer noch offen."

Krist sah sie in äußerster Verblüffung an. Auch wenn er immer Vertrauen in Alindas' Fähigkeiten gesetzt hatte, fand er diese Demonstration doch fast unglaublich. „Wenn er so lange am Leben geblieben ist, warum kann er dann nicht weiterleben?" fragte er mit beinahe sachlichem Interesse.

„Er ist noch sehr jung, Krist. Wenn er zu seiner endgültigen Größe aufschießt, wie es bei allen jungen Männern seines Alters geschieht, wird sein Körper eine Zeitlang schneller wachsen als sein Herz. In diesem Zustand kann das Herz seinen Körper nicht am Leben erhalten. Die Anstrengung wird ihm zuviel werden, und dann *muß* der Prinz sterben." Alindas' Kummer und Mitleid durchwebten den verwüsteten Raum. Sie faßte ganz fest seine Hände und gab ihm an Kraft, was ihr zu geben noch übrig war. „Ich lasse euch beide nun allein, damit ihr ausruhen und essen könnt; er müßte bald aufwachen. Ruf mich, wenn ich irgend etwas für euch tun kann." Sie ging schnell, denn sie wollte Krists Leid durch die Mahnung, die ihre Anwesenheit darstellte, nicht vergrößern.

Krist lehnte sich zurück und betrachtete einen geschwärzten Matrix-Splitter, der sich in den blauen Stein über seinem Kopf gebohrt hatte. „So viel Kraft", klagte er, „so viel junge, unerprobte Weisheit!" Er fiel in unruhigen Schlaf, und die aufgeregten Gestalten seines Bruders und der Königin bevölkerten seine Träume. Die Königin wurde gezwungen, in die Alton-Domäne zurückzukehren. Lord Alton bereitete sich auf einen Krieg vor, den ihm seine Söhne und die anderen Familien der Domänen aufzwangen. Sein Bruder stand auf einem frisch gepflügten Acker. Erde rieselte durch seine Finger, und Tränen strömten über seine Wangen. „Mein Königreich, mein Sohn, beides verloren", murmelte er immer wieder und wieder, eine schmerzliche Kadenz in Krists Geist.

Er erwachte davon, daß jemand an die Tür klopfte. Sich wundernd, warum jemand in einem Turm etwas so Barbarisches wie Anklopfen tat, setzte er sich schnell auf. Sein schwerer, angeschwollener Kopf blieb auf dem Kissen liegen und folgte dem Körper erst einen Sekundenbruchteil später. Krist kämpfte gegen die Übelkeit und die Erinnerung an den vorigen Abend. „Niemand, der seinen Verstand beieinander hat, würde meinen Rat einholen, solange ich in diesem Zustand bin", dachte er benommen. Er krächzte eine Aufforderung einzutreten und stolperte zu dem Diwan, auf dem Regis lag. Besorgt blickte er auf ihn nieder.

„Geh und leg dich wieder hin, Krist", sagte Alindas. Sie sah an diesem Morgen ungewöhnlich frisch und hübsch aus. „Es ist Nachmittag", stellte sie fest, Krists Gedanken genau lesend,

„und ich habe ihn beobachtet. Er wird bald aufwachen, und wahrscheinlich werden wir ihn füttern müssen. Iß du jetzt." Gehorsam ging Krist zurück, setzte sich und betrachtete angewidert das Essen vor ihm. Um nicht von Alindas ausgeschimpft zu werden, hieb er mit einem Appetit ein, den er nicht spürte. Die gewaltige Mahlzeit tat jedoch die gewünschte Wirkung. Bald hatte er das Gefühl, sein Kopf und sein Magen würden bleiben, wo die Natur sie angebracht hatte, und er legte sich mit echter Erleichterung hin. In der Zwischenzeit war es Alindas gelungen, dem sich schwach widersetzenden Regis ebenso große Portionen einzuflößen. Er war schon wieder eingeschlafen. Alindas kniete sich neben Krists Diwan und ergriff eine seiner Hände mit ihren beiden.

„Fühlst du dich jetzt etwas besser?" fragte sie.

„Mein Körper fühlt sich viel besser, *Chiya*. Ich fürchte, mein Herz wird sich nie mehr erholen." Beide sahen sie zu dem schlafenden Regis hin.

„Krist", begann Alindas vorsichtig, „ich weiß sehr wenig über die Politik der Domänen. Offen gestanden, es gab zu vieles, was mich mehr interessierte. Doch über dies Problem habe ich angefangen, mir Gedanken zu machen. Ich weiß, wie sehr du den Prinzen liebst, aber ich spüre, daß du nicht allein seinen Tod fürchtest. Was ist es noch?"

Er sah sie sehr erstaunt an, und dann seufzte er. „Manchmal ist es schwer, sich vorzustellen, wie wenig die Leute auf die Zustände in ihrem eigenen Königreich achten. Es ist so, Alindas: Seit Doman-Aran Hastur versuchte, allen Sieben Domänen Frieden und Zusammenarbeit zu bringen, weil er glaubt, es sei der göttliche Wille Hasturs und Cassildas, daß ihre Nachkommen eine einzige Familie bilden, haben sich die Alton-Domäne und zur einen oder anderen Zeit fast alle anderen Domänen dem Willen Hasturs widersetzt. Als er Camilla, die Prinzessin der Alton-Domäne, zur Frau nahm, meinten mein Bruder und der alte Dom Lerrys Alton, ein Erbe aus Alton- und aus Hastur-Blut könne der Garant für einen dauerhaften Frieden in den Domänen werden. Alle drei haben schwer daran gearbeitet, den Frieden zu erhalten, denn Dom Lerrys' Söhne würden, sobald sie den geringsten Vorwand fänden, die Alton-Domäne zum Krieg aufrufen, und in verschiedenen Teilen des Königreichs hat es ständig Unruhen gegeben. Dieser sehr zerbrechliche Frieden wird wie ein Rauchwölkchen verpuffen, wenn Regis stirbt, bevor er einen Erben gezeugt hat. Und selbst wenn es ihm gelingt, könnte der Kampf um die Regentschaft ebenso schlimm sein, als wäre kein Erbe vorhanden", seufzte Krist schwer. „Das ist das wichtigste, aber dann ist da noch das, was hier gestern abend geschehen ist."

„Und was ist hier gestern abend geschehen?" fragte Alindas ernst, in Gedanken immer noch bei dem, was Krist ihr erzählt hatte.

„Regis holte genug Energie aus einem Vier-Matrices-Gitter heraus, um es in Splitter zu blasen", stellte Krist trocken fest. Alindas' ungläubigen Blick hatte er vorausgesehen. „Mit seiner Art von *Laran* könnte er es schaffen, große künstliche Matrix-Gitter zu bauen und uns in ihrem Gebrauch zu unterrichten." Seine Stimme erstickte bei dem Gedanken, daß er es nicht erleben würde, wie dies und viele andere Träume Wirklichkeit wurden.

Alindas saß lange Zeit schweigend neben Krist und grübelte über Faktoren und Implikationen nach, die sie in den zweiundzwanzig Jahren ihres Lebens nie berührt hatten, aber in Zukunft für sie und alle Leute, die ihr nahestanden, große Bedeutung gewinnen mochten. Krists Hand fest umfassend, blickte sie zu ihm auf, entschlossen, es von neuem zu versuchen.

„Glaubst du, was ich dir gestern abend erzählt habe?" fragte sie ihn mit ihrer üblichen Direktheit.

„Warum sollte ich dir nicht glauben, Alindas? Du hast mir nie Veranlassung gegeben, an dir zu zweifeln. Warum stellst du mir eine solche Frage?"

Alindas holte tief Atem und machte keine Umschweife mehr ... „Er hat so wenig Zeit, Krist, und er wird so nötig gebraucht. Was könnte es schaden, wenn ich versuchte, ihn zu heilen?"

Krist betrachtete sie ausdruckslos und kämpfte gegen die Hoffnung an, die in ihm aufglomm. „Meinst du wirklich, du brächtest es fertig, Alindas? Wenn ja, glaube ich, daß ich meinen Bruder überreden könnte. Er und Camilla haben in der Hoffnung, irgend etwas würde helfen, alles versucht, was ihnen nur einfiel."

Alindas sprang zornig auf und sah böse auf ihn nieder. „Du weißt besser als jeder andere, daß ich gar nichts versprechen kann! Ich sage dir, die Löcher schließen sich wie andere Wunden, und du selbst hast mich Wunden heilen gesehen. Aber dies ist viel komplizierter. Ich fühle in mir die Überzeugung, daß ich helfen kann, aber gerade du weißt, daß ich nicht in der Lage bin, einen Menschen zu benennen, von dem sich sagen läßt, daß ich ihn geheilt habe!"

Krist drückte ihre Hände und versuchte, sie zu besänftigen. „Ich weiß das, Alindas, ich wollte mich nur deiner Zuversicht vergewissern. Bist du dir darüber im klaren, daß, solltest du ihn tatsächlich heilen, es geheimgehalten werden muß? Daß du nie wieder in einem Kreis arbeiten dürftest, damit es nicht durchsickert? Ich bin überzeugt, ich kann Camilla auf unsere Seite bringen. Sie hat früher als Überwacherin gearbeitet, und in gewissen Grenzen wird sie begreifen, was wir vorschlagen. Zusammen werden wir dann meinen Bruder überzeugen, denn sein Sohn und sein Königreich bedeuten ihm alles. Aber mit den Domänen-Lords ist es eine ganz andere Sache. Es hat fast hundert Jahre gebraucht, bis wir sie soweit hatten, daß sie uns äußerliche Wunden heilen und Geburten überwachen lassen, und wir besitzen die Erlaubnis jetzt knapp fünfundzwanzig Jahre. Es muß Geheimnis bleiben. Kannst du damit leben?"

Alindas entsetzte sich. „Den Turm für immer verlassen? Wohin sollte ich gehen? Ich habe keine Familie, meine Mutter starb kurz nach meiner Geburt, und sie war nur eine gefangene Ridenow-Frau. Meine Pflegeeltern wurden dafür bezahlt, mich aufzuziehen, und sie übergaben mich nur zu gern einem Turm. Der Turm ist die einzige Familie, die ich habe!"

„Das weiß ich alles, *Chiya.* Glaub mir, ich würde mein Bestes für dich tun, aber trotzdem müßtest du gehen."

„Nun", sagte sie traurig, „ich habe bereits gesehen, was getan werden muß. Jetzt ist es nur noch zu tun. Ich glaube, daß ich es kann, Krist, und irgendwie meine ich, wenn ich es kann, bin ich auch dazu verpflichtet. Wie du oft gesagt hast, ist mir die Gabe anvertraut worden. Ich würde dies Vertrauen enttäuschen, täte ich *nicht,* wozu ich fähig bin."

Krist küßte sie sanft auf die Stirn. „Der Herr des Lichts wird dich segnen, Alindas. Und nun ..." – er seufzte – „... mußt du auf der Stelle Reisevorbereitungen für mich treffen. Meine alten Knochen sagen mir, daß wir nicht mehr viel Zeit haben."

Alindas lächelte zitterig. Sie sah dieser Reise mit ebensoviel Spannung wie Traurigkeit entgegen. „Schlaft eine Weile, mein Lord, denn *meine* alten Knochen sagen mir, daß ich für die Reisevorbereitungen einige Zeit brauchen werde."

Nachdenklich betrachtete Alindas die flockigen, rosafarbenen Wolken, die auf den Strahlen der aufgehenden Sonne schwebten und die einzige Erinnerung an den leichten Regen der Nacht darstellten. Ihr für gewöhnlich gesetztes Hirsch-Pony hüpfte in der frischen, duftenden Morgenluft. Sie aber suchte im Geist endlos nach Argumenten, mit denen sie den König und die Königin überreden konnte, diese unorthodoxe Behandlung ihres Sohns zu erlauben.

Sie lugte zu Krist hinüber, der von seinem Schwächeanfall immer noch blaß war, und fragte sich, ob sie sich mit dieser Reise nicht beide zum Narren machten. Soviel sie wußte, hatte das Verbot, in irgendeiner Weise mit der Natur herumzupfuschen, schon immer bestanden. Die wenigen Menschen, die die spärlichen Aufzeichnungen ihrer Rasse studiert hatten, konnten keinen Hinweis auf eine Zeit finden, in der eine solche Art zu heilen erlaubt gewesen war. Krist allein von allen, die Alindas kannte, glaubte, wie er ihr erzählt hatte, daß die Matrix-Kraft für ihre Rasse etwas Neues war. Alle akzeptierten, daß die Weisen des Waldes ihnen die Steine geschenkt hatten, aber die meisten glaubten, das *Laran* sei eine Gabe des Herrn des Lichts. Hastur, der von dem eigenen Sohn des Gottes abstammte, habe sieben Söhne gezeugt, jeder davon mit einem bestimmten *Laran* begabt, und diese Söhne seien die Väter der gegenwärtigen Sieben Domänen. Nur wenige vertraten die Ansicht, ihre Rasse sei erst vor relativ kurzer Zeit auf dieser Welt aufgetaucht und die Weisen hätten ihr nicht nur die Steine geschenkt, sondern sie auch das *Laran* gelehrt. Alindas war sich nicht einmal sicher, ob sie es selbst glaubte.

Krists *Laran* hatte einen seltsamen Aspekt. In Augenblicken erweiterten Bewußtseins erstreckte sich die Zeit vor ihm gleichermaßen in die Vergangenheit wie die Zukunft. Diese Augenblicke waren kurz und, wie Alindas miterlebt hatte, häufig frustrierend für ihn. Er war sich jedoch sicher, daß er eine Zeit gesehen hatte, als es unter den Menschen Darkovers kein *Laran* und keine Sternensteine gegeben hatte. Oft quälte ihn ein schwarzer Abschnitt der Vergangenheit, den er nicht durchdringen konnte, und er behauptete, das sei die Zeit vor der Ankunft der Menschheit auf Darkover.

Alindas wußte nicht recht, was sie glaubte, doch eins stand fest: Was Stephan und Camilla Hastur glaubten, mochte einen Wendepunkt in der Geschichte ihres Volkes bedeuten. Sie ließ sich nicht einreden, der Herr des Lichts – oder meinetwegen auch die Weisen des Waldes – hätte ihr ein Talent gegeben, das sie nicht benutzen durfte. Manchmal hatte sie bittere Gedanken, zum Beispiel, sie werde aus irgendeinem unerfindlichen Grund bestraft oder sie sei ein Irrtum der Natur wie ein zweiköpfiges Hirschpony-Fohlen und sollte besser umgebracht werden. Glücklicherweise behielt Krist sie in solchen Zeiten scharf im Auge und erlaubte ihr nicht, sich diesem selbstgeschaffenen Trübsinn hinzugeben.

Alindas' Magen verkrampfte sich bei dem Gedanken, nicht mehr in Krists Nähe sein zu dürfen. Er war das Zentrum ihres Lebens geworden. Getrennt von ihm würde sie sich ganz verloren fühlen.

„Ganz so schlimm wird es nicht werden, *Breda.*" Er lächelte freundlich, denn seit einiger Zeit war er ihren Gedanken gefolgt. „Du wirst jemanden finden, den du von Herzen liebst, und er und deine Kinder werden deinem Leben eine neue Bedeutung geben. Die Menschen bleiben selten für immer im Turm – du mußt dir doch gesagt haben, daß ich eines Tages einen passenden Gatten für dich finden und dich fortschicken würde. Dein *Laran* muß erhalten bleiben, auch wenn es zur Zeit nicht benutzt werden darf." Er faßte über ihren Sattel und nahm ihre Hand mit festem Druck. „Ich habe das nur hinausgezögert, *Chiya,* weil wir dich brauchten und du, glaube ich, uns noch notwendiger brauchtest.

Meine Verwandte Melora hat mich oft gebeten, dich zu ihr zu schicken, denn als du sie vor einem Jahr besuchtest, gewann sie dich lieb. Sie brennt darauf, zu entdecken, was ihr beide zusammen fertigbringt, und insgeheim hofft sie wohl, du wirst mit Wohlgefallen auf einen ihrer Söhne blicken und immer bei ihr bleiben wollen. Wärest du mit diesem Plan einverstanden? Es wird dort nicht so sein wie im Turm, aber vielleicht ist es in vieler Beziehung besser. Da sie mit dem Erben von Elhaylan verheiratet ist, mag der Tag kommen, an dem dir zumindest in jener Domäne gestattet wird, unbeschränkter zu heilen. Und unter uns, wer weiß, wozu du fähig bist?" Krist musterte Alindas' Gesicht, denn dieser Plan war sorgfältig durchdacht, nicht aus Gründen der Zweckmäßigkeit über Nacht zusammengeträumt worden, und um ihretwillen hoffte er verzweifelt, sie werde zustimmen. Wenn sie einen anderen Weg wählte, sah er keine Möglichkeit, für ihr zukünftiges Glück zu sorgen.

Alindas sah ihn grübelnd an. Sie nahm sich Zeit, seinen Vorschlag zu bedenken. Dann lachte sie leise. „Du hast immer gewünscht, daß ich das tue, nicht wahr, Krist? Lady Melora war sehr freundlich zu mir – meiner Meinung nach freundlicher, als es die *Nedestra*-Tochter (sie gebrauchte das Wort in der obszönen Form, die nichts anderes als ‚Bastard' bedeutete) eines Serrais-Lords und einer Gefangenen ohne *Laran* normalerweise erwarten darf. Aber . . ." – sie hob die Hand, um Krists Protest abzuwehren – „. . . nach einiger Zeit kamen wir uns tatsächlich nahe, mehr wie Schwestern als wie Mutter und Tochter, und ich bin überzeugt, ihr Angebot ist freundlich gemeint. Deshalb werde ich zunächst einmal zu ihr gehen. Ich verspreche jedoch *nicht,* einen ihrer Söhne, die ich alle noch nicht kennengelernt habe, zu heiraten!" In ihren grünen Augen stand eine Spur von Trotz, ihr Kinn zeugte von Entschlossenheit – lieber wollte sie als vertrocknete alte Jungfer sterben, als heiraten, um Krist einen Gefallen zu tun!

Krist akzeptierte ihre Entscheidung mit stummem Nicken; er freute sich mehr darüber, als er zugeben wollte. In freundschaftlichem Stillschweigen ritten sie auf Burg Hastur zu. Die Sonne stand über ihren Köpfen im Mittagspunkt, und der trübe See, dessen Ufer sie folgten, begann sich in der Wärme zu regen.

Sie kamen am frühen Nachmittag an und ritten in einen Hof voller Geschäftigkeit. Beeindruckt von dem Besucher, der der Bruder ihres Souveräns und, für sie noch wichtiger, Bewahrer von Hali war, nahmen die Stallknechte ihre Ponys, und der *Corydom* sorgte dafür, daß sie sofort vor das Angesicht der Königin geführt wurden.

Camilla Lanart-Hastur, Königin der Sieben Domänen, jetzt Anfang Dreißig, war eine Frau von atemberaubender Schönheit. Hochgewachsen, schlank, mit dunkelrotem Haar, das in schweren Zöpfen um ihren Kopf lag, mit sehr heller Haut und Augen von einem so dunklen Grau, daß sie oft schwarz wirkten, war sie eine Dame von großer Präsenz und aristokratischer Haltung.

So hingerissen war Alindas von ihrer Erscheinung, daß es einige Zeit dauerte, bis sie das elegante, matt beleuchtete Zimmer wahrnahm, in dem sie stand. Weiches, bernsteinfarbenes Licht fiel auf Grün- und Erdtöne, auf dicke Fellteppiche und mehr Möbelstücke aus glänzendem dunklem Holz, als Alindas je zuvor gesehen hatte.

Glücklicherweise fand sie Gelegenheit, sich zu sammeln, während Krist die Königin in aller Form begrüßte. Dann sah Camilla sie fragend an, und Alindas knickste schüchtern.

„Ihr seid wegen Regis gekommen." Ihre Besorgnis verriet sich in ihrer Stimme. „Geht es ihm gut?"

„Er ruht sich jetzt aus, Camilla." Krist sprach mit ihr in einem intimen Ton, der nur sehr wenigen Leuten gestattet war. „Du wärest sehr stolz auf ihn gewesen. Er verfügt über ein höheres Potential als jeder andere Mensch, von dem ich gehört habe. Da ich nicht ahnte, wieviel Energie er aktivieren kann, wurde er von einem sehr starken Rückstrom getroffen. Aber davon erholt er sich zur Zeit. Alindas soll dir erklären, warum wir dich heute aufsuchen, denn sie kennt sich besser aus als ich." Krist winkte Alindas vorzutreten.

Alindas blieb stehen wie vom Donner gerührt. Krist wollte, daß *sie* es der Königin erklärte? Plötzlich kam sich Alindas sehr alt vor. Es war nicht so sehr ihre Scheu vor der Krone als die Erkenntnis, daß Krist ihr die Verantwortung zuschob, die ihre Zunge lähmte. Es war nicht ihre starke Seite, Verantwortung zu übernehmen, und das ängstigte sie über alle Maßen.

„Komm, Kind – Alindas –, was möchtest du mir denn sagen?" forderte Camilla sie geduldig auf.

Alindas war, als habe sie sich in einer dunklen Berghöhle verlaufen, in der ihr nicht der kleinste Lichtschimmer einen Anhaltspunkt gab. Sie nahm an Mut zusammen, was sie hatte, und sank vor der Königin auf die Knie. „Euer Majestät", stieß sie atemlos hervor, „ich glaube, ich kann etwas tun, um die Gesundheit Eures Sohns zu bessern!" Vor Angst, den Augen der Frau zu begegnen, die kerzengerade aufgerichtet vor ihr saß, starrte Alindas unverwandt auf die Füße der Königin.

Bevor Alindas wußte, was geschah, hatte die Königin sich zu Boden geworfen, ihre beiden Hände ergriffen und alles über den Zustand ihres geliebten Sohns und über das, was Alindas für ihn tun könnte, direkt aus ihren Gedanken herausgeholt. Nach einem kurzen instinktiven Kampf gegen dies Eindringen entspannte Alindas sich und ließ jede Tatsache, über die sie verfügte, in Camillas von Ängsten gequältes Gehirn fließen. Es erschreckte sie, wieviel Furcht Camilla jeder Tag brachte, ja, jede Gelegenheit, bei der sie ihren schwächlichen einzigen Sohn ansah.

„Also kann doch noch geschehen, was du gehofft hast, Krist, was wir alle gehofft haben. Ich bin noch nicht wieder fähig, klar zu denken." Die Königin setzte sich wieder. Ihr Gesicht trug einen solchen Ausdruck von Hoffnung, daß Alindas' Körper sich vor Mitgefühl anspannte. Der Rapport war sehr tief gewesen, und Reste davon hingen immer noch in der Atmosphäre des Raums. „Krist, bitte, als ein Mensch, der mehr von diesen

Dingen weiß, sag mir, was *du* davon hältst.“ Camilla bemühte sich sichtlich, ihre Hoffnungen unter Kontrolle zu behalten.

„Ich kann nur sagen, Camilla, daß ich Alindas nicht hergebracht hätte, wenn ich keine Chance, und sei es auch nur eine geringe, sähe, daß sie fähig ist zu tun, was sie sagt. Ich zweifele nicht daran, daß sie seinen Zustand richtig einschätzt – sie ist bei weitem die beste Überwacherin, die ich kenne. Als Heilerin wird sie wahrscheinlich instinktiv vorgehen, und wie erfolgreich das sein wird, kann ich nicht entscheiden. Ihre Überzeugung, daß sie ihm helfen kann, ist unsere beste Garantie, denn es fehlt uns an Zeit, sie ihr Können an jemand anderem beweisen zu lassen.“

Camilla dachte eine Weile nach. Dann schickte sie einen Pagen, den König zu ihr zu bitten. „Krist, würdest du mit Alindas draußen warten? Ich halte es für das Beste, wenn Stephan und ich diese Sache unter vier Augen besprechen.“ Krist nickte schweigend und verbeugte sich, Alindas gab sich große Mühe mit ihrem Knicks, und sie verließen das Zimmer.

Die nächsten zwei Stunden sollten die längsten ihres Lebens werden. Weder aßen sie noch schliefen sie noch unterhielten sie sich. Aber von Zeit zu Zeit ging Krist oder Alindas für ein paar Minuten auf und ab, sehr darauf bedacht, nicht zufällig etwas an Stimmen oder Gedanken der heftigen Diskussion zu erlauschen, die in der königlichen Kammer stattfand.

Schließlich traten Camilla und Stephan auf den Flur. Beide waren so erschöpft, daß sie sich nicht mehr aufrecht halten konnten. Stephans grimmige, rotgeränderte Augen richteten sich an seinem Bruder vorbei auf Alindas. „Wir werden Euch erlauben, es zu versuchen, denn es ist unsere Überzeugung, daß es unsere einzige Hoffnung darstellt. Ihr müßt jedoch beide einsehen, daß *niemand* außer uns davon erfahren darf. Der Rat wird Regis niemals erlauben, die Regierung zu übernehmen, wenn man dort erfährt, daß an seinem Körper irgendwelche Veränderungen vorgenommen worden sind.“

Mit einer Ruhe, die sie sich niemals zugetraut hätte, begegnete Alindas fest dem Blick des Königs. „Nicht einmal Regis selbst braucht es zu wissen, falls Ihr dies wünscht, Euer Majestät. Wenn Ihr und Eure Lady dazu bereit seid, können wir vier genug Energie erzeugen, und niemand sonst wird je etwas davon ahnen.“

Stephan lockerte seine verkrampfte Haltung. Ein leichtes Lächeln verzog seine Lippen. Er verbeugte sich tief vor Alindas. „Wir sind Euch dankbar, daß Ihr mit dem Versuch, unserm Sohn zu helfen, ein Risiko auf Euch nehmt, meine Dame. Wißt, daß wir Euch *sehr* dankbar sind.“ Er wandte sich Krist zu. „Camilla sagt mir, du habest bereits Sorge dafür getragen, daß Regis, euch folgend, nach Hause gebracht wird. Wir alle, denke ich, sollten uns an Schlaf verschaffen, was wir können, damit wir bereit sind anzufangen, sobald er eingetroffen ist und sich ausgeruht hat.“ Er bot seiner Königin den Arm, ging mit ihr den Korridor hinunter und überließ Krist und Alindas der Obhut seines Haushalts.

Fast einen vollen Tag später saß Alindas auf dem ledergepolsterten Sitz einer tiefen Fensternische. Die untergehende Sonne verwandelte die fernen violetten Berge in schwarze schlafende Riesen. Über diese wunderliche Vorstellung mußte Alindas lachen – ihr Pflegebruder hatte sie gern mit Geschichten über das, was geschah, wenn die Bergriesen erwachten, geängstigt.

Plötzlich sehnte sie sich verzweifelt nach der Sicherheit des Heims ihrer Pflegeeltern, so unglücklich sie sich dort auch gefühlt hatte. Sie gehörte nicht zu den Menschen, denen es leichtfällt, Entscheidungen zu treffen. Alindas betete darum, die Nacht möge gut vorübergehen, und gelobte, für immer demütig dort zu leben, wohin ihr Schicksal sie verschlagen mochte. Nie zuvor war ihr die Komplexität der Welt bewußt geworden, und sie fühlte sich außerstande, es mit ihr aufzunehmen. In der Erinnerung an ihre wütende Ungeduld mit dem Lauf der Welt wand sie sich innerlich, denn erst in diesem Augenblick sah sie ein, wie wenig sie davon wußte.

Die Sonne war untergegangen, und jetzt war es Zeit, zu Regis zu gehen. Man hatte entschieden, ihn, der am Abend zuvor angekommen war, soviel wie möglich schlafen zu lassen. Aber bald mußten sie sich zu ihrem geheimen Kreis vereinigen und das tödliche Risiko auf sich nehmen.

Warm und bequem gekleidet, versammelten sie sich um Regis' Bett. Er nahm ihre offensichtliche Besorgnis mit einiger Belustigung zur Kenntnis. „*So* schwer beschädigt bin ich gar nicht, wißt ihr." In seiner liebenswerten Art grinste er zu ihnen hoch. „Nicht daß ich etwas dagegen hätte, die mir liebsten Menschen um mich zu haben." Er schloß Alindas in sein Lächeln mit ein, und sie dachte bei sich, sein Charme könne den Schnee der Hellers schmelzen lassen.

Camilla erklärte sanft: „Wir haben Alindas und Krist gebeten, dich vor ihrer Heimreise gründlich zu untersuchen, nur um uns zu vergewissern, daß du in Ordnung bist. Schließlich war es nichts Geringes, was du getan hast, und du mußt erst wieder kräftiger werden, bevor du zum Studium in den Turm zurückkehren kannst." Obwohl die ausgebildeten Telepathen im Zimmer ihre Furcht ohne Schwierigkeiten auffingen, war Regis noch zu unerfahren, um zu spüren, wie besorgt seine Mutter wirklich war.

Mit einer für einen jungen, chronisch kranken Menschen ungewöhnlichen Geduld legte er sich zurück und sah sie alle erwartungsvoll an.

Alindas ergriff die Initiative, kniete sich auf die Bettkante und faßte Regis' beide Hände. „Ich werde meine Schwingungen den deinen angleichen, Regis, so wie es dein Onkel neulich getan hat. Nach ein paar Minuten wirst du kaum noch etwas wahrnehmen, aber hab keine Angst. Es ist nur eine Trance, ein leichter Schlaf, der es mir erleichtert, dich zu überwachen." Das war nicht die reine Wahrheit, aber Alindas hatte dem König und der Königin versprochen, Regis werde nicht erfahren, was mit ihm vorgenommen wurde, und ihr schien dies eine Erklärung zu sein, die er akzeptieren konnte. Sie hatte ihn richtig eingeschätzt, denn er entspannte sich völlig, konzentrierte sich auf seine eigene Matrix und tat die Hälfte der Arbeit selbst.

Als die Trance sich vertiefte, verbanden sich die anderen drei mit Alindas, bereit, ihr die Energie, die sie brauchte, auf ihr Zeichen hin zu liefern.

Regis merkte nicht mehr, was um ihn herum vorging. Alindas

prüfte die ihr zur Verfügung stehende Energie. Sich am nächsten spürte sie Camilla, die sowohl Regis als auch Alindas sorgfältig überwachte. Ein bißchen überraschte es Alindas, daß Camilla so besorgt um eine Fremde war, wo das Leben ihres Sohns auf dem Spiel stand, und sie war ihr dankbar dafür.

Dadurch sehr ermutigt, tat Alindas den ersten Schritt: Sie konzentrierte sich auf das schwächlich schlagende Herz und leitete den Prozeß ein, der den Rhythmus verlangsamte, bis Regis' Herz nur noch etwa zweimal in der Minute schlug. Sich bewußt, daß ihr nur sehr wenig Zeit blieb, stellte Alindas ihre instinktive Affinität mit der Struktur von Regis' Körper her.

Zuerst suchte sie die Ränder des kleinen Schlitzes zwischen den beiden oberen Kammern des Herzens. Mit unendlicher Vorsicht beschleunigte sie das Zellenwachstum entlang den Rändern. Wie eine Näherin mit der Nadel verwob sie die langen, flexiblen Zellen der Herzmuskeln miteinander. Dreimal wurde sie vom Schlagen des Herzens unterbrochen und hätte fast die zarte Zellstruktur aus ihrem mentalen Griff verloren. Mit einem tiefen Seufzer und einem leichten Schwanken der Konzentration wandte sie ihre Aufmerksamkeit dem Schlitz zwischen den beiden unteren Herzkammern zu. Jetzt, so glaubte sie, würde es leicht sein, ihn mit neu erzeugten Zellen zu stopfen. Da überraschte sie der nächste Herzschlag und schleuderte sie zurück.

Fast hätte sie die Fassung verloren, als ihr aufging, was sie gemacht hatte: Indem sie zuerst die oberen Kammern reparierte, hatte sie den Blutzustrom erhöht, den jeder Herzschlag in die unteren Kammern leitete. Sie beeilte sich, den Kontakt wiederherzustellen, und sagte sich, daß die Naht fest genug sein mußte, um dem nächsten Herzschlag standzuhalten. Sie spürte ihn kommen, verstärkte ihren mentalen Griff, konzentrierte sich darauf, den Schlitz zuzuhalten. Es gelang ihr. Von neuem webte sie, zog mehr und mehr Energie in dem Bemühen an sich, bis zum nächsten Herzschlag fertig zu sein. In wenigen Sekunden war der Schlitz völlig geschlossen. Alindas beobachtete noch zwei weitere Herzschläge, um sicher zu sein, daß die Reparaturen unter vollem Druck hielten. Dann zog sie sich langsam, vorsichtig, Camilla für ihre Ermutigung dankbar, von Regis' Lebenskraft zurück und erlaubte seinem Herzen, wieder seinen eigenen Rhythmus aufzunehmen.

Es tat weh, außer Phase mit Regis' Schwingungen zu kommen, und Alindas sank gleich darauf in willkommene Bewußtlosigkeit. Die anderen Mitglieder des Kreises waren weder fähig, genug Energie aufzubringen, um Alindas wieder zu sich zu bringen, noch sich allein von dem Zustand des Prinzen zu überzeugen. Deshalb aßen sie hastig und ließen sich in verschiedenen Sesseln überall im Zimmer zu einem tiefen, heilenden Schlaf nieder.

Alindas kehrte so langsam und sacht in die Welt zurück, als erwache sie. Sie stellte fest, daß man sie neben Regis auf sein großes Bett gelegt hatte, glitt lautlos hinab und betrachtete ihn genau. Als sie ihr Bewußtsein erweitern wollte, um ihn zu überwachen, stellte sie zu ihrem Ärger fest, daß sie zu schwach war. Sie schlich sich durchs Zimmer, nahm sich von dem übriggebliebenen Essen und aß heißhungrig.

Camilla spürte den mentalen Aufruhr des Mädchens, erwachte ebenfalls und zog eine niedergeschlagene und jetzt schluchzende Alindas in ihre Arme. „Nicht weinen, *Chiya*", schalt sie sanft. „Du hast dein Äußerstes getan, und obwohl ich die Gabe nicht im gleichen Ausmaß wie du besitze, glaube ich, daß du Erfolg gehabt hast. Komm und sieh ihn dir an."

Widerstandslos ließ sich Alindas an das Bett des Prinzen führen. „Siehst du nicht, wie rosig seine Wangen sind, wie rot die Lippen, die immer blaß und blau waren? Fühlst du nicht, wie kräftig sein Herz schlägt?" fragte die Königin. Alindas legte ihre Hand auf Regis' Brust und spürte einen ruhigen, normalen Herzschlag.

Nachdenklich sah sie in Camillas freundliche Augen. „Ihr meint, es hat *funktioniert?*" fragte sie ungläubig. Zum erstenmal hörte sie Camillas herzliches Lachen. Krist und Stephan kamen zu ihnen, und nun wachte auch Regis auf.

„Ihr seid fertig, ja?" fragte er, und sogar seine Stimme klang in ihren müden, hoffnungsvollen Ohren tiefer und robuster. „Weißt du was, Mutter? Ich fühle mich heute morgen *sehr* gut –

könnte ich nicht gleich mit Onkel Krist nach Hali zurückkehren?"

„Nun, meine Dame ..." – der König verbeugte sich tief vor Alindas – „... was sagt Ihr dazu?"

Alindas brauchte eine Weile für ihre Antwort, so überraschte sie die ehrerbietige Art des Königs. „Ich bin entschieden dagegen, Euer Majestät", erklärte sie fest. Sie appellierte an Camilla: „Er muß mindestens zehn Tage im Bett bleiben, bis wir sicher sind, daß sich keine schlimmen Nachwirkungen einstellen."

Mit sichtlicher Enttäuschung fügte sich Regis der allgemeinen Mißbilligung verfrühter Aktivitäten und schlief wieder ein. Die Mitglieder des Kreises trennten sich und suchten ihre eigenen Zimmer auf.

Zwei Tage später ritt Alindas aus dem Hof der Hastur-Burg, diesmal in Richtung Norden nach Nevarsin und zu ihrem neuen Heim. In ihren Ohren hallte der Dank des königlichen Paares wider: „Wir werden immer für Euch da sein. Wir werden an Euch mit der Zärtlichkeit denken, die wir für eine Tochter hätten. Es ist wenig genug im Vergleich dazu, was Ihr für uns getan habt. Denkt immer daran, daß unsere Gebete und unser Dank mit Euch sind."

„Aber ich müßte euch danken", dachte Alindas. Noch schmerzte der neue Abschied sie. „Denn ihr habt mir ebenso ein neues Leben gegeben, wie wir zusammen es Regis gaben. Meine Zweifel sind verschwunden, und mein Herz ist endlich frei." Über die entspannte Heiterkeit ihres Geistes und Körpers mußte Alindas immer wieder staunen. „Auf jede Weise geben wir, was wir können, tun wir, wozu wir fähig sind, und erfreuen uns des Lebens, das die Götter uns geschenkt haben."

Mit einem letzten Blick zurück auf die im ersten Morgenlicht liegende Burg ritt sie hinaus aus ihrem alten Leben.

Zu den Dingen, die ein Herausgeber schnell lernt, gehört, daß Klischees gute Gründe für ihre Existenz haben. Beim Zusammenstellen dieser Einführung versuchte ich lange Zeit, die Feststellung zu vermeiden: „Keine Anthologie von Darkover-Geschichten wäre vollständig ohne einen Beitrag von Jacqueline Lichtenberg." Schließlich gab ich auf, weil das Klischee genau stimmt: Keine *solche Anthologie wäre vollständig . . . und so weiter. Jacqueline hat mir klargemacht – und darin stand sie nur Don Wollheim, meinem Verleger, nach –, daß Darkover eine eigene, unabhängige Existenz besitze und daß ich mit dem Schreiben fortfahren* müsse. *Jacqueline und ich sind in fast allen Dingen, die man sich vorstellen kann, unterschiedlicher Meinung, vom ästhetischen Wert der Mathematik angefangen (ich bin contra, sie ist pro) bis zur Qualität der Fernsehserie* Raumschiff Enterprise *(und das wollen wir hier nicht vertiefen, danke schön). Bei all diesen Unterschieden sollte man meinen, daß sie die Darkover-Bücher* verabscheut. *Aber sie mag sie, und tatsächlich machte sie mir einmal das Kompliment, der Roman* Die Kräfte der Comyn *habe ihr „den Verstand gerettet", als sie in Übersee ohne Zugang zu amerikanischer Science Fiction festsaß.*

In Jacqueline sehe ich mit verzeihlichem Stolz auch einen Protegé. Ich habe Stapel ihrer früheren Amateur-Fiction gelesen (und ihr der üblichen amateurhaften Fehler wegen, die ich alle – und schlimmere – selbst begangen habe, die Haut in langen, blutigen Streifen abgerissen). Deshalb war ich entzückt, als ihre Arbeit professionelles, zur Veröffentlichung geeignetes Niveau erreichte; sie hat jetzt vier Romane ihrer eigenen Serie verkauft und mit einer neuen begonnen, und ich könnte nicht stolzer darauf sein, wenn ich sie selbst geschrieben hätte.

Jacqueline ist einer der wenigen Fans, die nicht nur selbst Schriftsteller geworden sind, sondern auch persönliche Freunde. Sie ist immer noch sehr aktiv in der Fangemeinde (ebenso wie ich), hat vor kurzem die Leitung des SFWA Speaker's Bureau übernommen (eine Art Leihautoren-Service für Fan-Clubs, Universitäten und dergleichen) und ist die Art von Schwerarbeiterin, der man Erfolg auf jedem dieser Gebiete zutraut. Persönlich ist sie klein, dunkel und dynamisch, und während alle Autorinnen dieser Anthologie manische Typen sind, die mit dem Schreiben, dem Beruf, dem Haushalt und oft auch noch mit Kindern jonglieren, gehört Jacqueline zu den wenigen mir bekannten Menschen, die das Ganze mit Energie und Kompetenz anfassen und dabei nicht einmal abgehetzt wirken. Anscheinend macht es ihr Spaß, achtundzwanzig Stunden in einen terranischen Tag von normaler Länge zu quetschen!

Doch sie hat einen Fehler, sie kann anscheinend nichts Kürzeres schreiben als Romane mit hunderttausend Wörtern. Aus diesem Grund freute ich mich über ihre Zusammenarbeit mit Jean Lorrah. Jean ist Dozentin für Englisch in Kentucky und unter den Fans von Raumschiff Enterprise *als Autorin verschiedener hochintelligenter Kurzgeschichten und Kurzromane wohlbekannt. Jean und Jacqueline haben einen in Zusammenarbeit geschriebenen Roman* (First Channel) *an Doubleday verkauft, und jetzt wird Jeans erster Roman in ihrer eigenen „Savage Empire"-Serie veröffentlicht. Von beiden werden Sie noch hören, einzeln und zusammen. „Die Antwort" ist nur ein Beispiel ihres Werks.*

Auch sie haben sich wie so viele schöpferische Menschen dem Zeitalter des Chaos zugewandt, einem Abschnitt der darkovanischen Geschichte, über den wenige „schriftliche Unterlagen" erhalten geblieben sind. So hat die Autorin freie Hand, zu erschaffen, was sie möchte.

Jacqueline Lichtenberg & Jean Lorrah

Die Antwort

THE ANSWER

Es war kalt.

Allein diese Tatsache war Realität für Velana Hastur, die sich ins Gedächtnis zurückzurufen versuchte, was sie hier tat. Ihr Geist war eingefroren, war so betäubt, daß sie nicht mehr denken, sich nicht erinnern konnte ...

Nein. Sie mußte sich erinnern. Sie befand sich innerhalb des Gletschers, suchte nach einer Möglichkeit, ihn zu zerstören, ihn für so lange, wie Menschen im Tal lebten, über den Wall um die Welt zurückzuschicken.

Jahr für Jahr war der Gletscher unerbittlich auf ihre Heimat zugerückt, hatte das Hochland in Eis eingeschlossen und bedrohte in diesem Winter Velanas Dorf. Schon kündigte das Frühlingstauwetter Stürme an, und ein ungeheuerlicher Eisblock hing über ihnen, bereit, in das Dorf herabzustürzen.

Im letzten Herbst hatten sie ihre Sachen gepackt, entschlossen, sich in das von Seuchen heimgesuchte Tiefland zu wagen oder, wenn sie dort nicht leben konnten, um das fruchtbare Land im Besitz anderer zu kämpfen. Alle Kriege hätten noch einmal geführt werden müssen, aber darauf waren sie vorbereitet gewesen ... und dann war das Hustenfieber gekommen.

Den ganzen Winter über legten sich Leute mit Fieber und einem trockenen Husten nieder, der sie weder essen noch trinken oder schlafen ließ, der ihnen für Wochen die Kraft nahm und die Erwachsenen schwach wie Säuglinge zurückließ, während die Kinder ...

Die Kinder starben.

Fast in jedem Haus hustete ein Kleines sein Leben weg, und man durfte gar nicht an den ständigen Zug kleiner Särge zum Begräbnisplatz denken. Velana und die sechs Frauen, die sie um sich versammelt hatte, benutzten ihre Sternensteine zum Heilen, kämpften Tag und Nacht gegen die Krankheit. Doch sie waren am Ende ihrer Kräfte angelangt, und auf jeden Erfolg kam ein neuer in Lebensgefahr schwebender Patient.

An diesem Morgen war Velana aus dem Haus von Jekker und Marta, deren Sohn sie durch die Krise gebracht hatte, in einen herrlichen Frühlingstag getreten. Sie nahm den Schal ab und ließ die Sonnenwärme in ihre steifen Schultern eindringen. Neue Hoffnung glomm in ihr auf. Sie hob den Kopf – und sah die Sonnenstrahlen auf dem Gletscher glitzern.

Er hatte sich bewegt! In den Wochen, in denen Velana unermüdlich tätig gewesen war, hatte die Eismasse ihren stetigen Weg fortgesetzt, bis jetzt ein Monolith über dem Dorf hing und nur auf den richtigen Augenblick wartete, um abzubrechen und sie alle zu vernichten!

Es konnten noch Wochen vergehen, bevor es den Überlebenden des Hustenfiebers gut genug ging, daß sie transportiert werden konnten, und andere hielt die Krankheit noch fest in ihren Krallen. Aber die Wärme der roten Sonne, die den Frühling verhieß, drohte jetzt den Eisberg ins Tal zu schicken. Irgend etwas mußte unternommen werden.

Ungeachtet ihrer Müdigkeit und der Bitten der Dorfbewohner, zu anderen Kranken zu kommen, eilte Velana zu dem großen Haus der Hastur-Familie zurück. Wie nach jeder Arbeit mit dem Sternenstein hatte sie furchtbaren Hunger. Deshalb ersetzte sie den Schlaf, den sie brauchte, durch eine kräftige Mahlzeit und lief dann auf ihr Zimmer.

Dort beruhigte sie sich. Sie wickelte sich in einen Pelzmantel, setzte sich in einen bequemen Sessel und zog ihren Sternenstein aus dem Beutel. Das Juwel glühte auf ihrer Hand, als lebe es. Velana blickte in seine Tiefen, konzentrierte sich auf den Gletscher. *Ich muß innerhalb des Gletschers suchen. Nur so werde ich erfahren, wie ich verhindern kann, daß er uns vernichtet.*

Langsam dehnte der Sternenstein sich aus, schloß sie ein in blauen Kristall . . . in blaues Eis. Sie schritt durch festes Eis wie durch Luft. Am Rand ihres Gesichtsfeldes blitzten Sterne auf und verschwanden, wenn sie sich nach ihnen umdrehte. Sie konnte den Druck, das Splittern, das Fließen der festen Masse spüren.

Endlich gelangte sie zum Mittelpunkt des Gletschers. Der Druck war verschwunden. Es gab kein Oben oder Unten, Osten oder Westen; sie hing unbeweglich fest, verwachsen mit dem lebenden Eis, in Kontemplation der leuchtenden Reinheit des glänzenden blauen Kristalls versunken. Sie würde für immer hier bleiben, eingehüllt in Schönheit, Teil dieser Schönheit . . .

Etwas bewegte sich. Ein Vogel, ebenfalls aus blauem Kristall, flog durch das Eis auf sie zu. Sie streckte die Hand aus. Der Vogel setzte sich darauf nieder – und das Eis sprang! Die kristallene Reinheit barst zu einer Unzahl von Sprüngen, die den Gletscher, den Vogel, Velana selbst durchzogen.

Und sie fror, sie konnte durch das undurchsichtig gewordene Eis nichts mehr sehen. *Ich muß mich erinnern.* Aber sie war nicht fähig, an etwas anderes als an die absolute Kälte zu denken. *Wie soll ich meinen Leuten helfen, wenn ich mir selbst nicht helfen kann?*

Plötzlich erstrahlte ein Licht – dann noch eins. Velana stand unter einem Bogen aus Sternen – oder waren es glühende Sternensteine? Sie hielten in vollkommener Symmetrie genau gleiche Abstände voneinander, und der Bogen mochte der Abschnitt einer Kreislinie sein, die sie ganz einschloß. Doch Velana konnte sich nicht bewegen, um nachzusehen.

Ihr betäubtes Gehirn strengte sich von neuem an. Dies war wichtig . . .

Die endlose Kälte saugte ihr das Leben aus. Die Sternensteine glühten, aber sie wärmten nicht. Velana sehnte sich nach ihnen, und sie strahlten heller, heller . . .

Ein sengender Schmerz durchzuckte sie, und als sie die Augen öffnete, war sie wieder in ihrem Zimmer und sah in die besorgten grauen Augen ihrer Cousine Ellonie.

„Es tut mir leid“, sagte Ellonie. „Ich hatte keine andere Möglichkeit, dich aus der Trance zu holen – ich fürchtete, du seist tot!“

Benommen sagte sich Velana, daß Ellonie ihren Sternenstein berührt haben mußte. „Beinahe hätte ich die Antwort gehabt!“ erklärte sie verdrießlich mit klappernden Zähnen.

„Und was würde sie dir nützen, wenn du tot wärst?“ fragte Ellonie. „Sieh dich nur einmal an!“ Sie zog die jüngere Frau auf die Füße, setzte sie auf eine Bank vor dem Feuer und wickelte sie in Decken. Nachdem sie den Dienern geläutet und ihnen befohlen hatte, eine Wanne und heißes Wasser zu bringen, schlang sie auch noch ihre Arme um Velana.

Erst als Velana im Bad lag und langsam Wärme in ihre Glieder kroch, fing sie wieder an zu denken. „Ich wünschte, du hättest mich nicht unterbrochen, Ellonie. Natürlich – du hattest Angst um mich, und ich liebe dich dafür, daß du mich retten wolltest. Aber ich bin keins deiner Kinder, *Breda*.“

„Manchmal benimmst du dich wie ein Kind“, schalt Ellonie. „Da machst du dich ganz allein an ein Experiment mit dem Sternenstein . . .“

„Beinahe hätte ich die Antwort gehabt. Ich bin überzeugt, ich hätte nur noch ein kleines bißchen Zeit gebraucht.“

Ellonie riß die Augen auf. „Die Antwort, wie das Hustenfieber geheilt werden kann?“

„Nein“, antwortete Velana ungeduldig, „der Gletscher! Ich war im Inneren des Gletschers.“

„Kein Wunder, daß du fast erfroren bist! Gletscher, ist es zu glauben, wenn unsere Kinder sterben! Finde *darauf* eine Antwort, Tochter der Götter!“ Die grauen Augen flammten, und Ellonie wandte sich zornig ab. Von hinten sah sie in ihrem karierten Rock und dem schweren Schal viel kräftiger aus, als sie war. Ihre kupfernen Locken entschlüpften wie üblich der Schmetterlingsspange, die so genau von der gleichen Farbe war, daß sie gegen das Haar verschwand. Ellonie war nur zwei Jahre älter als Velana, aber sie war mit vierzehn verheiratet worden und hatte drei Kinder, so daß es der jüngeren Frau vorkam, als gehöre sie einer anderen Generation an.

Die Scham brannte in Velana. Sie stieg aus der Wanne und wickelte sich in einen schweren Bademantel. „Ellonie, es tut mir leid. Dein Sohn – wie geht es ihm?"

„Ich war gekommen, um es dir zu erzählen." Ihre Cousine drehte sich nicht um. „Kyril hat die Krise überwunden."

„Wie wundervoll! Ich bin so froh für dich."

Ellonie kämpfte mit den Tränen. „Wenn meine Kinder überleben, haben wir das deinem Geschick mit dem Sternenstein und dem, was du mich gelehrt hast, zu danken. Verzeih mir, daß ich ärgerlich wurde, Cousine. Es ist nur – sie sind so schwach. Es wird kaum möglich sein, Kyril zu transportieren, und die anderen beiden . . ."

„Ich weiß", sagte Velana. „Auch du bist erschöpft, Cousine. Und ich bin sicher, du hast Hunger. Ich werde etwas zu essen kommen lassen."

„Und du mußt schlafen", seufzte Ellonie. „Warum machst du so etwas, Velana? Die einzige Antwort auf den Gletscher ist, daß wir weggehen, und bevor wir das können, müssen wir die Kranken heilen. Du magst die Enkelin eines Gottes sein, aber das gibt dir nicht das Recht wegzulaufen, um deine Neugier zu befriedigen, wenn deine Fähigkeiten in einer unmittelbaren Krise gebraucht werden."

„Der Gletscher *ist* eine unmittelbare Krise! Vor dem Frühlingstauwetter können wir nicht weggehen, und bis dahin kann er auf uns gestürzt sein . . ."

„Kommt es darauf an, ob Eis das Tal füllt, wenn wir alle am Hustenfieber gestorben sind? Jetzt hast du dich so verausgabt, daß wir auf deine Hilfe bei der Krankenbetreuung verzichten müssen, solange du dich ausschläfst. Wie viele werden sterben, weil du nicht zur Stelle bist?"

„Ich richte mit dem Sternenstein nicht mehr aus als andere auch."

„Aber wir sind nur sieben! Seit diese Epidemie ausgebrochen ist, haben wir kaum noch geschlafen. Velana, deine Entdekkungen haben viele Leben gerettet, doch jetzt ist nicht die richtige Zeit für Experimente."

Von Ellonies Standpunkt aus war das richtig, aber sie verstand es nicht, denn sie hatte nie ihren Körper verlassen, um in das Herz eines Gletschers zu gehen, eine Antwort zu suchen . . .

„Warte!" rief Velana. „Ich *habe* eine Antwort gefunden! Ein *Kreis* von Sternensteinen!"

„Was?"

„Wir haben jede für sich gearbeitet, *Breda.*"

„Natürlich – und selbst so sind wir nicht genug für alle Kranken."

„Und angenommen, wir würden alle zusammen arbeiten? Doneva!" rief sie der Dienerin zu, die soeben mit einem Essenstablett eintrat. „Geh ins Dorf hinunter. Alle Kranken sollen in die Große Halle gebracht werden!"

„Velana – was hast du vor?" schrie Ellonie.

„Hole die Frauen zusammen, Cousine. Wir alle sieben in einem Kreis, wie ich die Sternensteine in dem Gletscher gesehen habe. *Beeil dich,* Ellonie! Lauf – suche die anderen Frauen, und bringe sie her, während ich mir etwas anziehe . . ."

Velana genoß einen solchen Ruf im Umgang mit dem Sternenstein, daß die Große Halle, als sie nach unten kam, bereits in aller Eile in einen improvisierten Krankensaal umgewandelt wurde. Sobald alles fertig war, versammelte Velana die sechs anderen flammenhaarigen Frauen um sich.

„Wir alle haben uns durch die Sternensteine berührt", sagte sie. „Jetzt werden wir durch sie miteinander arbeiten. Wir wollen uns die Hände reichen und so unsere Kräfte vereinigen. Indem wir uns gegenseitig unterstützen, mögen wir so tief in den Körper eines Kranken eindringen, daß wir ihn vollständig heilen können und uns nicht zurückzuziehen brauchen, weil wir müde sind oder fürchten, uns zu verlieren."

Die Frauen wurden von Furcht ergriffen, besonders die vierzehnjährige Callina, die in diesem schrecklichen Winter gezwungen worden war, ihre Begabung übereilt zu entwickeln. Velana blickte in ihren Sternenstein, der mit dem Schlag ihres Herzens pulsierte, berührte Callinas Geist ermutigend und brachte das Mädchen behutsam unter ihren Einfluß. Callinas Angst löste sich langsam auf, als eine der Frauen nach der anderen in Rapport fiel. Sie saßen nicht im Kreis, aber in

Velanas Vorstellung waren sie jener Kreis aus Sternensteinen geworden, den sie im Inneren des Gletschers gesehen hatte. Glühende Kraftlinien sprangen von einer zur anderen und verschmolzen sie zu einer Einheit. Velana stellte sich den am schwersten kranken Patienten innerhalb des Kreises vor, den Körper durchdrungen von den Kraftlinien. Es war der alte Mordek, der schon lange vor Velanas Geburt für die Hasturs gearbeitet hatte. Wie die Kinder litten auch die sehr Alten besonders unter dem Hustenfieber; Mordeks Frau war zu Mittwinter daran gestorben.

Mordek wurde vom Husten geschüttelt, sein Körper wand sich in Krämpfen, wenn er die Luft ausstieß, er keuchte und röchelte schwach. Sofort versuchten drei Frauen des Kreises gleichzeitig, seine Qualen zu lindern, und stießen zusammen, daß die Funken stoben. *So geht das nicht,* sagte Velana ihnen. *Gebt mir eure Kraft und laßt mich die Arbeit tun.* Sie meinte, Ellonies Arme um sich zu fühlen, die sie stützten, obwohl sich keine von beiden bewegt hatte. Herzlicher Zuspruch kam von den anderen Frauen. Velana suchte tief in den Fibern des kranken Körpers nach den Nerven, die den Hustenimpuls beförderten. Sie fand das funkelnde Netzwerk, und zum erstenmal hatte sie, während die anderen Frauen sich um ihren Körper kümmerten, genug Zeit, eine gründliche Untersuchung durchzuführen, den Fluß zu beobachten, bis ein neuer Hustenkrampf begann, und dann spürte sie den Impuls auf und blokkierte ihn.

Nun, da der Hustenreiz gestillt war, wandte sich Velana dem Heilen zu, wie sie es die ganze Zeit schon getan hatten. Sie beschleunigte den Fluß des Blutes, das die Flüssigkeiten aus der Lunge wegtrug. Da er unfähig war zu husten, würde der alte Mann ertrinken, wenn seine Lungen nicht schnell trockneten. Obwohl sie mit dem Patienten schon länger in Kontakt war, als sie es je zuvor gewagt hatte, stieg Velana noch tiefer, bis auf die zellulare Ebene hinunter. Sie regte die Wände seiner Lungen an, die Flüssigkeit zu absorbieren und in den Blutstrom hinauszuwerfen und dann zusätzlichen Sauerstoff aus der Luft zu saugen, um das Blut für seine Arbeit anzureichern . . .

Anscheinend mußte Velana den Prozeß in jedem einzelnen Lappen von neuem in Gang setzen. Fand das nie ein Ende? Mußte sie für immer weitermachen, um einen einzigen Patienten auf den Weg der Genesung zu bringen? Gerade als sie verzweifelt dachte, ihr bliebe nie so viel Zeit, um alle Leute mit dieser langsamen Methode zu heilen, übernahm der Körper des alten Mannes plötzlich die Arbeit. Der Prozeß, den sie eingeleitet hatte, wurde spontan fortgesetzt. Velana zog sich ein wenig zurück und entfernte vorsichtig die Nervenblockierung.

Mordek hustete einmal, drehte sich auf die Seite und sank in tiefen, heilenden Schlaf. Velana schwamm ins Bewußtsein hinauf. Das ehrfürchtige Murmeln der anderen Frauen begrüßte sie.

„Früher haben wir zwei Tage gebraucht, um dies Stadium zu erreichen!" rief Felina.

„Und wir haben gesehen, wie es gemacht worden ist!" stellte Ellonie fest. „Velana, brauchst du uns alle? Wenn wir uns in Gruppen von je dreien aufteilen, können wir doppelt soviel schaffen, und die eine, die übrigbleibt, kann aufpassen, ob irgendwo Zeichen von Schwäche zu bemerken sind."

„Du hast recht", stimmte Velana zu, und so teilten sie sich in Dreiergruppen und später in Paare auf, bei denen eine arbeitete und die andere sie unterstützte. Die siebte Frau achtete genau darauf, wer Hilfe brauchte oder sich ausruhen mußte.

Velanas Erregung klang ab und gleichzeitig die aufgeputschte Kraft, die sie ihr verliehen hatte. Sie ging von einem Kranken zum nächsten, und sie begannen miteinander zu verschmelzen, Männer, Frauen, Kinder – nur noch Muster aus Nerven, Adern, Arterien, bedeutungslos . . .

Sie fand sich auf dem Steinfußboden wieder. Ellonie beugte sich über sie. „Du bist ohnmächtig geworden."

„Ich werde gebraucht . . ."

„Nein. Es ist jetzt gut. Horch!"

Velana horchte. „Ich höre nichts."

„Richtig. Kein Husten mehr. Wir haben gewonnen, Velana! Alle schlafen. Schlaf du auch, *Breda*."

Velana schlief auf einem Strohsack in der Großen Halle. Sie

wachte einmal auf, als irgend jemand dampfende Suppe brachte. Verschiedene Patienten rings um sie aßen, und sie hörte nur gelegentlich ein leichtes Husten, nichts von dem tödlichen Röcheln. Ellonie schlief fest nur ein paar Schritte von ihr entfernt. Callina saß am anderen Ende der Halle, konzentrierte sich auf ihren Sternenstein und hielt Wache. Velana ließ sich von neuem in traumlosen Schlaf sinken.

Lautes Donnern weckte sie. Velana fuhr mit klopfendem Herzen in die Höhe, ebenso die Menschen überall in der Großen Halle. Kinder begannen zu weinen.

Ellonie eilte, ihren vierjährigen Sohn zu trösten, der „Mama! Mama!" schrie.

Der kleine Junge klammerte sich an seine Mutter, und sie murmelte: „Ist ja gut, Kyril. Das ist nur Donner."

Diese beiden Lockenköpfe betrachtend, der eine kupfern, der andere golden, lächelte Velana und faßte selbst wieder Mut. Nur Donner. Nichts, wovor man sich fürchten mußte . . .

„O nein!" keuchte sie. Ein Blitz zuckte nieder, und ein weiterer Donnerschlag ließ die Halle beben. Die Frühlingsstürme! Der Gletscher! Die Erschütterung durch das heftige Donnern!

„Wir müssen auf der Stelle weg!" rief sie. „Wir alle – greift euch, was ihr könnt, und lauft! Der Gletscher!"

Die Angst machte alle hellwach, aber Ellonie wandte weinend ein: „Das können wir nicht! Velana, viele sind noch zu schwach, um zu reisen."

„Und der hohe Paß wird immer noch von Schnee blockiert", meldete einer der Männer. „Ein starker Mann mit Packtieren kann durchkommen – es ist keine Hoffnung, Frauen und Kinder hinüberzubringen."

„Wir sitzen in der Falle!" schrie jemand. Augen wandten sich Velana zu. „Hilf uns, Tochter der Götter! Du hast das Hustenfieber besiegt. Hilf uns!"

Velana blickte in die flehenden Gesichter. Einen Gletscher zur Umkehr zu zwingen, war schließlich etwas ganz anderes, als den Körper eines Menschen anzuregen, daß er sich selbst heilte. Aber war sie nicht auf der Suche nach einer Antwort im

Innern des Gletschers gewesen? Hatte sie sie nicht beinahe gefunden?

„Ellonie – ruf die anderen Frauen zusammen. Wir müssen zum Gletscher hinaufsteigen."

„Was? Aber – warum?"

„Weil die Antwort dort ist! An dem Tag, als ich den Gletscher durch meinen Sternenstein erforschte, sah ich andauernd etwas aus dem Augenwinkel. Es ist da, Cousine – aber wir müssen hingehen, um es zu finden."

Da sie keine andere Hoffnung hatten, verließen sich die Dorfbewohner völlig auf Velana und ihre Frauen. Die besten Bergsteiger kamen, um ihnen beim Klettern zu helfen; andere Frauen packten Essen ein und hüllten die sieben, die den Gletscher herausfordern wollten, in viele Schichten warmer Kleidung.

Trotzdem waren Velana und die anderen Frauen durchgefroren, bis sie das Eisfeld erreichten. Die Tiere konnten nicht weiter, deshalb wies Velana die Männer an, das Lager aufzuschlagen, während sie und die anderen Frauen zum Gletscher hinaufkletterten.

Der Nieselregen der tieferen Lagen hatte sich hier in Graupeln verwandelt. Eis bedeckte die Felsen und machte ihnen den Aufstieg schwer. Velana führte sie – wohin? Donner grollte in der Ferne. Sie hob den Kopf. „Seht! Eine Höhle!"

In ihrer Vision war sie durch das Herz des Gletschers geschritten. Sollte das eine Höhle im Eis bedeuten? Denn es war eine Höhle im Eis, nicht im Fels, die die Frauen betraten, dankbar, aus den Graupelschauern herauszukommen, auch wenn es innerhalb gefrorener Wände war.

Überwältigt betrachteten sie das durchscheinende Eis in seiner Herrlichkeit, weiß, opak, krakeliert, wie Velana es in ihrer Vision gesehen hatte. *Ich muß das reine blaue Eis wiederfinden,* dachte sie und ging tiefer in die Höhle hinein.

Irgendein Spiel des Lichts warf einen Regenbogenschleier über einen schmaleren, in einiger Entfernung weiter hinten liegenden Gang. Heute schien die Sonne nicht . . . es sah aus, als werde dieser Schleier irgendwie von hinten angestrahlt.

„Ich gehe dort hinein“, sagte Velana.

„Wir gehen mit dir“, erklärte Ellonie.

„Nein – ich muß allein gehen. Ich hatte die Vision, Cousine. Ich muß die Stelle finden.“

„Velana – du kannst nicht alles tun. Laß wenigstens zu, daß wir uns mit dir durch die Sternensteine verbinden.“

Velana dachte an ihre Vision. „Ja – verbindet euch mit mir durch den Kreis, aber bleibt hier. Kommt nicht näher, bis ich euch rufe – ganz gleich, was geschieht!“

Die Frauen holten ihre Steine hervor. Erst als die sanfte Berührung von sechs Geistern ihre Furcht dämpfte, merkte Velana, wie ängstlich sie war. Trotzdem schritt sie entschlossen auf den geheimnisvollen Regenbogenschleier zu. Der Sternenstein funkelte in ihrer Handfläche.

Der Schleier war so substanzlos, wie er aussah, doch Velana versagte der Atem, jede Pore ihrer Haut schmerzte. Sie stolperte ein paar Schritte vorwärts, als reiße sie sich aus einer Blase der Illusion los, und geriet in eine große kristalline Höhle.

In diesem Augenblick erstarb der Kontakt zu ihrem Kreis. Ihr Sternenstein, der so hell geglüht hatte, wurde aschgrau, undurchsichtig – *wie das Eis in meiner Vision!*

Velana drehte sich um. Die Frauen auf der anderen Seite des Schleiers sahen erschrocken zu ihr hin. Auch sie hatten gespürt, wie der Kontakt abriß. „Nein!“ rief sie, als sie in ihre Richtung gehen wollten. „Bleibt dort!“ Sie winkte sie zurück, und sie blieben stehen, obwohl Velana die Sorge auf Ellonies Gesicht erkennen konnte. Der letzte Blick, den sie auf ihre Gefährtinnen erhaschte, war ein Schattenriß vor einem niederzuckenden Blitz. Dann dröhnte Donner durch den Eisberg. Velana sagte sich, daß sie das Ziel ihrer Suche bald erreichen mußte, denn der sich nähernde Sturm würde die Gletscherzunge bestimmt abbrechen.

Jetzt, wo ihr Sternenstein tot war, fühlte sie sich nackt, blind . . . und doch war er irgendwie nicht tot. Sie war immer noch darauf abgestimmt . . . oder auf etwas anderes. Sich auf einen Sinn verlassend, von dem sie bisher nichts gewußt hatte, bewegte sie sich durch die Höhle. Das war ein Eiskristallpalast, den eine Lichtquelle, die Velana nicht aufzuspüren vermochte, zu exquisiter Schönheit erweckte. Sie sah Teiche aus gefrorenem Blau – aus dem Kristallblau, das sie suchte – inmitten herrlicher weißer Eis-Skulpturen.

Plötzlich sah sie wie in ihrer Vision aus dem Augenwinkel ein Aufblitzen. Aber als sie sich diesmal umdrehte, entdeckte sie einen gefrorenen Wasserfall mit Streifen von Kobalt und so vielen Tönen von feurigem Rot, wie die Haare der Frauen in ihrem Kreis zeigten.

Nach dem oberen Ende des Wasserfalls suchend, kniete sie sich hin und spähte in das blausternige Gewölbe hinauf. Am höchsten Punkt der geschwungenen Eisdecke erglühte ein Lichtpunkt in Sternenstein-Blau, dann in dunklem Gold und wurde vor ihren Augen heller.

Es war ein Sternenstein, an seinem Geburtsort in dem lebenden Fels eingefangen und von dem Gletscher in die Höhle getragen. Vor Äonen eingefroren, hatte er auf diesen Augenblick gewartet. Er war riesig, mindestens zwei Handspannen breit, der größte Sternenstein, den Velana je gesehen hatte.

Und er gehört mir! Das hat mich in die Höhle gezogen, die Macht in diesem Stein, den ich allein benutzen kann. Die flakkernden Tiefen des gewaltigen Steins erschauerten und veränderten sich und begannen, im Rhythmus ihres Herzschlags zu pulsieren. Gleichzeitig erwachte der kleine Stein in ihrer Hand wieder zum Leben, und Velana spürte von neuem den Kontakt mit den sechs Frauen im Höhleneingang. Ihre Erleichterung und Neugier riß sie fast aus der Konzentration, deshalb teilte sie ihnen mit: *Unterstützt mich. Stört mich nicht. Ich habe die Antwort, wenn ihr mich in Frieden laßt, damit ich sie benutzen kann!*

Dieser große, glühende Sternenstein trug in sich die Erinnerung, wie sich der Gletscher gebildet hatte. Wenn Velana an diese Information gelangte ... dann würde sie wissen, wie er aufzulösen war!

Die Augen auf den Sternenstein gerichtet, konzentrierte sie sich, ließ die anderen Frauen zurück, floß in den Stein, von neuem reiner blauer Kristall, eins mit seinem Muster, eins mit seiner Erinnerung. Durch das Zentrum des Kristalls sank sie hinunter auf seine Grundstruktur – die Struktur jedes Eiskristalls des Gletschers. Sie *sah* es! Sie wußte, wie sie den Gletscher mit einem Fingerschnippen zerstören konnte – nur war sie wieder gefroren, unfähig, sich zu bewegen, und die schreckliche Kälte betäubte alles, sogar ihre Gedanken ...

Ausgenommen einen Fleck glühender Wärme, den kleinen Sternenstein in ihrer Hand, der von der Liebe und Unterstützung der anderen Frauen strahlte. Jetzt wußte Velana, was ihre Vision bedeutete. Der große Sternenstein sollte den Kreis vereinen, sollte ihre Gedanken in einer Matrix zusammenfügen, die weit mächtiger war als die Summe aller ihrer Fähigkeiten. Alle mußten daran teilhaben. Der Stein gehörte nicht Velana – er gehörte dem Kreis.

Helft mir! Vereint euch mit mir!

Sechs Geister vereinten sich mit dem Geist Velanas, und sie befand sich gleichzeitig tief in dem Kristall und in dem Höhleneingang bei den anderen Frauen. Der heulende Wind zerrte an Haar und Kleidern, Donner und Blitz tobten rings um sie.

Velana zog ihre Gefährtinnen in die gefrorene Stille der kristallinen Struktur, zeigte ihnen, wie diese Struktur zerstört werden konnte.

Dann wurden sieben Gehirne zu einem, und die Macht der sieben wurde unendlich durch den einen riesigen Kristall. Alle anderen Sternensteine nahmen den Rhythmus auf, pulsierten wie einer, arbeiteten wie einer daran, zu ändern, zu enden, zu zerreißen, diesen Berg aus sie umschließendem Eis völlig zu vernichten.

Ein Knall schoß vom Mittelpunkt des Kreises, der der Mittelpunkt des riesigen Sternensteins war, nach oben. Einen Augenblick lang gab es nichts als Schwärze, eine Leere, die an ihren Nerven zerrte.

Dann wurde Velana mit einer Gewalt, die sie auf den Bauch warf, in ihren eigenen Körper zurückgeschleudert. Der Kreis zerriß. Der Berg bebte und grollte. Die Frauen rollten wild um sich schlagend ins Lager hinunter.

Die Männer dort waren auch nicht fähig, sich auf den Füßen

zu halten. Sie schrien den Packtieren zu, die sich kreischend aufbäumten, während das Erdbeben sie mit losem Geröll überschüttete, das ohne Unterschied Felsblöcke, Tiere und Menschen traf.

Dann war es vorbei. Drei Frauen und vier Männer lagen tot am Boden. Alle anderen waren kurz davor, wahnsinnig zu werden, denn als sie nach oben blickten, hinein in die zuckenden Blitze des sich zurückziehenden Sturms, entdeckten sie, daß der Gletscher völlig verschwunden war.

Velana mühte sich auf die Füße, behindert durch ihre langen Röcke, die von Steingeröll festgehalten wurden. Als sie sie losriß, zog sie auch den großen Sternenstein hervor. Er war nicht zerbrochen und pulsierte immer noch mit ihrem Herzschlag. *Mein Stein?* dachte sie. *Nein, nicht mein Stein, aber meine Verantwortung.*

Sie steckte ihren eigenen kleinen Sternenstein in seinen Beutel und sah sich nach etwas um, mit dem sie den großen verhüllen könnte, denn die Männer begannen, in ihre Richtung zu blicken und zurückzuschrecken. Ellonie, die stärker als sonst auf ihre Cousine abgestimmt sein mußte, hinkte heran, faßte ungeniert unter ihren Rock und zog einen seidenen Unterrock aus. „Wickle ihn darin ein", sagte sie. „Ich glaube nicht, daß ich ihn noch einmal ohne Hülle sehen möchte!"

Velana seufzte. Noch war sie nicht bereit, um die Toten zu weinen, so erfüllt war sie von dem Gedanken, daß alle übrigen am Leben bleiben würden. „Du wirst ihn wieder ansehen, *Breda*", antwortete sie. „Du hattest recht – das ist nichts, womit eine Person allein umgehen kann. Wir müssen andere unterrichten, wieder einen Kreis bilden."

„Lady Velana!" rief einer der Männer. „Lady Ellonie! Rafeo ist verletzt, und ich kann die Blutung nicht stillen!"

„Siehst du?" meinte Velana, als sie und ihre Cousine zu dem Verwundeten eilten. „Das bedeutet es, Töchter der Götter zu sein. Wir müssen die Bürden teilen, oder wir werden alle unter ihnen sterben."

„Ja, *Breda*", sagte Ellonie, und Velana wußte, daß ihre Cousine in ihrem Herzen die Antwort längst gekannt hatte.

Seit es Starstone *gibt, haben wir mehr Geschichten über die Gilde der Freien Amazonen erhalten als über alle anderen Themen zusammen.*

Das überrascht mich nicht. Die Darkover-Geschichten haben viele Leserinnen gefunden, und die Freien Amazonen, richtiger die Gilde der Entsagenden, stellen die ehrenhafte Alternative für Frauen dar, die nicht recht in eine Frauen unterdrückende Gesellschaft passen. Frauen, die in unserer *Gesellschaft gelitten haben und noch leiden, identifizieren sich leicht mit Frauen, denen in* ihrer *Gesellschaft Ähnliches widerfahren ist und die entschlossen etwas dagegen unternehmen.*

Die meisten Geschichten über Freie Amazonen sind jedoch eher kathartisch als kreativ. Sie drücken die Unzufriedenheit der Autorinnen aus und sind viel zu grausam und bitter, um guten Lesestoff abzugeben. Das ist nicht verwunderlich. Die Anstrengung, die es jede Frau kostet, sich den Amazonen anzuschließen, bewirkt allein schon, daß jede Amazone ihre eigene Geschichte hat, und oft sind sie tragisch, ohne gut zu sein.

Und wie so oft bei tragischen Geschichten mangelt es auch hier den meisten an Humor und am Sinn für Perspektive. Das trifft nicht auf „Die Rettung" von Linda MacKendrick zu. Auf den ersten Blick rief ich resigniert: „Oje, schon wieder eine Amazonen-Geschichte!" Ich setzte mich pflichtbewußt hin, um eine weitere ätzende Konfession durchzuackern, und hoffte nur, ein Bröckchen Talent zu finden, das ich fördern könnte. Statt dessen kicherte ich bald darauf so schrecklich, daß ich fast vom Sofa rollte. Die Geschichte der jungen Amazone Elana und des Jägers Chadris mag ein bißchen an zu großem Optimismus leiden, aber auf jeden Fall ist sie entzückend.

Linda MacKendrick ist jung und hellhaarig und in darkovanischem Kostüm eine Zierde für viele Zusammenkünfte der Freunde gewesen. Sie ist im Arilinn-Rat tätig.

Linda MacKendrick

Die Rettung

THE RESCUE

Chadris stützte sich auf seinen Bogen und sog den Geruch der morschen Blätter des Vorjahres auf dem Boden ein. Er genoß dies kurze Stück Sonnenschein im Wald. Langsam hob er die Füße und kehrte auf den Weg zurück. Wenn er noch zwei oder drei Tage lang weiterzog, war er tief genug im Wald, um ernsthaft mit der Jagd zu beginnen.

An manchen Stellen lagen Schneeflocken versteckt unter dem Gebüsch, während anderswo schon Blumen blühten. Chadris hinterließ bei seinem Gang durch das frische Grün so gut wie keine Spur. Die Sonne stieg immer noch höher, als er bemerkte, daß hier mehrere Personen durch das Unterholz getrampelt waren. Das war kein Weg, der allgemein benutzt wurde, vor allem nicht von so vielen. Chadris entschloß sich, ihnen vorsichtig zu folgen. Nicht allen Fremden muß man mißtrauen, aber es ist klüger, sich zu überzeugen, wer sonst noch im Wald unterwegs ist. Die Fährte mußte mindestens einen Tag alt sein. Zumindest konnte er daran seine Geschicklichkeit im Spurenlesen erproben. Später fand er die Überreste ihres Lagers, erst vor ein paar Stunden verlassen und sehr nahe an der Hauptstraße durch diese Berge. Eine warnende Glocke läutete in seinem Kopf. In diesem Gebiet kam es oft zu Überfällen, und er hatte keine Lust, in einen hineinzustolpern.

Auf der Hauptstraße angekommen, sah er seinen Verdacht zu seiner Bestürzung bestätigt. Die Leute waren ausgeschwärmt und hatten Posten an der Straße bezogen, zwei Männer auf der einen Seite, drei auf der anderen. Gespannt, was er finden würde, bewegte Chadris sich jetzt sehr vorsichtig. Ihrem Verhalten nach waren die Männer Räuber. Vielleicht eine Stunde verging, bevor die Spuren ihm Recht gaben. Wer auch immer da überfallen worden sein mochte, war nach kurzem Handgemenge mit den Angreifern weitergezogen. Die beiden Pferde der Opfer wurden von den Räubern geführt. Zweifellos ging es ihnen um das Lösegeld. Jetzt, wo Chadris genau wußte, was die Räuber vorhatten, wollte er es nicht riskieren, mit ihnen zusammenzutreffen. Er drang nach rechts in den Wald ein und beabsichtigte, in dieser Richtung weiterzuwandern, als ihm etwas ins Auge fiel. Es war ein leuchtend roter Fleck wie eine Blüte, aber inmitten einer Schneefläche. Das war rotes Blut, und tief im Schatten lag ein Mensch, den man zum Sterben ins Unterholz geworfen hatte. Immer noch floß Blut aus einer Kopfwunde, aber die Kälte mußte die Blutung verlangsamt haben. Das sah nicht gut aus, doch genau ließ es sich nicht sagen; Wunden dieser Art bluten immer sehr stark. Behutsam hob Chadris die schlaffe Gestalt aus dem Schnee, legte einen Druckverband an und begann mit einer sorgfältigen Suche nach anderen Verletzungen. Was hatte ein Junge in dem Alter hier zu suchen? Warum hatte man von zwei Überfallenen einen mitgenommen und den anderen nicht? Chadris fand außer der Kopfwunde nur ein paar Beulen und Kratzer. Mit einem Lächeln tadelte er sich: *Meine Augen sind nicht so gut, wie ich dachte – dieser Junge ist ein Mädchen! Ich hätte es gleich sehen müssen, ihre Kleidung ist die einer Freien Amazone.* Das erklärte wenigstens, warum man sie für tot hatte liegen lassen; wahrscheinlich war sie die Führerin gewesen. Chadris blickte ringsum und sagte sich, daß sie zu nahe an der Straße waren. Er mußte es riskieren, sie allein zu lassen, um einen geschützteren Lagerplatz ausfindig zu machen. Zehn Minuten später kehrte er zurück und trug sie zu einer geeigneteren Stelle neben einem Bach.

Jetzt mußte er sich sehr in acht nehmen vor allen, die sonst noch im Wald umherschleichen mochten. Ihm lag nichts daran, unerwünschte Aufmerksamkeit auf sich zu lenken. Aber andererseits brauchte die Amazone Wärme und Essen, wenn sie überleben sollte. Das war wichtiger als Vorsicht, also zündete er ein kleines Feuer an. Er würde lange warten müssen, bis sie das Bewußtsein zurückgewann. Ohne sie aus den Augen zu lassen, stieg Chadris zum Bach hinunter. Die Zeit verging, während er mit großer Geduld und bloßen Händen mehrere kleine Fische fing. Er säuberte sie, warf sie in einen Topf, ließ sie auf kleinem Feuer kochen und wartete weiter.

Der Tag wurde zur Dämmerung, die Dämmerung zum Abend, bevor sie sich regte. Sie schlug die Augen auf und starrte zuerst ins Leere, dann richtete sie den Blick auf Chadris und das Feuer. Ihre Augen waren von einem beinahe unglaublichen Blau und paßten gut zu ihrem dunklen Haar und ihrer kleinen Gestalt. Mit leiser, weicher Stimme fragte sie ihn: „Wo ist Lady Marissa? Was hast du . . . mit ihr gemacht?" Es sah aus, als wolle sie wieder ohnmächtig werden, aber sie behielt die Kontrolle über sich und wiederholte ihre Fragen.

So behutsam wie möglich teilte er es ihr mit. „Die Leute, die euch überfallen haben, ließen dich als tot liegen, und ich vermute, sie haben Lady Marissa mitgenommen. Du wurdest auf den Kopf geschlagen und hast Blut verloren. Die beste Kur, die ich dir anbieten kann, ist, daß du deinen Kopf so ruhig wie möglich hältst und versuchst, wieder zu Kräften zu kommen, indem du etwas ißt." Mit einem Grinsen, das er für ein aufmunterndes Lächeln hielt, setzte er hinzu: „Ich habe Eintopf gekocht. Vom Besten ist er nicht, aber nahrhaft."

Sie richtete sich auf den Ellbogen hoch, zu schnell – hielt inne, führte eine Hand an den Kopf, die andere an ihren Magen und begann zu würgen. Es waren vor allem trockene Krämpfe, die bald wieder aufhörten. Mit Mühe schluckend, sagte sie: „Ich glaube, ich esse besser nichts."

„Laß dir Zeit, wenn du dich bewegst, dann wird dir nicht so schwindelig." Er hielt ihr den Eintopf hin. „Versuch ein bißchen. Es wird dir helfen." Er legte ihr den Arm um den Nacken und stützte ihren Kopf.

Nach zwei Löffeln fragte sie: „Was ist das? Es schmeckt scheußlich!"

Erleichtert stellte er fest, daß sie sich gut genug fühlte, um zu protestieren. „Das ist Eintopf.“ Aber da er wußte, ein wie schlechter Koch er war, ergänzte er: „Ich hatte nichts anderes als gepökeltes Rindfleisch und Fisch und hielt das für eine gute Kombination.“ Des Nährwertes wegen ließ sie sich noch ein paar Löffel einflößen. Chadris hatte warten wollen, doch seine Neugier war groß. Deshalb fragte er: „Warum seid ihr nur zu zweit durch die Kilghardberge gereist? Hier oben gibt es eine Menge Räuber.“

Sie faßte seine Frage als Herabsetzung ihrer Fähigkeiten auf und antwortete sarkastisch: „Du meinst wohl, zwei Frauen können ohne die Hilfe eines Mannes nicht für sich selbst sorgen?“ Mit fester, kräftiger Stimme erklärte sie: „Merke dir, daß ich eine Freie Amazone bin, eine lizenzierte Führerin und Leibwächterin. Ich bin durchaus imstande, für mich selbst zu sorgen.“

Chadris seufzte. „Das ist wohl der Grund dafür, daß ich dich verblutend in einer Schneewehe gefunden habe? *Jeder* kann hier oben überfallen werden, und deshalb tragen die meisten Leute Sorge, in möglichst großer Zahl zu reisen, damit die Räuber es sich zweimal überlegen. Warum habt ihr diese Straße genommen, und wer hat euch angegriffen? Ich möchte wissen, ob noch andere von dieser Bande in der Nähe lauern. Ein zweiter Überfall hätte uns gerade noch gefehlt.“

„Ich weiß nicht, warum wir überfallen wurden“, antwortete sie. „Die Männer nahmen sich nicht die Zeit, sich vorzustellen.“ Sie legte den Kopf auf die Seite und kniff die Augen zusammen. „Aber ich weiß ebensowenig, wer du bist und warum du mir geholfen hast.“

Mit überkreuzten Beinen vor ihr sitzend, gab er lächelnd zurück: „Mein Name ist Chadris, früher bei der Stadt-Garde von Thendara und augenblicklich Jäger für den Haushalt meiner Mutter in der Nähe von Braemore. Ich habe dir geholfen, weil ich dich fand und du noch am Leben warst. Ich will doch hoffen, daß du für mich das gleiche tun würdest. Und wie ist dein Name?“

Sie hob langsam, aber voll Stolz den Kopf. „Ich bin Elana

n'ha Mhari, lizenzierte Führerin und Leibwächterin vom Fendale-Haus. Ich war beauftragt, Lady Marissa Cuerva auf ihrer Rückreise zum Gut ihres Vater zu führen und zu beschützen."

Als der Name der Lady fiel, runzelte Chadris die Stirn, wollte etwas sagen und hielt nachdenklich inne. Er war Lady Marissa Cuerva einmal in Thendara begegnet – bei einem Straßenaufruhr. Sie war eine sehr stolze, arrogante Frau und hatte darauf bestanden, mitten durch die tobenden Haufen zu gehen, einfach weil sie nicht gewillt war, einen Umweg zu machen. Es war ihr gelungen – allein. Chadris verstand nicht, wie. Es war möglich, daß eine solche Frau sich entschlossen hatte, mit nur einer Führerin zu reisen, obwohl er ein großes Gefolge erwartet hätte. Auch hätte er nicht gedacht, daß sie in ihrem Comyn-Stolz Freie Amazonen als Leibwächterinnen akzeptiert hätte, doch das behielt er für sich. Seiner Schutzbefohlenen beinahe mutwillig zulächelnd, sagte er: „Wenn du wieder zu Kräften kommen willst, mußt du den Eintopf aufessen, ganz gleich, was du davon hältst."

Sie sah mißtrauisch zu ihm hoch. „Hast du schon davon gegessen?"

„Natürlich. Das ist eine meiner gelungeneren Schöpfungen."

Sie stöhnte, aß jedoch weiter. Diesmal würgte sie nicht einmal. Als sie fertig war, legte sie sich zum Schlafen hin. Er gab ihr seinen Rucksack als Kissen, lehnte sich an einen Baum und hielt die ganze lange Nacht hindurch Wache.

Am nächsten Morgen hatte sich ihr Zustand sehr gebessert; die Kopfwunde konnte nicht so schlimm sein, wie er ursprünglich gefürchtet hatte. Elana ging mühelos umher und aß mit Appetit ein Frühstück aus gebratenem Fisch. Chadris betrachtete sie eine Weile, bevor er fragte: „Willst du die Entführung zuerst deinem Gildenhaus oder auf dem Cuerva-Gut melden?"

Sie blickte verblüfft auf. „Weder noch. Ich beabsichtige, die Lady zu befreien und meinen Arbeitsvertrag zu erfüllen."

„Was?" Er konnte nicht glauben, daß es ihr Ernst war. Die Amazonen lehrten praktisches Denken – eine einzige Person zieht nicht gegen wer weiß wie viele in den Kampf. „Nicht allein."

Sie sprach ganz ruhig. „Natürlich. Ich bin im Gildenhaus ausgebildet worden, jede Situation zu meistern. Wenn ich Leibwächterin bleiben will, muß ich meine Schutzbefohlene retten."

In dem Versuch, seine erste Reaktion zu erklären, meinte er: „Deine Beweggründe sind bewundernswert, aber du kannst es nicht allein tun. Du hast keine Vorräte, keine Waffen mehr, und du hast außer den fünf Männern, die euch überfielen, noch alle anderen gegen dich, die sich in ihrem Versteck befinden mögen." Chadris spürte, daß er keinen Eindruck gemacht hatte, und fuhr fort: „Welche Erfahrung hast im Fährtenlesen? Jemanden durch diesen Wald zu verfolgen, kann täuschend leicht sein, aber ich habe schon erlebt, daß gute Fährtensucher ihre Beute in diesen Bergen verloren haben." Er machte sich daran, es genauer zu erklären. „Hier gibt es einen Überfluß an Wild. Es kann viele falsche Spuren hinterlassen, die im Zickzack die Spur kreuzen, die du verfolgst, und es geschieht nur zu oft, daß man einer dieser falschen Fährten folgt und die richtige verläßt."

„Ich bin eine Amazone, ausgebildet vom Fendale-Haus und von Fionella, der Meisterführerin."

„Ich habe nicht gefragt, wer dich ausgebildet hat, obwohl Fionellas Fähigkeiten wohlbekannt sind. Ich fragte, welche Erfahrung du hast." *Aldones, sie ist noch so jung und, was schlimmer ist, erst seit kurzem in der Gilde. Ich würde keine Ruhe mehr finden, wenn ich mich zuvor nicht überzeugt hätte, daß sie zurechtkommt.* Laut sagte er zu ihr und bemühte sich dabei, so vernünftig wie möglich zu sprechen: „Es ist ein großer Unterschied zwischen Ausbildung und Praxis. Wie viele Aufträge hast du schon ausgeführt?"

„Verschiedene." Sie gab sich Mühe, Überzeugung in ihren Blick zu legen, vermied es jedoch, ihn direkt anzusehen. „Ich weiß, was ich tue."

Ihr Widerstreben, ihn anzusehen, überzeugte ihn, daß sie ihm auswich. „Wie viele?"

„Drei. Ich war Fionellas beste Schülerin."

„Das warst du bestimmt", beschwichtigte er sie. „Andernfalls hätte Fendale dir nicht erlaubt, den Auftrag als einzige Führerin und Leibwächterin zu übernehmen. Die Gilde urteilt nach strengeren Maßstäben als die Leute, die die Lizenzen vergeben." Er überlegte, wie er seine Gefühle ausdrücken sollte, ohne das alte Klischee zu zitieren: *Überlebe den Schneesturm, nur um zum Fraß des Banshees zu werden.* Schließlich sagte er: „Das Problem ist, daß eine einzelne Person, ganz gleich, wie kompetent sie ist, keine guten Chancen hat, das Versteck und die Lady zu finden und dann mit ihr wieder hinauszugelangen. Du bist verletzt worden. Eine Gehirnerschütterung kann vorübergehend dein Gleichgewichts- und Zeitgefühl durcheinander bringen, was für dich den Tod bedeuten mag. Wirst du jetzt bitte Hilfe holen?"

Sie saß auf dem Boden und betrachtete eine kleine Kröte, die in ihr Gesichtsfeld gekrochen war. Sie ließ sich Zeit mit der Antwort. „Ich habe keine Wahl. Wenn ich Hilfe hole, verliere ich die Fährte. Außerdem habe ich erklärt, ich könne es allein schaffen. Ich habe meinen zukünftigen Ruf von meiner Fähigkeit, die Lady zu bewachen, abhängig gemacht. Ich muß gehen."

Seufzend strich er sich das rotbraune Haar aus den Augen. Er fühlte sich immer noch irgendwie verantwortlich. „Hättest du gern einen Gefährten, wenigstens für einen Teil des Weges? Meine Absicht war, im tiefen Wald zu jagen, und die eine Richtung ist so gut wie die andere."

„Das ist meine Aufgabe, nicht deine!" Sie bemerkte die entschlossene Linie seines Kinns, die über der Brust gekreuzten Arme. Da lächelte sie und griff aus einem anderen Winkel an. „Wenn du mitkommen willst, mußt du akzeptieren, daß ich die Leitung habe. Alle Entscheidungen, was zu tun ist, fallen unter meine Verantwortung. Bist du einverstanden?"

„Natürlich."

Sie erschrak richtig. Die meisten Männer, die sie kannte, wären von ihrem Ton abgeschreckt worden. Schnell faßte sie sich wieder. „Dann sollten wir aufbrechen."

Während ihrer Unterredung hatte er das Lager aufgeräumt. Nicht einmal mehr die Überreste des Feuers waren zu erkennen. Nichts verriet ihre Anwesenheit als ein paar geknickte Grashalme, die sich schnell wieder aufrichten würden. Sie kehrten auf die Hauptstraße zurück, wo er sie gefunden hatte, und folgten der Fährte der Entführer. Fast ein voller Tag war vergangen, aber glücklicherweise waren die Räuber ungeschickt und sorglos gewesen. Es war ganz deutlich zu sehen, wo sie vorübergekommen waren. Elana ging voraus, und bis Mittag hatten sie ein gutes Stück zurückgelegt. Bisher war die Fährte nicht von der Hauptstraße abgewichen. Es hatte den Anschein, als hätten sich die Räuber trotz der beiden erbeuteten Pferde Zeit gelassen. Vielleicht hielten sie Lady Marissas wegen ein langsames Tempo bei. Chadris schlug eine Mittagsrast vor und wurde von Elana zurechtgewiesen. Sie, so erklärte sie kalt, sei nicht so verweichlicht. Eine Stunde später wirkte sie sehr blaß und war ein bißchen wackelig auf den Beinen.

Chadris setzte sich auf einen Baumstamm, öffnete seinen Rucksack und holte Trockenfleisch und Reisebrot heraus. „Du kannst weitergehen, wenn du willst. Was mich betrifft, ich bin müde und hungrig. Ich tue keinen Schritt, bis ich etwas gegessen habe." Er hoffte, sie werde ebenfalls haltmachen; sie sah aus, als habe sie es nötig.

Elana geriet in Versuchung, aber sie wandte sich ab und marschierte weiter. Jede ihrer Bewegungen drückte Stolz aus. Ein paar Meter weiter stolperte sie über eine Wurzel und fiel der Länge nach hin. Chadris war bei ihr, noch bevor sie am Boden lag.

„Willst du bitte aufhören, stur zu sein, und statt dessen auf dich achtgeben? Mach nur so weiter, dann muß ich dich aus dem Wald hinaustragen, und ich bin sicher, daß das deiner Würde mehr Schaden täte als eine Pause." Sie stützend, führte er sie zu dem Baumstamm, auf dem er gesessen hatte. „Glaubst du im Ernst, weil du eine Freie Amazone bist, hast du aufgehört, menschlich zu sein und menschliche Schwächen zu haben? Die Gilde gibt dir nur eine gute Erziehung, einen Beruf und das Recht, über dein Schicksal selbst zu entscheiden." Er unterbrach sich, dann setzte er nachdenklich hinzu: „Natürlich habe ich kein Recht, dich anzuschreien. Es regt mich nur auf, wenn ich eine Verschwendung von Intelligenz und Leben sehe. Ich meine nicht, daß du nicht stolz darauf sein sollst, eine Amazone zu sein. Das ist jede Unze von Stolz wert, die du besitzt." Er lächelte freundlich. „Aber sogar Hastur und Cassilda mußten sich hin und wieder ausruhen. Die Weisheit liegt darin, das zu wissen und zu akzeptieren. Wirst du dich jetzt bitte hinsetzen und etwas essen? Schließlich mußt du für die Verfolgung in guter Verfassung sein."

Sein Benehmen verwirrte sie, doch sie setzte sich und nahm Essen an. „Ich verstehe dich nicht. Du verhältst dich nicht wie die Männer, die ich bisher kennengelernt habe." Sie verwandte viel Zeit darauf, das Essen zu kauen. Gelegentlich sah sie zu ihm hinüber, die Stirn leicht gekraust. Schließlich sagte sie: „Ich habe noch nie einen Mann gekannt, der an mir als Mensch Anteil genommen hätte. Für meinen Vater waren Frauen dazu da, ständig schwanger zu sein. Meine Mutter verbrachte ihr ganzes Leben als Erwachsene mit Schwangerschaften, bis sie im Wochenbett starb. Und das alles, damit mein Vater fünf Söhne und eine Tochter bekam, über die er herrschen konnte. Und für meine Brüder war sein Wille Gesetz." Ihre Stimme klang traurig und bitter. „Als ich alt genug zum Heiraten war, fand jeder von ihnen einen Freier für mich. Oh, sie alle hatten besondere Qualifikationen, jeder von ihnen konnte dem Ehrgeiz des einen oder anderen meiner Brüder Vorschub leisten. Aber der eine, auf den sich alle fünf schließlich einigten, war fett, kahl und siebzig Jahre alt." Sie schüttelte sich bei der Erinnerung daran. „Er betatschte mich bei jeder Gelegenheit mit seinen alten, aufgedunsenen weißen Händen. Und meine Brüder . . ." – das Sprechen bereitete ihr Schwierigkeiten – „. . . meine Brüder *ermutigten* ihn. Nur weil er Land und keine Erben hatte. Deshalb sollte ich ihm ins Bett gelegt werden!" Ihre Stimme war dicht davor zu brechen. „Ich liebte sie. Ich vertraute ihnen." Sie hielt inne, bezwang den alten Schmerz und beruhigte sich wieder.

Mit festerer Stimme fuhr sie fort: „Ich lernte keinerlei Selbstachtung, bis ich mich den Freien Amazonen im Ferndale-Gildenhaus anschloß. Dort lernte ich die Selbstverteidigung, und ich entdeckte, daß ich ein natürliches Talent für das Fährtenlesen habe. Meine eigenen Fähigkeiten gaben mir Wert. Das bedeutet mir sehr viel.“ Sie sah ihn an, den Kopf zur Seite gelegt. „Du scheinst ähnlich wie die Amazonen zu denken, was für einen Mann doch ungewöhnlich ist. Warum bist du so?“

Chadris zuckte lediglich leicht die Schultern. „Ich bin so, weil meine Familie an die Wichtigkeit des Individuums glaubt. Meine Eltern meinten, wir müßten unsere Stärken und Schwächen kennenlernen und die gegenseitigen Unterschiede respektieren. Wir wohnten in der Nähe des Braemore-Gildenhauses und teilten unser Land mit den Amazonen. Mein Vater wollte uns so viel an Ausbildung wie möglich mitgeben. Im Austausch für die Benutzung des Landes lehrten die Amazonen uns das Lesen und Schreiben und sogar etwas über den Gebrauch von Medizinen.“

Elana hörte ihm mit großen Augen zu. In Anbetracht ihrer eigenen Vergangenheit, dachte Chadris, mußte ihr das, was er sagte, unglaublich vorkommen. Er lachte leise. „Ich habe vier Schwestern, deshalb war es gar nicht so merkwürdig, daß die Amazonen halfen, uns Kinder zu erziehen. Du hast doch selbst gesagt, eins der Ziele der Gilde ist es, Frauen ein Gefühl für ihren individuellen Wert beizubringen. Was mich betrifft, so lehrte mich meine Tante Sybil n'ha Linnea das Jagen. Sie ist die Schwester meiner Mutter und lizenzierte Führerin. Meine Schwester Carla wurde ebenfalls Amazone; sie wählte die Medizin als ihren Lebensberuf.“ Er musterte sie. „Die anderen Mädchen sind romantischer und konventioneller veranlagt, aber wehe dem Mann, der bei einer von ihnen unerwünschte Annäherungsversuche macht!“

„Aber dein Vater – erhebt er keine Einwände gegen deine Schwester und ihre Amazonen-Prinzipien?“ Sie wirkte verwirrt, als habe sie ihn nur halb verstanden. Dann riß sie sich zusammen und beantwortete ihre Frage selbst. „Nein, er erhebt keine Einwände, ebensowenig wie du. Das ist für mich etwas ganz Neues.“ Sie blickte zur Sonne hoch. „Wir sollten weitergehen, solange wir noch etwas Licht haben. Wer weiß, wie lange dies gute Wetter andauert! Wenn es umschlägt, könnten wir die Fährte verlieren." Sie stand auf, lächelte und bot ihm an, den Rucksack für eine Weile zu tragen. Sie wanderten bis zum Dunkelwerden weiter.

Zwei Tage vergingen ohne besondere Ereignisse. Auf den Spuren der Entführer stiegen sie höher in die Kilghardberge hinauf. Am Nachmittag des vierten Tages endete die Fährte in einem großen Durcheinander. In mehrere Richtungen führten Abzweigungen weiter. Das war die Probe auf echte Geschicklichkeit im Fährtenlesen! Chadris stützte sich auf seinen Bogen und wartete schweigend auf Elanas Entscheidung. Sie kniete nieder und untersuchte den Boden. Endlich richtete sie sich auf und wies auf den deutlicher eingetretenen Pfad zur Rechten. Es gab dort keine richtigen Abdrücke; sie mußte zu dem Schluß gekommen sein, daß nur ihre schwerfüßigen Freunde den Boden so stark zertrampelt haben konnten. Elana setzte sich wieder an die Spitze. Chadris zuckte die Schultern und folgte ihr. Vielleicht eine halbe Stunde lang schlugen sie sich durch das beschädigte Buschwerk, bis sie an eine freie, von schmelzendem Schnee aufgeweichte Stelle kamen. Die gespaltenen Hufabdrücke von Hirschen waren deutlich zu erkennen. Elanas Gesicht wurde scharlachrot. Sie waren weder Männern noch Pferden gefolgt! Sie schielte zu Chadris hin. Sein Versuch, keine Miene zu verziehen, scheiterte; seine Augen funkelten, und er mußte die Mundwinkel mit Gewalt unten halten. Elana wollte seiner Fröhlichkeit wegen beleidigt tun und schaffte es nicht. Sie brach in Lachen aus, und er stimmte ein. „Wenigstens könnte ich dir bei deiner Jagd helfen", kicherte sie. Dann stellte sie mit leichtem Stirnrunzeln fest: „Du hast die ganze Zeit gewußt, daß wir Hirschen gefolgt sind. Das Unterholz sah überall gleich aus. Was hat es dir verraten?"

Chadris grinste. „Zweierlei. Erstens habe ich schon Hirsche gejagt, und ein typisches Merkmal auf ihrem Weg ist, daß ihre Geweihspitzen sich hoch über dem Boden freie Bahn schaffen..." Er zeigte mit der Hand auf die Zweige.

„Das sieht aus wie ein auf der Spitze stehendes Dreieck. Die Spuren von Männern mit Pferden sind genau das Gegenteil."

„Und der zweite Hinweis?"

„Das ist leichter", neckte er sie. Sie wartete auf den Rest und dachte nicht daran, so zu reagieren, wie sie es noch vor ein paar Tagen getan hätte. Chadris fuhr mit verlegenem Lächeln fort: „Ich bin auch einmal der falschen Fährte gefolgt. Besonders peinlich war es, weil Tante Sybil mich zum erstenmal eine Jagdgesellschaft hatte anführen lassen. Einen halben Tag lang folgte ich einer anderen Gruppe von Jägern statt den Hirschen – wir marschierten genau in ihr Lager hinein. Sybil ließ es zu, weil sie wußte, nur so würde ich es mir wirklich merken."

Das erweckte in Elana ein kameradschaftliches Gefühl. Sie sagte: „Nachdem ich nun *meine* Lektion erhalten habe, laß uns die Stelle suchen, wo ich in die Irre gegangen bin."

Auf dem gleichen Weg zurückgehend, fanden sie die richtige Fährte. Bei Dunkelwerden konnten sie den Rauch von Kochfeuern riechen; die Festung mußte in der Nähe sein. Statt in das Lager ihrer Beute hineinzustolpern, verbrachten sie die Nacht im Schutz eines Hangs. Es war zu kalt zum Schlafen; Elana erzählte Chadris von ihrer Heimat in den Bergen und wie sie mit ihren Brüdern für die Ställe des dortigen Lords Falkennester ausgenommen habe. Chadris sprach über die Zeit in der Stadtgarde von Thendara und meinte, er ziehe die reine Luft von Braemore und der Kilghardberge bei weitem vor.

Die Vögel weckten sie. Es war ein feuchter Morgen. Durch die Bäume schimmerte eine alte Steinfestung. Die Außenmauern waren an verschiedenen Stellen schon vor Jahrhunderten eingestürzt. Pflanzen, sogar zwei oder drei Bäume, hatten in dem Bauschutt Wurzeln geschlagen. Geröll blockierte das Eingangstor. Es gab ein Seitentor, das noch in Ordnung war und, wie es aussah, viel benutzt wurde. Ein Wachposten lehnte dösend an der Wand, schläfrig von der langen Nacht. Chadris und Elana umkreisten das Gebäude zweimal und hielten nach einem ungefährlicheren Zugang als dem Tor Ausschau. In gegenseitigem Einverständnis kletterten sie auf den Trümmerhaufen, der am weitesten von dem Seitentor entfernt war, und bezogen Posten in einem Baum. Der Baum erhob sich absurderweise auf einer früheren Brustwehr. Den Tag über zählten sie nicht mehr als zehn Männer, die über den Hof gingen. Doch was ihre Aufmerksamkeit fesselte, war das eindrucksvolle Gebäude selbst. Bestimmt hatte es einmal einem Domänen-Lord gehört. Es hätte mehr als hundert Kämpfer und den Großteil ihrer Familien beherbergen können. Aus unerfindlichen Gründen war es vor langer Zeit aufgegeben worden. Spuren auf den Außenmauern zeigten, daß es wenigstens einmal von Feuer bedroht gewesen war.

In dieser isolierten Gegend würden wahrscheinlich nicht mehr als zwanzig Gesetzlose gleichzeitig hier wohnen. Elana und Chadris wunderten sich über die Männer: Von Disziplin schienen sie nicht viel zu halten. Obwohl der Überfall gut organisiert gewesen war, hatten sie keinen Versuch gemacht, ihre Spuren zu verwischen. (Natürlich hatten sie die einzige Person, die sie ihrer Meinung nach hätte verfolgen können, für tot gehalten.) Aber auch hier in ihrer Festung stand nur ein Mann am Tor Wache, und der Hof wirkte höchst unmilitärisch. Entlang einer Mauer war Stallmist aufgehäuft, dem man Küchenabfälle hinzugefügt hatte. Nur das kalte Klima verhinderte, daß eine Pesthöhle daraus wurde. Bei einer so laschen Moral mochte es leicht sein hereinzukommen, obwohl die Flucht mit Marissa nicht leicht sein würde.

In der Dämmerung wagten sie sich über den Hof, die widerlichsten Stellen umgehend. Glücklicherweise waren keine Räuber in Sicht. Als sie einen langen, durchgehenden Riß in der Mauer erreichten, übernahm Elana die Führung. Bei ihrer Erfahrung im Bergsteigen fand sie leichter als Chadris Halt für Hände und Füße. Nach einer Zeit, die ihm wie eine Ewigkeit vorkam, kletterten sie vierzig Fuß über dem Boden durch ein tiefes Fenster in einen unbenutzten Raum. Staub von Jahrzehnten der Vernachlässigung erweckte in ihnen den Wunsch, wieder in der reinen Waldluft zu sein. Die Tür des Zimmers stand halb offen. Sie betraten einen dunklen Korridor. Elana ging voran. Sie ließ eine Hand über die Wand und die Füße über den

Boden gleiten, um ja nicht über ein Hindernis zu stolpern. Obwohl sie sich hoch oben in der Festung befanden, war es eher, als erforschten sie eine Höhle. Dreißig Schritte, dann eine Biegung nach links, fünfzehn Schritte und eine offene Tür, und dann fanden sie an der nächsten Biegung eine unbenutzte Treppe. Elana wäre beinahe hinuntergefallen, als ihre rechte Hand plötzlich ins Leere griff. Chadris faßte schnell nach ihr und hielt sie fest.

„Danke, ich habe hier nicht mit einer Treppe gerechnet. Steigen wir sie hinab." Vorsichtig schlichen sie die enge Treppe hinunter und kamen an eine geschlossene Tür. Es bedurfte der Kräfte von beiden, um sie zu öffnen, und das dann ertönende Scharren hallte ihnen donnernd in den Ohren, obwohl es kaum lauter als ein Flüstern war. Sie hatten jetzt die bewohnten Teile der Festung erreicht und stahlen sich den Flur hinunter. Jeder Atemzug kam ihnen laut vor. Sie hörten Stimmen undeutlich aus einem Torbogen an einem Ende dringen – eine davon gehörte einer Frau. Auf die Stimmen zuhaltend, gelangten sie durch den Torbogen auf einen alten Balkon, der auf die einstige Bankethalle hinausging.

Es war ein herrlicher Raum. In früherer Zeit wäre er gut genug für einen Hastur gewesen. Große Gobelins hingen von den Wänden, so alt, daß darauf nur schattenhafte Gestalten zu erkennen waren. Der Fußboden bestand aus poliertem blauem Stein, und in der Mitte erhob sich eine lange Tafel aus versteinertem Holz. Daran stand ein großer geschnitzter Holzsessel, praktisch ein Thron, und auf dem Sessel saß ein großer, muskulöser Mann, der sogar zu dieser Jahreszeit sonnenbraun war. Er war in grelle Farben gekleidet, Kupferketten hingen um seinen Hals, Edelsteine blitzten an seinen Händen. Sein glänzendes schwarzes Haar und sein kurzer Bart verstärkten den schurkenhaften Eindruck. Er aß von einem Fleischteller, nahm jedes Stück mit den Fingern auf und ließ das Fett über die Arme bis zu den Ellenbogen laufen. Neben ihm saß Lady Marissa, deren Hände so rot wie ihr wirres Haar waren. Sie beschwerte sich: „Noch nie habe ich etwas so Widerwärtiges wie Kochen und Geschirrspülen tun müssen! Ich habe dich geheiratet, weil ich keine Babyfabrik wie meine langweiligen Verwandten werden wollte, nicht um deine Dienerin zu sein. Corwin, du bist vielleicht ein hinreißender Liebhaber, aber ich bin eine *Comynara,* und ich *verlange,* daß du mir Dienstboten gibst, wie es sich für meine Stellung schickt!"

Er hob den Kopf, nahm einen Schluck Wein, wischte sich den Mund am Ärmel ab und rülpste in ihre Richtung. Er musterte sie mit Verachtung. „Weib, meine Mutter war imstande, ohne jede Hilfe Geschirr zu spülen, Fußböden zu scheuern, zu nähen, zu kochen und Kinder großzuziehen, und geschadet hat ihr das nicht. Behauptest du, etwas Besseres zu sein als sie? Überlege dir deine Antwort gut; meine Mutter war eine Heilige."

Sie sah ihn an, schwieg eine Weile, und mit verschmitzter, süßer Stimme antwortete sie: „Ich habe deine Mutter nie kennengelernt, deshalb kann ich es nicht sagen." Und dann, als sei es ihr eben erst eingefallen: „Wie alt war sie, als sie starb?"

„Vierzig." Er runzelte verwirrt die Stirn.

„Sie hätte noch viele Jahre leben können, wenn sie die Hilfe von Dienstboten gehabt hätte. Du willst doch nicht, daß ich jung sterbe, vor meiner Zeit verbraucht?"

Sich wieder seinem Teller widmend, grunzte er: „Wenn du sieben Kinder hast, werde ich dir eine Dienerin geben. Bis dahin, lerne. Du kannst mit dem Geschirr hier anfangen. Beklage dich, und ich lasse dich die Ställe ausmisten." Er blickte auf und befahl: *„Sofort,* Weib!"

Sie stand verdrossen auf und verließ den Raum mit leeren Händen. Corwin stützte einen Ellenbogen auf den Tisch und fluchte. Sie kam zurück und sammelte mit hochmütigem Gehabe das Geschirr ein. „Corwin, ich werde das Geschirr spülen, nicht deiner Bemerkungen wegen, sondern weil ich mich weigere, von schmutzigen Tellern zu essen." Sie drehte sich um und schlenderte hinaus. Brummend trug Corwin seine Weinflasche an eine Stelle unter dem Balkon, wo Hitze und flackernder Feuerschein aus einem gewaltigen Kamin kamen.

Chadris deutete durch eine Geste an, sie sollten sich auf den Flur zurückziehen. Eine im Flüsterton abgehaltene Konferenz brachte sie zu dem Schluß, es sei eine Unterredung mit der

Lady notwendig. Chadris bezweifelte, daß sie gerettet werden mußte. Sie mochte nicht verhätschelt werden, aber wahrscheinlich ging es ihr nicht schlechter als vielen anderen Damen der Domänen oder auch den Freien Amazonen. Elana blieb jedoch hart. Marissa mußten Flucht und Freiheit angeboten werden.

Endlich führte ihre Suche sie zu einer Zimmerflucht, die für den Lord und die Lady dieses Haushalts bestimmt und besser instandgehalten war, als alles andere, was sie bisher gesehen hatten. Einer der drei Räume mußte Marissa gehören, und mit etwas Glück konnten sie dort allein mit ihr sprechen. Vor den Fenstern lag ein von Unkraut erstickter Innenhof, wo noch nach Jahrzehnten der Vernachlässigung Blumen blühten. Von dort wand sich eine Privattreppe zu dem inneren Zimmer der Suite hoch. Die Schnitzereien der Tür stellten Blumen und die Gestalten von Hastur, Cassilda und Camilla dar. Sogar Wände und Fußboden zeigten künstlerische Mosaiken. An einer Innenwand befand sich eine große Feuerstelle, deren Glut jetzt belegt war. Hinter dieser Wand lag das Schlafzimmer des Lords. Es enthielt einige der ursprünglichen Möbel, darunter auch ein eingebautes Bett, das in die Rückwand des Kamins hineinragte. Chadris grinste. *Diese alten Lords waren gar nicht dumm. Wie gemütlich in einer Winternacht, vor allem mit einer Menge Bettpartnerinnen!* Das Zimmer enthielt nichts, was Lady Marissa gehören konnte, auch wenn sie hier schlafen mochte. In dem anstoßenden Zimmer fanden sie Toilettenartikel, die Elana als die erkannte, die Marissa unterwegs benutzt hatte, außerdem andere Gegenstände für den Gebrauch einer Dame, die die Räuber wahrscheinlich Reisenden gestohlen hatten. Elana und Chadris wählten sich unauffällige Ecken als Versteck. Sie wollten nicht, daß Marissa zu schreien begann oder, noch schlimmer, daß Corwin sie entdeckte.

Vielleicht zwei Stunden lang hockten sie verkrampft in ihren Verstecken, bevor Marissa auftauchte, naß und schmutzig. Die Kunst des Geschirrspülens beherrschte sie noch lange nicht. Sie zog ihr Kleid aus und wollte den Rest folgen lassen, als Elana vortrat.

Mit beruhigender Stimme sagte sie: „Lady, ich bin es, Elana. Eure Führerin. Ich bin gekommen, Euch nach Hause zu bringen."

Marissa drehte sich der Stimme zu und fragte: „Du? Was kannst du für mich tun?" Dann runzelte sie die Stirn und musterte Elana. „Wie hast du mich gefunden? Ich dachte, wir hätten dich tot liegengelassen!"

„Ich bin wieder zu mir gekommen und Euch nach hier gefolgt. Mein Arbeitsvertrag lautet, daß ich Euch auf das Gut Eures Vaters bringen soll. Es war meine Pflicht, Euch vor Euren Entführern zu beschützen."

„Vor meinen Entführern?" Lady Marissa amüsierte sich köstlich. „Ihr Freien Amazonen seid unglaublich!"

„Was meint Ihr, meine Lady?"

In süßem Ton erklärte Marissa: „Alles, was ich für diese Aufgabe wollte, war eine unfähige Person, mit der man leicht fertig werden würde. Ich nahm an, eine Freie Amazone sei genau richtig. Ich wußte, mein Vater würde nie erlauben, daß ich eine Freipartner-Ehe mit Corwin einging. Deshalb mußte die Sache organisiert werden." Sie schien das Interesse an der Anwesenheit des Mädchens zu verlieren und fuhr wie im Selbstgespräch fort: „Na ja, du warst ein härterer Brokken, als ich gedacht hatte. Ich mußte dich sogar eigenhändig niederschlagen." Sie blickte ringsum. „Natürlich habe ich mehr erwartet als diese Festung. Sie erfordert einen angemessenen Stab an Personal." Ein listiger Ausdruck huschte über ihr Gesicht. Sie wandte sich der Tür zu. „Aber ein gutes Dienstmädchen wäre eine Verbesserung." Sie holte Luft, um nach den Männern zu rufen, aber Chadris war ihrem Gedankengang schneller gefolgt als Elana und stopfte ihr einen Knebel in den Mund, bevor sie einen Ton von sich geben konnte.

„Schau nach, ob du etwas findest, womit wir sie fesseln können. Wenn sie ihren Willen durchsetzt, kommt keiner von uns mehr hier weg!"

Sie bewegten sich schnell; die Zeit war jetzt ihr Feind. Marissa ließen sie gebunden und geknebelt an einer nicht sofort einzusehenden Stelle auf dem Fußboden liegen. Corwin würde bald genug erscheinen, und sie hatten keine Lust, ihm zu begegnen.

Diesmal fanden sie zu Chadris' Erleichterung ein niedrigeres Fenster zum Hinaussteigen. Nach den Wachen Ausschau haltend und jede Minute eine Entdeckung fürchtend, zogen sie sich zu dem Baum zurück, wo Chadris seinen Rucksack und seinen Bogen an sich nahm. Dann stiegen sie den nächsten Hügel hinauf.

Die Morgendämmerung fand sie mehrere Meilen entfernt, angeschlagen, müde und glücklich. Ein grünes Tal lag vor ihnen, und die Frühlingsblätter funkelten im ersten Licht. Chadris blickte über das Tal hin, reckte sich und seufzte. „Von hier finde ich den Weg nach Candermay. Du kannst eine der Hauptstraßen durch diese Berge nehmen. Willst du ins Ferndale-Gildenhaus zurückkehren, jetzt, wo du deine Verpflichtung ihr gegenüber erfüllt hast?"

„Nein, zuerst muß ich das Cuerva-Gut aufsuchen und ihrem Vater Bericht erstatten. Das wird nicht angenehm sein, aber es ist die einzige Möglichkeit, wie ich mir meinen guten Ruf bewahren kann. Und was ist mit dir? Willst du dich wieder auf die Jagd begeben?"

„Ich bin nur einer von vielen Jägern. Ich dachte, vielleicht besteht ein größerer Bedarf an einem Paar von Führern." Ernst und fragend sah er sie an.

Sie war überrascht; noch nie war ihr eine solche Möglichkeit in den Sinn gekommen. „Ich weiß nicht. Du hast ganz andere Eigenschaften als die, die ich bei einem Mann zu finden erwartete. Jetzt verstehe ich, was Fionella meinte, als sie mir sagte, nicht alle Menschen paßten in die Kategorien, die ich ihnen zugeordnet hätte. Du paßt nicht. Und Marissa ist zwar eine Frau, aber *nicht* meine Schwester. Es wird mir schwerfallen, meine Vorurteile abzulegen, auch einige über meine eigene Person." Sie bedachte sich selbst mit einem geringschätzigen Lachen. „Ich habe noch einen langen Weg vor mir, bis ich mit jemand anders zusammenarbeiten kann. Vorerst muß ich allein gehen." Mit freundlichem Lächeln setzte sie hinzu: „Vielleicht treffen wir uns in einem anderen Jahr wieder. Wer weiß?"

Chadris nickte zustimmend. „Laß uns wenigstens bis Candermay zusammen reisen." Aus seinen Augen blitzte der Schalk. „Ich beabsichtige, eines Tages das Bergsteigen zu lernen, und dann werde ich eine gute Lehrerin brauchen."

Elisabeth Waters, die erste Autorin von „Des Bewahrers Preis", lernte ich durch die Religion kennen.

Eine meiner besten Freundinnen, die als Fan begann, von dieser Ebene schnell zu enger persönlicher Freundschaft aufstieg und später eigene Arbeiten schrieb und verkaufte, ist Jacqueline Lichtenberg, von der sich anderswo in dieser Anthologie eine Geschichte befindet. Bei verschiedenen Gelegenheiten hatte ich, wenn ich New York besuchte, bei Jacqueline und ihrer Familie gewohnt. Doch Jacqueline ist eine streng orthodoxe Jüdin, und der Gedanke, einen Sabbath in ihrer Wohnung zu verbringen, machte mich nervös, nicht eines Vorurteils wegen – ich wäre außerordentlich interessiert gewesen, das einmal zu sehen –, aber aus Angst, einen schrecklichen Bock zu schießen oder irgend etwas zu tun, das gegen die strengen Gesetze ihres Glaubens verstieß und ihre Familie beleidigte. Jacqueline, davon war ich überzeugt, würde Fehler meiner Unwissenheit zuschreiben, aber ich zögerte, ihre Familie in Verlegenheit zu bringen.

Und so lud mich eine Freundin von Jacqueline, die ich kurz und zufällig bei einer nachmittäglichen Zusammenkunft in Jacquelines Wohnung kennengelernt hatte, für das Wochenende ein. Sie war mit mir einer Meinung, daß es ein erworbener Geschmack ist, den Sabbath in einem koscheren Heim zu verbringen, und machte mir die Sache noch zusätzlich schmackhaft mit dem Vorschlag, das schöne Hudson-River-Land nach Peekskill hinaufzufahren und an der Vesper in dem Nonnenkloster teilzunehmen, in dem Lisa Waters außerordentliches Mitglied ist.

An diesem Wochenende erwähnte Lisa, sie sei fasziniert von der kurz erwähnten Hilary Castamir, der gescheiterten Bewahrerin in Der Verbotene Turm, *und habe eine Kurzgeschichte über sie geschrieben. Zufällig hatte auch ich eine Geschichte über Hilary geschrieben, und wir vereinbarten, sie auszutauschen.*

„Des Bewahrers Preis" beeindruckte mich sehr durch die gewaltige, rohe Kraft; Lisa war tatsächlich in die Haut der leidenden Hilary geschlüpft. Es gab Mängel, und manches, was Lisa über die Ausbildung von Bewahrerinnen nicht wußte, hätte der Geschichte meiner Meinung nach mehr Tiefgang gegeben. Deshalb ließ ich sie mit Lisas Erlaubnis durch meine Schreibmaschine laufen, fügte einige von diesen Dingen hinzu und machte sie ein bißchen zusammenhängender. Das Ergebnis, abgedruckt in Starstone, *erweckte riesiges Interesse an Hilary; wir erhielten verschiedene andere Erzählungen, die von ihrem späteren Leben, ihrer Liebe, ihrer Heirat und dergleichen handeln.*

Aber diese eine, in Zusammenarbeit mit meiner lieben Freundin (das ist sie jetzt) Lisa Waters geschrieben, ist die beste und mir die liebste.

Elisabeth Waters ist sechsundzwanzig Jahre alt, lebt in Stamford, Connecticut, und will den Master of Science in Computer- und Informationswissenschaft machen. In der Zwischenzeit hat sie eine Ganztagsstellung als Geschäftsführerin einer dortigen Firma. Und trotzdem bleibt ihr noch Zeit zum Schreiben – bei einem Terminplan, der sie in die gleiche Kategorie bringt wie die anderswo erwähnten „Jongleurinnen"; das College liegt im Streit mit kleinen Kindern und einem Haushalt, wenn es anfängt, Anforderungen zu stellen! Ich bin schon sehr gespannt darauf, was Lisa Waters auf kreativem Gebiet tun wird, sobald sie ihr Examen hinter sich hat.

Marion Zimmer Bradley & Elisabeth Waters

Der Preis des Bewahrers*

THE KEEPER'S PRICE

Der Schmerz hatte eingesetzt.

Hilary war sich seiner sogar im Schlaf bewußt, aber da sie wußte, daß ihr Körper noch mindestens zwei Stunden Ruhe brauchte, versuchte sie, ihn zu ignorieren. Nur ließ es sich das nagende Unbehagen tief in ihr nicht gefallen. Nach einer Stunde gab sie den nutzlosen Versuch auf, warf einen Morgenmantel über und schlich leise die Treppe zum Destillierraum hinunter, um sich eine Tasse Goldblumentee aufzugießen. Sie wußte aus Erfahrung, daß er die Krämpfe betäubte, zumindest ein wenig.

Außerdem mochte der Tee sie schläfrig machen, dachte sie, wieder ins Bett kriechend. Das sagten jedenfalls die anderen Frauen. Irgendwie funktionierte es bei Hilary nie auf diese Weise. Das Mittel machte nur ihre Arme lahm und ihren Kopf benommen. Das Zimmer kam ihr unerträglich warm vor, und alle Gegenstände darin wurden vor ihren Augen abwechselnd scharf und unscharf. Die Wirkung des Tees ließ viel zu schnell nach, und die heftigen Krämpfe wurden schlimmer, wanderten vom Unterleib zu ihrem Magen und zu ihrem Herzen, so daß Hilary sich beengt fühlte und nach Atem rang.

Sie brauchte natürlich nur zu rufen, und irgend jemand würde kommen. Doch in einem Turm voll von Telepathen würde Hilfe da sein, wenn sie sie unbedingt brauchte. Und sie wollte niemanden stören, solange sie es nicht mußte.

* Da auf Darkover gelegentlich auch Männer Bewahrer sind, wurde die beide Geschlechter umfassende Namensform gewählt, obwohl es in der Story selbst um eine Frau geht. (Anm. d. Hrsg.)

Schließlich, dachte sie resigniert, *passiert das alle vierzig Tage. Sie müßten mittlerweile daran gewöhnt sein. Das ist nur Hilary, die ihre übliche Krise durchmacht und wie gewöhnlich alle Welt stört.*

Am Abend zuvor hatte der Kreis Metalle gefördert, und alle waren spät und müde ins Bett gekommen. Besonders Leonie war erschöpft gewesen. Leonie von Arilinn war als junges Mädchen Bewahrerin geworden. Jetzt war sie eine alte Frau – wie alt, wußte Hilary nicht – und bildete Hilary und das neue Kind Callista Lanart dazu aus, ihr Amt zu übernehmen. Im letzten halben Jahr hatte Hilary schon an Leonies Seite gearbeitet und der älteren Frau etwas von der Bürde der grausamen Anstrengung abgenommen. Sie würde Leonie nicht aus dem Bett zerren, damit sie ihre Hand hielt. Sterben ließ man sie sicher nicht.

Vielleicht waren es diesen Monat nur die Krämpfe und die Schwäche; schließlich gab es keine Frau in Arilinn, die zu Beginn ihrer Periode keine Schwierigkeiten hatte. Das gehörte zu den Risiken der Arbeit. Vielleicht ging es diesmal wie bei den anderen Frauen vorbei, bevor die Krise eintrat, ohne daß ihre Kanäle auf qualvolle Art gereinigt werden mußten . . .

Aber sie durften nicht zu lange warten, sie durften nicht auf eine spontane Reinigung hoffen. Das letzte Mal hatte Leonie, weil sie ihr die schreckliche Folter ersparen wollte, zu lange gewartet, und Hilary war in Zuckungen verfallen. Das würde jedoch noch Stunden dauern, möglicherweise Tage. Sollte Leonie schlafen, solange sie dazu imstande war. Bis dahin konnte Hilary den Schmerz ertragen.

Hilary verehrte Leonie. Die ältere Frau war wie eine Mutter zu ihr gewesen, seit sie vor fünf Jahren nach Arilinn gekommen war, ein einsames, verängstigtes Kind von elf, um sich wie jedes Mädchen aus Comyn-Blut den Tests zu unterziehen. Dann kamen die Einsamkeit, das Warten, bis sie, als ihr weiblicher Zyklus einsetzte, mit der richtigen Ausbildung zur Bewahrerin beginnen konnte. Sie war stolz gewesen, dafür ausgewählt worden zu sein. Die meisten jungen Leute, die nach Arilinn kamen, wurden Überwacher, Mechaniker, sogar Techniker – aber sehr wenige besaßen das Talent und das Potential, um Bewahrerin zu werden, und dazu die Kraft, die lange und schwierige Ausbildung durchzuhalten. Und nun war Hilary diesem Ziel nahe, hatte es praktisch erreicht, abgesehen von einem. Jedesmal, wenn ihre Periode begann, hatte sie Schmerzen, diese Krämpfe, die sich schnell zur Qual und manchmal zur Krise und zu Zuckungen steigerten.

Hilary wußte natürlich, warum. Wie alle Matrix-Arbeiter hatte sie ihre Ausbildung als Überwacherin begonnen und die Anatomie der Nervenkanäle studiert, die das *Laran* tragen – und unglücklicherweise auch die sexuellen Energien. Hilary hatte von dem Zeitpunkt an, als sie ihre Zustimmung zur Ausbildung als Bewahrerin gab, gewußt, daß sie des Bewahrers Preis bezahlen mußte. Für sie gab es keine normale Sexualität, und sie hatte mit dreizehn das feierliche Gelübde ständiger Keuschheit abgelegt.

Man hatte sie mit komplizierten und manchmal furchterregenden Methoden gelehrt, in sich auch die leiseste sexuelle Erregung zu vermeiden, damit die unteren Nervenzentren völlig klar und rein blieben und die Kanäle zwischen den Zentren unbenutzt.

Nur waren die Kanäle manchmal zu dieser Zeit *nicht* rein, und das gab ihnen allen Rätsel auf. Hilary lebte unter Leonies unmittelbarer Aufsicht und holte kaum Atem, ohne daß Leonie es wußte. Deshalb gab es keine Zweifel an ihrer Keuschheit. Es mußte irgend etwas anderes sein, vielleicht eine unvermutete Schwäche in den Nervenzentren.

Allein der Wunsch, Leonie nicht zu enttäuschen, ließ Hilary die Schmerzen jeden Mond durchstehen und danach die Arbeit in den Schirmen wiederaufnehmen. Sie konnte die Bürde nicht allein auf Leonies Schultern liegen lassen, nicht, wenn sie selbst dem Ziel so nahe war. Leonie hatte ihr bereits einen Teil der Aufgaben übertragen, die eine Bewahrerin im Mittelpunkt des Kreises erfüllt, und bei Hilary war es keine Eitelkeit, wenn sie sich für fähig und stark hielt. Sie war imstande, die vereinigten Energien eines Kreises bis zur vierten Ebene zu handhaben, ohne sich zu sehr zu verausgaben. Jetzt würde Leonie bald zumindest von einem Teil der Last frei sein.

Die kleine Callista zeigte ein vielversprechendes Talent, aber sie war noch ein Kind. Erst in einem Jahr konnte sie ernsthaft mit der Ausbildung beginnen, obwohl sie bereits das Leben einer sorgfältig überwachten Bewahrerin führte und man ihr erlaubt hatte, vorläufige Gelübde abzulegen. Es würde noch Jahre dauern, bis sie alt genug war, einen Teil der eigentlichen Arbeit zu übernehmen. Es gab so viel Arbeit zu tun, und so wenige, die sie tun konnten! Arilinn war darin keine Ausnahme; jeder Turm in den Domänen war knapp an Personal.

Die letzten Wirkungen des Tees hatten sich verflüchtigt. Draußen vor dem Fenster ging die Sonne auf, aber niemand rührte sich. Jetzt zwangen die Schmerzen Hilary, sich zu einer festen Kugel zusammenzurollen. Sie stöhnte vor sich hin.

Sei nicht dumm, ermahnte sie sich. *Du benimmst dich wie ein Baby. Wenn dies vorbei ist, wirst du dich kaum noch erinnern, wie weh es getan hat.*

Ja, aber wieviel länger kann ich es aushalten?

So lange, wie du mußt. Das weißt du. Was nützt dir deine Ausbildung, wenn du nicht einmal ein bißchen Schmerz erträgst?

Eine neue Schmerzwelle flutete über sie hin und brachte den inneren Dialog zum Schweigen. Hilary konzentrierte sich auf ihre Atmung, versuchte, sich zu entspannen, den Atem ruhig ein- und ausfließen zu lassen, einen Kanal nach dem anderen zu überwachen, das Fließen der Ströme zu erleichtern. Aber die Schmerzen waren so heftig, daß sie sich nicht konzentrieren konnte.

So schlimm ist es noch nie gewesen! Noch nie!

„Hilary?“ kam ein ganz leises Flüstern. Callista beugte sich über sie, ein schmächtiges, langbeiniges Mädchen, das rote Haar locker zurückgebunden, einen schweren Mantel über das Nachthemd geworfen. Sie war barfuß. „Hilary, was ist?“

Hilary atmete schwer.

„Nur – das Übliche.“

„Ich hole besser Leonie.“

„Noch nicht", keuchte Hilary. „Ich halte es schon noch ein bißchen aus. Aber bleib bei mir. Bitte ..."

„Natürlich", sagte Callista. „Hilary, dein Nachthemd ist klatschnaß, zieh es lieber aus. Du wirst dich besser fühlen, wenn du abgetrocknet bist."

Hilary gelang es, sich aufzusetzen und aus dem Nachthemd zu schlüpfen, das von ihrem Schweiß durchtränkt war. Callista brachte ihr ein trockenes aus ihrer Truhe und hielt es, während Hilary es sich über den Kopf zog. Dabei achtete Callista darauf, daß sie Hilary nicht einmal mit einer Fingerspitze streifte.

Sie lernt, dachte Hilary und betrachtete gedankenverloren die kleinen vernarbten Brandwunden auf ihren eigenen Händen, Erinnerungen an das erste Jahr ihrer Ausbildung. In diesem Jahr war sie so konditioniert worden, jeden körperlichen Kontakt zu vermeiden, daß die leichteste Berührung eine Brandblase erzeugte, als sei es nicht lebendes Fleisch, sondern eine glühende Kohle gewesen. Callistas Wunden waren noch rot und roh; immer noch würde sie sich eine tiefe Brandwunde zuziehen, wenn sie jemanden rein zufällig anfaßte. Später, nach Abschluß der Konditionierung, würde der Befehl zurückgenommen werden. Hilary war es nicht mehr verboten, jemanden zu berühren, die Sperre war nicht mehr notwendig. Sie *konnte* mit großer Vorsicht berühren oder berührt werden, wenn es unvermeidlich war – aber niemand berührte eine Bewahrerin. Selbst in der Matrix-Kammer trug die Bewahrerin Scharlachrot, um jeden versehentlichen physischen Kontakt auszuschließen, wenn sie die Ladung der Energonen trug. Unter sich kannten sie, auch wenn die Konditionierung zur bloßen Erinnerung geworden war, nur eine ganz leichte Berührung mit den Fingerspitzen, eher symbolisch als real. Hilary lehnte sich auf das saubere, trockene Kissen zurück – Callista hatte auch den Bezug gewechselt – und wünschte sich sehnsüchtig, sie könne jemandes Hand halten. Aber das würde Callista quälen und für sie selbst wahrscheinlich nichts besser machen.

„Diesmal ist es wirklich schlimm, nicht wahr, Hilary?"

Hilary nickte und dachte: *Sie ist noch jung genug, um Mitleid zu empfinden. Man hat sie noch nicht entmenschlicht ...*

„Du hast Glück", brachte Hilary mühsam hervor. „Noch zu jung, um das durchzumachen. Vielleicht wird es für dich nicht so arg . . ."

„Ich weiß nicht, wie du es aushältst . . ."

„Das weiß ich auch nicht", murmelte Hilary und krümmte sich unter einer neuen Welle heftiger Schmerzen. Callista stand hilflos daneben und fragte sich, warum Hilarys Kampf Leonie noch nicht aufgeweckt habe.

„Ich habe ihr gestern abend das Versprechen abgenommen, in einem der isolierten Zimmer zu schlafen." Hilary hatte den Gedanken des Kindes die unausgesprochene Frage entnommen.

„Habt ihr das ganze Kupfer abgebaut?"

„Nein. Romilla ließ vorzeitig abbrechen. Damon mußte Leonie in ihr Zimmer tragen, sie konnte nicht mehr gehen . . ."

„Sie hat zu schwer gearbeitet", meinte Callista. „Aber Lord Serrais wird sich aufregen. Er bedrängt uns seit Mittsommer um dieses Kupfer."

„Er wird überhaupt kein Kupfer bekommen, wenn wir Leonie durch Überarbeitung umbringen", stellte Hilary fest. „Und ich bin in jeweils vierzig Tagen zehn Tage lang zu nichts nütze."

„Vielleicht wirst du durch Überarbeitung so krank, Hilary."

„Ich werde so und so krank. Aber Überarbeitung scheint es tatsächlich schlimmer zu machen", gab Hilary zu. „Ich habe gar keine Kraft mehr, gegen den Schmerz anzukämpfen."

„Ich wünschte, ich würde schnell erwachsen, damit ich ausgebildet werden und euch beiden helfen könnte", sagte Callista, doch plötzlich fürchtete sie sich. Würde ihr das ebenfalls widerfahren?

„Laß dir Zeit, Callista, du bist erst elf . . . Ich freue mich, daß du solche Fortschritte machst", sagte Hilary. „Leonie glaubt, du wirst einmal ganz groß werden, besser als ich, so viel besser . . . wir brauchen Bewahrerinnen dringend, so dringend . . ."

„Hilary, still, sprich nicht. Versuche nur, gleichmäßig zu atmen."

„Ich werde es überleben. Das tue ich immer. Aber ich bin froh, daß du dich so gut entwickelst. Ich habe Angst . . ."

„Daß du nicht fähig sein wirst, weiter als Bewahrerin zu arbeiten?“

„Ja, aber ich muß, Callista, ich muß einfach . . .“

„Nein, du mußt nicht“, erklärte das jüngere Mädchen, am Fußende von Hilarys Bett hockend. „Leonie wird dich freigeben, wenn es wirklich zuviel für dich wird. Ich habe gehört, daß sie das zu Damon sagte.“

„Natürlich wird sie das tun“, flüsterte Hilary. „Aber ich möchte nicht, daß sie wieder die ganze Bürde der Arbeit allein schleppen muß. Ich liebe sie, Callista . . .“

„Natürlich liebst du sie, Hilary. Das tun wir alle. Ich auch.“

„Sie hat ihr ganzes Leben lang so schwer gearbeitet – wir dürfen sie jetzt nicht im Stich lassen! Das können wir nicht!“ Hilary kämpfte sich keuchend in die Höhe. „Die anderen – es waren sechs andere, die anfingen und versagten, und sie hat so oft versucht, eine Bewahrerin auszubilden, nur um sie gehen und heiraten zu sehen – und, Callista, sie ist nicht mehr jung, nicht mehr jung genug, wir sind vielleicht ihre letzte Chance, sie bringt möglicherweise die Kraft nicht mehr auf, nach uns Bewahrerinnen auszubilden. Wir *müssen* es schaffen – es könnte das Ende von Arilinn sein, Callista . . .“

„Leg dich hin, Hilary. Reg dich nicht so auf. Entspanne dich, versuche, deine Atmung unter Kontrolle zu bekommen.“ Hilary ließ sich zurücksinken, und Callista kam und beugte sich über sie. Durch das Fenster des Zimmers begann Licht zu sickern. Hilary sprach nicht, aber ihre Gedanken wurden ebenso gequält wie ihr Körper. Es mußte Bewahrerinnen geben, sonst senkten sich Dunkelheit und Unwissenheit auf die Domänen nieder. Und sie durfte nicht versagen, durfte Leonie nicht im Stich lassen.

Callista führte die kleinen Hände über Hilarys Körper, ohne ihn zu berühren, ließ etwa einen Zoll Abstand zu dem Stoff des Nachthemds. Ihr Gesicht wirkte verschlossen vor Konzentration. Nach einer Weile sagte sie beunruhigt: „Ich bin darin noch nicht sehr gut. Doch es sieht aus, als seien die unteren Zentren in Mitleidenschaft gezogen, der Solarplexus auch schon – Hilary, ich wecke besser Leonie.“

Wortlos schüttelte Hilary den Kopf. „Noch nicht." Die Krämpfe hatten jetzt ihren ganzen Körper erfaßt, so daß sie Mühe hatte zu atmen. Callista sah besorgt auf sie nieder. „Warum geschieht das, Hilary? Bei den anderen Frauen ist es nicht so – ich habe sie während ihrer Periode überwacht – und sie ..."

Sie hielt inne, drehte das Gesicht zur Seite. Es gab Dinge, von denen eine Bewahrerin ihre Gedanken und ihre Worte abwandte, wie sie ihre körperlichen Augen von einer Obszönität abwenden würde. Trotzdem wußten sie beide, was der schnelle, verlegene Blick bedeutete: *Und sie sind nicht einmal Jungfrauen ...*

„Ich weiß es nicht, Callista. Ich schwöre, ich weiß es nicht." Wieder spürte Hilary den schrecklichen Stachel der Schuld. *Was kann ich, ohne es zu wissen, Verbotenes getan haben, daß die Kanäle nicht rein sind? Wie bin ich vergiftet worden ... was stimmt nicht mit mir? Ich habe meine Gelübde gehalten, ich habe niemanden berührt, ich habe nicht einmal verbotene Gedanken gedacht, und doch ... und doch ...* Wieder überrollte eine Schmerzwelle sie. Sie drehte sich um und biß sich auf die Lippe, daß sie aufplatzte und das Blut ihr das Kinn hinunterlief. Sie wollte nicht, daß Callista es sah, aber das Kind war von der Überwachung her noch mit ihr in Rapport und stöhnte unter der körperlichen Wirkung auf.

„Callista, ich habe mir so viel Mühe gegeben, ich weiß nicht, was ich getan habe, und ich kann sie nicht im Stich lassen, ich kann nicht ...", wimmerte Hilary. Ihre Rede war so undeutlich und unzusammenhängend, daß das kleine Mädchen sie nur im Geist hörte; Hilary rang nach Atem.

„Hilary, quäle dich nicht, lieg einfach still, versuche zu ruhen."

„Ich kann nicht ... ich kann nicht ... ich muß herausfinden, was ich falsch gemacht habe."

Callista war erst elf, aber sie hatte fast ein Jahr im Turm verbracht, ein Jahr intensiver und spezialisierter Ausbildung, und erkannte, daß Hilary schnell in das Delirium der ersten Krisisphase hineinglitt. Sie rannte aus dem Zimmer, sprang die enge Treppe zu dem isolierten Zimmer hoch, wo Leonie schlief. Sie schlug an die Tür, wohl wissend, daß das Leonie sofort wecken mußte. Niemand in Arilinn würde es jetzt wagen, Leonie zu stören, falls es sich nicht um einen wirklichen Notfall handelte.

Einen Augenblick später öffnete sich die Tür, und Leonie, sehr blaß, das ergrauende Haar in zwei langen Zöpfen über den Schultern, kam heraus. „Was ist? Callista, Kind!" Sie erfaßte die Botschaft, bevor Callista ein Wort sprechen konnte.

„Wieder Hilary? Ah, gnädige Avarra, ich hatte gehofft, diesmal würde sie davonkommen . . ."

Dann glitt ihr strenger Blick an Callista hinab. Der Mantel war schief zugeknöpft, das Nachthemd zipfelte darunter hervor, die Füße waren bloß.

So läßt sich eine Bewahrerin vor niemandem blicken! Der harte Vorwurf des Gedankens war wie eine mentale Ohrfeige, obwohl sie laut nur mit milder Stimme sagte: „Stell dir einmal vor, einer der anderen hätte dich so gesehen, Kind! Eine Bewahrerin muß immer ein Bild vollkommener Schicklichkeit bieten. Geh sofort und mach dich ordentlich!"

„Aber Hilary . . ." Callista öffnete den Mund zum Widerspruch, begegnete Leonies Blick, schlug ihre grauen Augen nieder und murmelte: „Ja, meine Mutter."

„Du brauchst dich nicht anzuziehen, nur den Morgenmantel mußt du richtig zuknöpfen. Hast du das getan, schickst du Damon zu Hilary. Der Fall ist für Romilla allein zu ernst. Und ich werde kommen, sobald ich kann."

Callista hätte am liebsten protestiert: *Soll ich Zeit mit dem Anziehen verschwenden, wenn Hilary so krank ist? Sie könnte sterben!* Sie wußte jedoch, all das war Teil der Disziplin, die sie im Lauf der Jahre zu einer geschulten, unmenschlich perfekten Maschine machen würde, wie es Leonie war. Schnell bürstete sie ihr rotes Haar und flocht es entlang ihrem Hals fest, schlüpfte in einen frischen Mantel und niedrige Hausstiefel aus Samt, die ihre nackten Knöchel verbargen. Dann klopfte sie an die Tür des jungen Technikers Damon Ridenow und richtete ihm ihre Botschaft aus.

„Komm mit“, sagte Damon, und Callista folgte ihm die Treppe hinunter in Hilarys Zimmer.

Eine Bewahrerin muß immer ein Bild vollkommener Schicklichkeit bieten – und trotzdem entsetzte sich Callista über die Anstrengung, die Hilary machte, um ihre Glieder, ihre Stimme, ihr Gesicht ruhig zu halten. Sie trat an Hilarys Bett, blickte mitleidig auf sie nieder und wünschte sich nur, irgendwie helfen zu können.

Damon schüttelte angesichts Hilarys gefolterten Körpers und zerbissenen Lippen seufzend den Kopf. Er war ein schmächtiger dunkler Mann mit sensiblem, asketischem Gesicht, das darauf geschult war, in Anwesenheit einer Bewahrerin unbewegt zu bleiben. Aber das Mitleid kam durch, ein Hauch von Menschlichkeit hinter der Maske.

„Wieder, *Chiya?* Ich hatte gehofft, die neuen Medizinen würden diesmal helfen. Wie stark ist die Blutung?“

„Ich weiß es nicht...“ Hilary bemühte sich sehr, ihre Stimme unter Kontrolle zu halten. Damon runzelte leicht die Stirn und wandte sich an Callista. „Ich nehme an – nein, du kannst noch niemanden berühren, nicht wahr, Kind? Leonie wird bald hier sein, sie wird wissen...“

Leonie kam. Sie war so ruhig und hatte sich so sorgfältig hergerichtet, als solle sie vor dem Rat erscheinen. „Ich bin hier, Kind.“ Sie berührte ganz leicht Hilarys Handgelenk, und schon das schien Hilary etwas zu beruhigen, als habe es ihre stoßweise Atmung stabilisiert. Sie flüsterte: „Es tut mir so leid, Leonie... ich wollte doch nicht... ich kann dich nicht im Stich lassen... ich kann nicht, ich kann nicht...“

„Still, still, Kind. Verschwende deine Kräfte nicht“, sagte Leonie, und hinter den befehlenden Worten lag Zärtlichkeit. „Callista, hast du sie überwacht?“

Callista biß sich auf die Lippe und erstattete eine ordnungsgemäße Meldung über das, was sie entdeckt hatte. Die älteren Telepathen hörten ihr zu. Damon führte dann selbst noch einmal eine Überwachung durch, ließ sein Bewußtsein tief in den gequälten Körper des Mädchens einsinken und zeigte Callista, was sie übersehen hatte.

„Die Knoten in den Armen, das ist nur eine Verspannung, wenn auch schmerzhaft. Die Blutung ist stark, ja, aber nicht gefährlich. Hast du die unteren Kanäle überprüft?“

Callista schüttelte den Kopf, und Damon sagte: „Tu es jetzt. Und achte auf eine Verunreinigung.“

Callista zögerte. Ihre Hände hielten eine beträchtliche Entfernung von Hilary ein. Damons Stimme klang hart.

„Du weißt, wie es geht. Tu es.“

Callista holte tief Atem und zwang ihrem Gesicht den Ausdruck absoluter Empfindungslosigkeit auf, den sie beibehalten mußte, wenn sie nicht bestraft werden wollte. Sie wagte es nicht einmal, deutlich den Gedanken zu bilden: *Verzeih mir, Hilary, ich möchte dir nicht weh tun.* Sie konzentrierte sich auf ihre Matrix und senkte ihr Bewußtsein in das elektrische Potential der Kanäle. Hilary schrie. Callista zuckte zusammen und wich zurück. Leonie sah es und erzwang schnell einen Rapport, so daß Callista, zur Unbeweglichkeit verdammt, die Welle scharfen Schmerzes über sich hinweggehen lassen mußte. Ihr war klar, welche Lektion ihr erteilt wurde – *Bewahre absolute Objektivität* –, und sie verbarg ihren Groll.

„Beide Kanäle sind verunreinigt, der linke etwas mehr als der rechte, der rechte nur in den Nervenknoten, der linke auf dem ganzen Stück vom Zentrumskomplex an. Auf dem linken sind drei Brennpunkte des Widerstandes . . .“

Damon seufzte. „Ja, Hilary“, sagte er sanft, „du weißt ebensogut wie ich, was getan werden muß. Wenn wir noch lange warten, wirst du wieder in Zuckungen fallen.“

Hilary wand sich innerlich vor Angst. Ihr Gesicht zeigte nichts davon, und irgendwo, in einer versteckten Ecke ihres Bewußtseins, war sie stolz auf ihre Beherrschung.

„Geh und hole etwas *Kirian,* Callista. Es ist nicht nötig, deswegen noch jemanden zu wecken“, sagte Leonie. Callista kam mit dem *Kirian* zurück. Das Kind war kurz davor wegzulaufen. Aber Leonie befahl: „Diesmal mußt du bleiben, Callista. Irgendwann einmal wirst du dies ohne Hilfe tun müssen, und es ist nicht zu früh, daß du jeden Schritt der Prozedur lernst.“

Callista begegnete Hilarys Blick, und es blitzte Rebellion

darin auf. Sie dachte: *Ich könnte niemals jemandem auf diese Weise weh tun*... Trotz ihrer schrecklichen Angst zwang sie sich, ruhig stehen zu bleiben.

Werden sie mich diesmal zwingen, es in Rapport mit ihr durchzustehen ...?

Damon hielt Hilarys Hand und gab ihr die telepathische Droge, die ein bißchen den Widerstand gegen den Kontakt schwächte, den sie, um die Kanäle zu reinigen, mit ihrem Geist und Körper herstellen mußten. Hilary war nicht mehr ganz bei Bewußtsein und glitt schnell ins Delirium ab. Ihre Gedanken verwischten sich. Callista konnte sie kaum noch erkennen.

Wieder einmal muß ich stilliegen und mich in Stücke schneiden und dann wieder zusammennähen lassen, ein solches Gefühl ist das ... und sie bilden sogar die kleine Callista zum Folterknecht aus ... sie soll ohne jedes Mitleid daneben stehen ...

„Nicht doch, mein Liebling“, sagte Leonie, und ihr Mitleid und ihre Besorgnis teilten sich Hilary mit. „Wenn es vorbei ist, wirst du dich besser fühlen.“

Sie ist so grausam und so freundlich, wie soll ich wissen, was davon echt ist? Callista konnte nicht unterscheiden, ob der Gedanke von ihr oder von Hilary kam. Wie gelähmt vor Furcht, zwang sie sich, tief durchzuatmen und ihre Muskeln zu lockern, damit ihre eigene Verkrampfung sich nicht auf Hilary übertrug und ihre Qualen vergrößerte. Verblüfft sah sie, wie Hilarys Gesicht sich entspannte, und staunte über die Disziplin, die dahintersteckte. Sie zwang sich, jedem Schritt der langen, schmerzhaften Prozedur, mit der die blockierten Nervenkanäle gereinigt wurden, mit objektivem Interesse zuzusehen.

Als Leonie und Damon sicher waren, Hilary werde nicht sterben, jedenfalls nicht diesmal, ließen sie sie schlafen. Unter der Einwirkung des Sedativums, das man ihr gegeben hatte, glitt sie in tiefes Vergessen hinein. Callista spürte es, und ihr wurde beinahe schwindelig vor Erleichterung; zumindest war Hilary frei von Schmerzen! Damon machte sich auf die Suche nach einem verspäteten Frühstück. Leonie sagte im Gang vor Hilarys Tür leise: „Es tut mir leid, daß du das mitmachen mußtest, Kleines. Es war jedoch Zeit, daß du es lerntest, und du brauchtest die Übung in Selbstbeherrschung. Komm, Hilary wird den ganzen Tag und vielleicht noch den größten Teil der Nacht schlafen, und wenn sie aufwacht, wird es ihr gutgehen. Und im nächsten Monat müssen wir aufpassen, daß sie sich zu dieser Zeit nicht wieder überarbeitet."

In Leonies Suite saßen sie sich an einem kleinen Tisch in der Fensternische gegenüber, und Leonie goß ihnen aus der schweren Silberkanne ein. Callista würgten die Tränen in der Kehle. Leonie sagte ruhig: „Du darfst jetzt weinen, wenn du mußt, Callista. Es wäre allerdings besser, du lerntest, auch deine Tränen zu beherrschen."

Callista beugte in stummem Kampf den Kopf. Schließlich fragte sie: „Leonie, diesmal war es schlimmer, nicht wahr? Wird es mit Hilary schlimmer?"

„Ich fürchte, ja – ständig, seit sie die Arbeit mit den Energonen begonnen hat. Das letzte Mal dauerte es drei Tage, bis der Energieschwund die Krise herbeirief."

„Weiß sie es?"

„Nein. Sie behält wenig von dem, was geschieht, wenn sie Schmerzen hat, in Erinnerung."

„Leonie – sie wünscht sich so sehr, dich nicht zu enttäuschen ..." *Das wünsche ich mir auch,* dachte Callista.

„Ich weiß, Callista, aber sie wird sterben, wenn das so weitergeht. Sie ist einfach zu zart, um die Anstrengung zu ertragen. Die Kanäle mögen an irgendeiner angeborenen Schwäche leiden ... Mich trifft die Schuld, daß ich sie zur Ausbildung zugelassen habe, ohne mich vorher zu überzeugen, ob derartige körperliche Mängel vorhanden waren. Aber sie ist so ungeheuer begabt ..." Leonie schüttelte den Kopf. „Auch wenn du es mir nicht glaubst, Callista, ich würde gern all ihre Schmerzen auf mich nehmen, wenn das sie heilen könnte. Ich fürchte, ich ertrage es nicht noch einmal, ihr solche Qualen zu bereiten."

Callista verstummte vor der Heftigkeit in der Stimme der älteren Frau.

Hat sie immer noch Gefühle? Ich dachte, sie habe sich dazu erzogen, gegen das Leiden anderer völlig gleichgültig zu sein, und wolle auch mich dahin bringen.

„Nein“, erklärte Leonie in stiller Traurigkeit. „Ich bin nicht gleichgültig gegen Leiden, Callista.“

Trotzdem hast du mir heute morgen so weh getan.

„Und ich werde dir wieder weh tun, so oft, wie ich es muß“, sagte Leonie. „Glaub mir, Kind, ich möchte viel lieber . . .“ Sie brachte es nicht fertig, weiterzusprechen. Callista erschrak vor der Erkenntnis, daß Leonie meinte, was sie sagte, und auch für sie bereitwillig leiden würde . . . Plötzlich sah sie, daß Leonies ruhige Stimme keine Gleichgültigkeit, sondern qualvolle Zurückhaltung widerspiegelte.

„Meine Mutter“, fragte das Mädchen angstvoll, „werde ich auch so leiden, wenn ich zur Frau geworden bin?“

Könnte ich es ertragen? Immer wieder und wieder von diesen Schmerzen geschüttelt . . . und dann von der Reinigung zerrissen zu werden . . .

„Ich weiß es nicht, liebes Kind. Ich hoffe sehr, es wird nicht so sein.“

Hast du gelitten? Natürlich hätte Callista niemals gewagt, die unausgesprochene Frage in Worte zu kleiden. Leonies Selbstbeherrschung war so absolut, daß sie wahrscheinlich sogar die Erinnerung an Schmerzen vor sich selbst verbarrikadiert hatte.

„Gibt es nichts, was wir tun könnten?“

„Für Hilary? Wahrscheinlich nicht. Wir können nur für sie sorgen, solange sie bei uns ist, und sie freigeben, wenn die Qual zuviel für sie wird.“ Leonies Ruhe kam Callista jetzt trauriger vor als Tränen oder hysterisches Schluchzen. „Was dich angeht – ich weiß nicht recht. Vielleicht willst du es nicht. Ich wäre dafür“, gestand Leonie, „jedes Mädchen, das hier als Bewahrerin arbeiten soll, zum Neutrum zu machen, bevor sie zur Frau herangewachsen ist!“

Callista zuckte zusammen, als hätte die Bewahrerin eine Obszönität ausgesprochen, und nach Comyn-Begriffen hatte sie das tatsächlich getan. Aber sie sagte nur gehorsam: „Wenn das dein Wille ist, meine Mutter . . .“

Leonie schüttelte den Kopf. „Das Gesetz verbietet es. Ich frage mich, ob die Mitglieder des Rates wissen, was sie euch mit ihrer Fürsorge antun! Es gibt jedoch eine andere Möglichkeit.

Du weißt, daß wir mit deiner Ausbildung nicht beginnen können, bevor dein weiblicher Zyklus eingesetzt hat..."

„Die Überwacher meinen, das wird noch mehr als ein Jahr dauern."

„Das ist spät. Und es bedeutet, daß noch Zeit ist."

Callista hatte es kaum erwarten können, daß das erste Blut sich zeigte, denn dann wäre sie eine erwachsene Frau gewesen und hätte mit der Ausbildung zur Bewahrerin beginnen können. In den letzten Monden hatte sie jedoch mit Angst daran gedacht. Leonie sagte: „Wenn wir auf der Stelle mit deiner Ausbildung begännen, hätte das bestimmte Veränderungen in deinem Körper zur Folge, und wahrscheinlich bekämst du deine Periode nie. Aus diesem Grund verlangt man ja von uns, die Bewahrerin-Novize erst zur Frau heranwachsen zu lassen, weil die Schulung einen noch unreifen Körper verändert. Und dann hättest du niemals Hilarys Problem... aber ich kann es nicht ohne deine Zustimmung tun, auch nicht, um dir Leiden zu ersparen."

Um mir zu ersparen, was Hilary erdulden muß? Callista wunderte sich, warum Leonie auch nur einen Augenblick zögerte.

„Weil es für dich von Bedeutung werden könnte, wenn du einmal älter bist", sagte Leonie. „Vielleicht willst du dann fortgehen, willst heiraten."

Callista drückte mit einer Geste ihren Widerwillen aus. Man hatte sie gelehrt, ihre Gedanken von solchen Dingen abzuwenden; in ihrer Unschuld empfand sie nur die ungeheuerlichste Verachtung für die Beziehungen zwischen Männern und Frauen. Sicher in ihrer Keuschheit, fragte sie sich, warum Leonie glaubte, sie könne jemals dem Gelübde der ständigen Jungfräulichkeit untreu werden.

„Ich werde niemals heiraten wollen. So etwas ist nichts für mich", erklärte sie. Leonie schüttelte mit einem leichten Seufzer den Kopf.

„Du bliebest dann im großen und ganzen wie jetzt, denn der Zyklus würde nicht beginnen..."

„Willst du damit sagen, ich würde niemals erwachsen?" Callista hatte nicht den Wunsch, immer ein Kind zu bleiben.

„Doch, natürlich würdest du erwachsen“, antwortete Leonie, „aber ohne dies Zeichen der Weiblichkeit.“

„Da ich nun einmal geschworen habe, Bewahrerin zu werden“, sagte Callista, die gründliche Anatomiekenntnisse besaß und zumindest theoretisch wußte, was dies Zeichen bedeutete, „sehe ich nicht ein, wozu ich es brauche.“

Leonie lächelte schwach. „Du hast natürlich recht. Ich wollte, mir wäre es in all den vielen Jahren erspart geblieben.“

Callista sah sie überrascht und verwundert an. Noch nie hatte Leonie so mit ihr gesprochen oder auch nur ein bißchen die kalte Barrikade gelockert, mit der sie sich gegen jede Art persönlicher Enthüllung abschirmte.

Also ist sie nicht... übermenschlich. Sie ist eine Frau wie Hilary oder Romilla oder... oder ich... sie kann weinen und leiden... Ich hatte mir meine Zukunft als Bewahrerin so vorgestellt, daß ich, wenn ich meine Lektionen gut gelernt hätte, nichts mehr für andere empfände und nicht mehr mit ihnen litte... Es war ein entsetzlicher Gedanke, ein neuer Schrecken zu den Schrecken, die sie hier kennengelernt hatte, daß sie niemals über solche Gefühle hinauswachsen würde. Sie hatte geglaubt, ihr eigenes Leiden rühre daher, daß sie noch ein Kind war, noch nicht vollständig ausgebildet. *Ich hatte angenommen, um Bewahrerin zu werden, müsse man diese Gefühle ablegen, und man habe mich auch aus dem Grund, daß ich sie noch immer habe, nicht zur Ausbildung zugelassen...*

Leonie beobachtete sie, ohne zu sprechen. Ihr Gesicht war gedankenverloren und traurig.

Sie ist ein solches Kind, ihr kommt gerade die erste Ahnung, welchen Preis es erfordert, Bewahrerin zu sein...

Laut sagte sie nur: „Du hast recht, mein Liebling. Da du geschworen hast, Bewahrerin zu werden, brauchst du das nicht. Ohne es wirst du besser daran sein, und wenn wir mit deiner Ausbildung sofort beginnen, wird es dir erspart bleiben.“

Noch einmal zögerte sie und warnte: „Du weißt, daß es gegen den Brauch ist. Man wird dich fragen, ob ich dir genau erklärt habe, was es bedeutet, und ob du wirklich einverstanden bist. Denn nach den Gesetzen, erlassen von Menschen, die nie einen

Fuß in einen Turm gesetzt haben und gar nicht eingelassen würden, wenn sie es versuchten, darf ich es nicht ohne deine Zustimmung tun. Hast du das ganz verstanden, Callista?"

Und Callista dachte: *Sie spricht, als müsse ich einen hohen Preis bezahlen und als könne ich unwillig sein. Als sei es ein Raub an mir, als werde mir etwas genommen. Statt dessen bedeutet es nur, daß ich Bewahrerin werden kann und daß ich den schrecklichen Preis nicht zu zahlen brauche, den Hilary hat zahlen müssen.*

„Ich verstehe, Leonie", antwortete sie mit fester Stimme, „und ich bin bereit. Wann kann ich anfangen?"

„Wann du möchtest, Callista."

Warum, dachte Callista, *sieht Leonie nur so traurig aus?*

In der zur Veröffentlichung gelangten Version von Hasturs Erbe *wurde eine Szene leicht gekürzt wiedergegeben, so daß der Hinweis auf Kennard Altons erste Ehe fast unbemerkt bleibt. Der Text der Originalszene lautete folgendermaßen:*

Er eilte durch den Korridor, wobei sein ungleichmäßiger Schritt und sein erregtes Gesicht jene Gefühle verrieten, die er seiner Stimme fernzuhalten versuchte.

„Du bist kein Telepath, Hastur. Es war leicht für dich zu tun, was dein Klan von dir forderte. Die Götter wissen, daß ich versucht habe, Caitlin zu lieben. Es war nicht ihr Fehler . . ."

„Ist diese Ehe überhaupt jemals vollzogen worden, Ken?"

„Diese Frage ist eine Beleidigung und ein Angriff auf meine Privatsphäre. Denkst du etwa, ich wollte keinen legitimen Sohn?" war die hitzige Antwort. „Aber angesichts dessen, was ich nach jenen Jahren in Arilinn über mich selbst herausgefunden habe, wußte ich, daß ich kinderlos sterben würde, wenn mir Elaine keine Söhne gebären würde. Und weil ich beiden Frauen gegenüber fair sein und nicht eine bedeutungslose Ehe fortsetzen wollte, die uns beide an ein Leben ohne Liebe kettete, mußte ich diese Last auf meine Söhne abwälzen. Ich hätte Caitlin in meinem Haus festhalten und sie zwingen können, meine Bastarde aufzuziehen! Elaine schenkte der Alton Domäne zwei Söhne, und du hast die Stirn, sie so zu behandeln, als sei sie niemals meine Frau gewesen!"

Kennards erste Ehe war ohne Liebe. Als ich die obigen Sätze schrieb, wußte ich noch nicht, warum. Diese Story hier gibt – vielleicht – einige Hinweise auf die Ereignisse, die Kennard, den unbeschwerten Jugendlichen aus Die Kräfte der Comyn, *in den verbitterten Zyniker Kennard verwandelten, wie wir ihn aus* Die blutige Sonne *und* Hasturs Erbe *kennen.*

Marion Zimmer Bradley

Der Sohn des Falkenmeister

THE HAWK-MASTER'S SON

Dyan Ardais legte sein Bündel auf das schmale Feldbett nieder, über dem eine einzige grobe Decke ausgebreitet war und das nun in der Kaserne der Kadetten ihm gehören würde, und fing an, seine Ausrüstung in eine Holzkiste umzuräumen.

Drittes Jahr – das letzte Kadettenjahr. Er war gerade so viel älter als die anderen, daß er als Kadett dem üblichen Gleichschritt entwachsen war. Er hatte seine letzten beiden Kadettenjahre hier verbracht, bis zu der unerklärlichen Entscheidung seines Vaters – und für Dyan waren alle Entscheidungen seines Vaters unerklärlich –, daß er mehrere Jahre im Kloster von Nevarsin verbringen solle. Nun gut, eine ebenso unerklärliche Laune hatte ihn jetzt wieder hierher zurückkehren lassen.

Seine Familie schien nicht zu interessieren, wo er steckte – in Nevarsin, dem Kadettenkorps, in einer von Zandrus neun Höllen –, solange er Ardais nur fernblieb... daran dachte er mit einer so tiefen Resignation, daß ihm gar nicht vollkommen klar wurde, wie bitter sie war.

Wie auch immer – er war froh gewesen, Nevarsin verlassen zu können. Er hatte dort vieles gelernt, einschließlich der Bewältigung des ihm verweigerten *Laran* – damals, als die Bewahrerin des Dalereuth-Turms es abgelehnt hatte, ihn in einen Turm-Zirkel aufzunehmen. Er hatte sich gewünscht, die Heilkunst und die Medizin zu studieren, und in Nevarsin war ihm umfassende Gelegenheit gegeben, all jene Dinge zu erlernen, die einem Sohn der Comyn normalerweise vorenthalten wurden.

Mehr als das – er hatte sich dort selbst vergessen können, indem er sich seiner ersten Liebe, der Musik und dem Singen im großen Chor von Nevarsin, hingab. Der Pater Kantor hatte seine klare Diskantstimme bewundert und sich einige Mühe gemacht, sie auszubilden... Der Tag, an dem seine Stimme brach und sich die reife Singstimme als klare, melodische, jedoch ungewöhnliche Bariton-Stimme herausstellte, war der traurigste Tag in Dyans Leben gewesen.

Doch im Grunde genommen war es nicht passend, daß ein Comyn-Erbe unter *Cristoforos* lebte. Er hatte ihre Disziplin mit Ruhe, zynischem Gehorsam akzeptiert, ein Mittel zum Zweck, ohne die geringste Absicht, ihre Lebensregeln in seine persönliche Weltanschauung aufzunehmen, und als die Zeit kam, hatte er sie ohne viel Bedauern verlassen. So verführerisch es auch sein mochte, sein Leben der Musik und dem Heilen zu widmen, er hatte stets gewußt, daß seine wirkliche Berufung, der für jeden Comyn-Sohn vorgezeichnete Weg, hier zu finden war. Unter den Comyn zu dienen und später zu herrschen. Es wartete ein Ratssitz auf ihn, sobald er alt genug war, ihn einzunehmen.

Und sobald er dieses obligatorische dritte Jahr im Kadettenkorps vollendet hatte, würde es für ihn einen Offiziersposten in der Wache geben. Der Kommandant der Stadtwache von Thendara, Valdir Alton, hatte nur einen Sohn in befehlsfähigem Alter; Lewis Valentine Lanart war neunzehn. Valdirs jüngerer Sohn, Kennard, war vor ein paar Jahren nach Terra geschickt worden, als Austauschstudent für den jungen Terraner Lerrys Montray. Dyan hatte Lerrys während seines zweiten Kadettenjahres flüchtig kennengelernt. Lerrys war erlaubt worden, ein einziges Jahr bei den Kadetten zu dienen, als Zeichen dafür, daß er die Verpflichtungen eines Comyn-Sohnes übernahm. Dyan hatte seine Vorgesetzten sagen hören, der junge Terraner mache seinem Volk viel Ehre, Dyan jedoch hatte dies nur zynisch belächelt. Man konnte einen politischen Gast wohl kaum hinauswerfen oder hart an die Kandare nehmen, und so würde man taktvolles Lob finden für alles, was er richtig machte, und seine Schnitzer ignorieren, und somit wäre für weiterhin ausgezeichnete diplomatische Beziehungen gesorgt.

Dyan fragte sich, weshalb sich die Domyn diese Mühe machten. Es wäre besser, man würde alle diese verdammten Terraner winselnd auf ihre gottvergessene Welt zurückjagen, die sie hervorgebracht hatte!

Dyan hatte Lerrys Montray als nett aussehendes, liebenswertes junges Nichts in Erinnerung, doch er hätte ein dutzendmal so fähig und tüchtig sein können, und Dyan hätte ihn noch immer verabscheut. Denn Larry hatte Kennard Altons Platz eingenommen – und das hätte Dyans Meinung nach kein lebender Mensch, nicht einmal der legendäre Sohn von Aldones, tun dürfen. Ungestüm hatte Dyan beschlossen, daß dieser terranische Eindringling keine Freude an seiner usurpierten Stelle finden sollte, und er schmeichelte sich, diesem vermessenen Terraner, der glaubte, er könne in Kennard Altons Stiefeln stehen, das Leben verdammt schwergemacht zu haben!

Als hätte ein Hauch von Vorahnung den Gedanken an Kennard Augenblicke vor der Wirklichkeit in seinen Sinn geschickt, sagte eine Stimme hinter Dyan leise: „Du bist vor mir hier, Vetter? Ich habe gehofft, dich hier zu finden, *Janu*..."

Seit Dyans Mutter vor zehn Jahren gestorben war, hatte nur ein einziges lebendes Wesen gewagt, diesen kindlichen Kosenamen zu gebrauchen. Dyans Atem stockte in der Kehle, dann wurde er in die Umarmung eines lieben Verwandten gerissen.

„Kennard!"

Kennard umarmte ihn fest, dann hielt er ihn auf Armeslänge von sich. „Jetzt weiß ich, daß ich tatsächlich wieder zu Hause bin, *Bredu*... So hast du deine Zeit bei den Kadetten also ebenfalls unterbrochen? Drittes Jahr?"

„Ja. Und du?"

„Ich habe mein drittes Jahr beendet, bevor ich wegging, weißt du noch? Aber Lewis ist in den Arilinn-Turm gegangen, deshalb will mich Vater dieses Jahr als seinen *Seconde*. Ich werde dein Offizier sein, Dyan. Wie alt bist du jetzt?"

„Siebzehn. Genau ein Jahr jünger als du, Kennard – oder

hast du vergessen, daß wir am gleichen Tag Geburtstag haben?“

Kennard gluckste. „Tja, das hatte ich tatsächlich. Aber du hast dich erinnert?“

„Es gibt nicht viel, was ich nicht mehr von dir weiß, Ken“, erwiderte Dyan mit einer Eindringlichkeit, die den älteren Jungen die Stirn runzeln ließ. Dyan sah dieses Stirnrunzeln und kehrte rasch zur Heiterkeit zurück. „Wann bist du zurückgekommen?“

„Erst vor ein paar Tagen – hatte gerade noch genügend Zeit, meiner Patenschwester und meiner Mutter meine Ehrerbietung zu erweisen. Cleindore ist mittlerweile in Arilinn, und natürlich kursiert jetzt bei uns allen Gerede von Heirat oder wenigstens von Handreichung. Und wie steht es mit dir, Dyan? Du bist in dem Alter, in dem man beginnt, über solche Dinge zu reden.“

Dyan zuckte mit den Schultern. „Es gab Gerüchte darüber, mich mit Maellen Castamir zu verheiraten“, sagte er, „aber dafür ist Zeit genug, sie spielt noch mit Puppen ... Es könnte eine Handreichung geben, doch bestimmt keine Heirat, nicht in den kommenden zehn Jahren oder sogar noch auf längere Zeit. Was mir ziemlich gut paßt. Und du?“

„Geschwätz“, meinte Kennard, „Geschwätz gibt es immer. Das Zuhören lohnt erst, wenn es etwas mehr als Geschwätz ist. In der Zwischenzeit kann ich meine alten Freundschaften erneuern – und da wir gerade von alten Freundschaften sprechen ...“, sagte er und brach ab, als zwei junge Männer in den Raum traten.

„Rafael“, sagte er und lachte dann, als er den zweiten Jüngling betrachtete. „Ich meine natürlich euch beide!“

Rafael Hastur, Erbe von Hastur, ein schmächtiger, hübscher junger Mann mit Augen, die dem Blau ähnlicher waren als dem echten Comyn-Grau, lächelte fröhlich und streckte Kennard beide Hände entgegen. „Es tut gut, dich wiederzusehen, Vetter! Und dich, Dyan – kennt ihr Rafael-Felix Syrtis, meinen Paxmann und Geschworenen?“

Kennard lächelte ihn an: „Wahrscheinlich sind wir uns als

Knaben begegnet, bevor ich nach Terra geschickt wurde. Aber natürlich kenne ich deine Familie – die Syrtis-Falken sind berühmt."

„So berühmt wie die Armida-Pferde", entgegnete der junge Syrtis lächelnd. „Ich habe gehört, Ihr sollt einer unserer Offiziere sein, Hauptmann Alton."

„Kennard reicht", meinte er herzlich, „hier gibt es keine Notwendigkeit für Formalität, Verwandter. Du kennst meinen Vetter Dyan, nicht wahr?"

Dyan runzelte die Stirn und schenkte Rafael Syrtis ein höchst distanziertes Kopfnicken, wobei sein Stirnrunzeln Kennards überschwengliche Freundlichkeit mißbilligte. Ein Syrtis, der Sohn des Falkenmeisters, und auch ein *Cristoforo,* wie es die Syrtis-Leute schon seit Generationen waren, stellte für einen Hastur-Erben keinen angemessenen Paxmann oder Gefährten dar, und wenn Dyan die beiden ansah, spürte er, daß sie nicht allein Paxmann und Herr waren, sondern auch *Bredin!* Der junge Syrtis sprach seinen Herrn in vertrautem Tonfall an, und er sah, daß er zudem, obgleich er nur ein unbedeutender Edler war, in seiner Scheide einen Dolch mit der feinen Hastur-Helmzierde trug. Nun, möglicherweise stand Rafael Hastur der Sinn nach niederer Gesellschaft, doch konnte er seinen bürgerlichen Freund anderen Comyn nicht aufzwingen! Er begann mit Rafael Hastur zu reden, wobei er die speichelleckerischen Bemühungen des jungen Syrtis, freundlich zu sein, auf verletzende Art ignorierte. Der junge Hastur versuchte, seinen Freund in die Unterhaltung mit einzubeziehen, aber Dyan gab ihm lediglich kurze, frostig höfliche Antworten.

Nach einer Weile ging Kennard, um seinen Vater aufzusuchen, und einer der Waffenmeister schickte nach Dyan. Rafael Hastur und Rafael Syrtis blieben in der Kasernenstube zurück, wo sie einander dabei behilflich waren, ihre Habe wegzuräumen.

Rafael Hastur sagte entschuldigend: „Du darfst dich an Dyan nicht stören, mein Freund. Die Ardais sind stolz... Er war wirklich grob zu dir, Rafe, ich betrachte das als Beleidigung gegen mich selbst, und das werde ich ihm sagen!"

Rafael Syrtis lachte und zuckte mit den Schultern. „Er ist sehr jung für sein Alter", meinte er, „ein bißchen war er schon immer so, hat sich benommen, als hielte er sich für weit über jedem anderen stehend, wahrscheinlich, weil er irgendwie befangen ist... sein Vater, weißt du. Ich sollte vielleicht nicht auf diese Art über einen Comyn-Lord reden, aber der alte Lord Kyril ist ein widerlicher Säufer, der unangenehmste Trunkenbold, dem ich jemals begegnet bin."

„Dagegen wirst du von mir keine Einwände hören", erklärte Rafael, „denn ich trage keine Liebe für meinen Onkel von Ardais in mir. Aber Dyan war immer ein netter Bursche."

Rafael Syrtis zuckte mit den Schultern. „Nun, ich kann ohne seine Sympathie leben. Aber es tut mir für den Burschen leid... Er hat nicht viele Freunde. Er könnte mehr haben... Niemand würde Dyan für die Fehler des Alten verantwortlich machen, aber er ist kratzbürstig und schnell, wenn es darum geht, beleidigt zu sein oder andere geringschätzig zu behandeln, bevor sie ihn ihrerseits verächtlich von oben herab abfertigen können. Dom Rafael, soll ich gehen und auf der Dienstliste nachsehen, wo wir eingeteilt sind?"

„Geh auf alle Fälle", antwortete Rafael Hastur, „und bring mir Nachricht, wo ich eingeteilt bin, und vergiß nicht festzustellen, wann wir frei haben, damit wir meiner Schwester Alisa und ihrer Gefährtin respektvolle Ehrerbietung erweisen... Ha, Rafael, weißt du, ich kann es spüren, wenn der Wind aus der richtigen Ecke bläst – dafür brauche ich keinen Wetterhahn!"

Rafael Syrtis machte eine Geste lachender Kapitulation. „Du kennst mich, *Vai Dom Caryn*... Wirklich, ich brenne darauf, der *Damisela* Caitlin meine Ehrerbietung zu erweisen..."

„Aber nicht zu respektvoll, hoffe ich", scherzte Rafael Hastur und wurde daraufhin ernst. „Nein, ich mache mich nicht über dich lustig, *Bredu*. Ich bin wirklich froh, daß du jemanden gefunden hast, den du lieben kannst, und sie ist deiner in jeder Hinsicht würdig, meine Patenschwester Caitlin."

„Aber ich... ich bin ihrer nicht würdig..." Rafes Stimme zitterte. „Wie könnte ich so hoch blicken..."

Rafael Hastur legte die Hand auf die Schulter seines Freundes. „Nein, Rafe“, sagte er heftig. „Sprich nicht so. Mein Vater und wir alle kennen deinen Wert und deine Qualitäten. Auch mein Vater schätzt deinen Vater als einen seiner loyalsten Männer. Für mich ist Caitlin nur eine meiner Cousinen, ganz Augen und Zähne, und was du mit diesem dürren, kaninchenzahnigen kleinen Ding willst ...“

„Dürr! Caitlin dürr!“ Rafe Syrtis schrie entrüstet: „Sie ist göttlich schlank, und ihre Augen ... diese Augen ...“

„Als sie noch ein kleines Mädchen war, haben Alisa und ich sie immer Kullerauge genannt“, neckte Rafael, „und ich kann wahrhaftig nicht feststellen, daß sie auch nur einen Deut hübscher geworden ist. Aber Rafe – beunruhige dich nicht. Sie ist das Mündel meines Vaters, und Alisa liebt sie sehr, jedoch ist sie nicht reich, so daß sie in dieser Hinsicht nicht zu hoch über dir steht, und obschon ihre Familie sehr gut ist ... deine ist es ebenfalls. Vater wird sehr zufrieden sein, sie dir zu geben. Ich glaube nicht, daß irgendein anderer um sie angehalten hat, aber selbst wenn das jemand getan hätte, werde ich für dich mit Vater sprechen, und wenn du willst, werde ich bei deiner Handreichung für dich stehen. So wird Caitlin in unserer Familie bleiben und damit meiner Schwester so nahe, wie sie es stets gewesen ist.“

Rafe Syrtis' Stimme zitterte. „Ich weiß nicht, wie ich dir danken soll ...“

„Mir danken?“ fragte Rafael. „Indem du einfach bist, was du immer warst, mein loyalster Paxmann und mein geschworener Bruder. Ich wünschte, ich könnte nur halb so eifrig sein zu heiraten, wenn für meinen Vater die Zeit kommt, eine Braut für mich zu finden. Bislang habe ich noch keine Jungfer in ganz Thendara gesehen, die mir besser zu sein scheint als andere; Vater hat von der Tochter des Lord Elhalyn gesprochen, aber sie ist noch ein Kind.“ Behutsam legte er die Hand auf den Arm seines Freundes. „Vielleicht wird etwas von deinem Glück auch zu mir kommen, und ich werde Glück in der Liebe haben. Doch versprich mir, Rafe, daß du dieses neue Band unserer Gemeinsamkeit niemals trennen lassen wirst.“

„Nie“, gelobte Rafe Syrtis. „Ich schwöre es.“

Ehrenwachen, die Begleitung von Comyn-Lords und -Ladies, die Bewertung der Ausbildung neuer Kadetten und die Zuweisung angemessener Pflichten an ältere – diese verschiedenen Tätigkeiten hielten sie währen der ersten zehn Tage der Kadettenzeit viel zu beschäftigt, als daß sie die Erneuerung alter Freundschaften hätten vorantreiben können. Am Morgen des Festabends begegneten sich Kennard und Dyan in einem kleinen Büro nahe der Wachhalle, in dem Kennard Dienstlisten aufstellte, bevor er aufbrach, um die zeremoniellen Pflichten des Abendballs zu absolvieren.

„Wirst du dort sein, Dyan? Aber natürlich wirst du, schließlich gibt es hier ja keinen anderen Vertreter der Ardais-Domäne." Er betrachtete den jüngeren Burschen mit Sympathie. Dyans Vater, Dom Kyril, war wohlbekannt dafür, daß er wiederkehrenden Zeiten der Geistesgestörtheit unterworfen war, in denen er wenig Sinn dafür zeigte, was angemessen und richtig war. Doch in einem seiner lichten Momente hatte er dafür gesorgt, daß Dyan die zeremoniellen Pflichten der Domäne wahrnahm, damit er nicht in einem Augenblick der Geistesumnachtung oder des Wahnsinns Schande über die Familie brachte.

Kennard sagte: „Ich habe Glück damit, daß sowohl mein Vater als auch mein Bruder Lewis fähig sind, die öffentlichen Pflichten der Domäne zu besorgen – ich finde an Zeremonien keinen besonderen Gefallen. Die wichtigen Aufgaben im Rat könnten mich Stolz empfinden lassen, aber in aller Öffentlichkeit aufzustehen und wegen meiner Abstammung wie ein Rennpferd angegafft zu werden ... Nein, das wäre mir sehr lästig."

„Ich hoffe", sagte Dyan steif, „daß ich den Comyn gegenüber niemals eine Pflicht versäume, ganz gleich, wie lästig sie sein mag."

Kennard legte seinen Arm kurz um die Schultern des Freundes. „Das ist es, was ich an dir liebe, *Bredu*", sagte er. „Aber ehrlich, Dyan, es ist doch eine langweilige Angelegenheit, habe ich nicht recht?"

Dyan kicherte. „In aller Öffentlichkeit würde ich das nicht

eingestehen, doch es ist, wie du sagst. Ich frage mich, ob es das prämierte Pferd auch irgendwann satt bekommt, in sein feinstes Geschirr gekleidet und auf den Straßen zur Schau gestellt zu werden ..."

„Es ist eine gute Sache, daß wir das nicht wissen, nicht wahr, sonst hätten wir wohl nie den Mut, Paraden abzuhalten", meinte Kennard. „Nein, in der Tat weiß ich es doch ein wenig ... Eines der Dinge, die ich gerne tue, wenn ich frei habe, ist, unsere Reitpferde auszubilden, und mit *Laran* kann ich – ein ganz wenig – spüren, wie sie die Trense und den Sattel empfinden. Aber sie akzeptieren sie schließlich, genau wie du und ich akzeptiert haben, zu lernen, lange genug Wache zu stehen und zu schreiben und all die anderen Dinge zu tun, die wir tun müssen. Und da wir von lästigen Pflichten reden – Lewis hat behauptet, Vater hätte eine Frau für mich ausgesucht, eine langweilige Tochter aus einer der geringeren Hastur-Sippen ... hast du irgendwelchen Klatsch darüber gehört?"

Dyan schüttelte den Kopf. „Ich bin an Frauen nicht sonderlich interessiert, und ich bekomme sehr wenig über Hochzeiten zu Gehör."

Mit einem Achselzucken sagte Kennard: „Frauen, das ist so eine Sache. Das zumindest ist mir klargeworden. Aber was das Heiraten betrifft ... Oh, ich nehme an, es hat wohl seine Vorteile, ein festes Zuhause, Kinder für den Clan ... Ich besitze die Alton-Gabe ... Lewis nicht. Daher ist es für mich dringender, zu heiraten und Söhne zu haben."

„Was das betrifft", entgegnete Dyan, „so nehme ich an, ich werde – wie immer – das tun, was der Domäne gegenüber meine Pflicht ist, aber als ich noch ganz jung war, haben mich die Frauen meines Vaters angewidert ..." Er blickte Kennard nicht an, und seine ruhige, wohlklingende Stimme änderte ihren Tonfall nicht, doch Kennard, der ein beachtliches Stück der empathischen Gabe der Ridenows besaß, spürte, daß Dyan diese Worte durch Schichten aus Schmerz und Schmach hervorpreßte.

„Wahrscheinlich weißt du es nicht ... Es gab Zeiten, da er sie nach Ardais brachte, um sie vor den Augen meiner Mutter paradieren zu lassen ... und er scherzte über die alten Zeiten, als die Ehefrauen ihre Pflichten noch kannten und, wenn sie ihrem Gemahl im Bett kein Vergnügen bereiteten, andere Frauen auswählten, um ihre Ehemänner zu erfreuen ... Er zwang sie, sämtliche Bastard-Söhne der Rayna di Asturien aufzuziehen und sogar die Töchter ... obgleich diese Frau meiner Mutter gegenüber grausam arrogant war. Und er machte nicht einmal davor halt ... davor, selbst ihren eigenen Dienerinnen Avancen zu machen, und das, noch schlimmer, sogar vor ihren Augen, und er zwang sie, Zeugin all dessen zu sein ... Die Vorstellung, daß ich mich jemals so schändlich benehmen könnte, sie macht mich körperlich krank! Und doch konnte er ... konnte er nichts dafür! Der Gedanke, ich könnte jemals solch ein Sklave eines ... eines Konzepts der Männlichkeit, der Virilität sein ... so sehr, daß ich einer guten Frau weh tun und sie erniedrigen würde, einer Frau, die mir nichts Böses getan hat und der ich Ehre verdanke ... Ich nehme an, ich werde mich irgendwann angemessen verheiraten und der Domäne gegenüber meine Pflicht erfüllen, aber die Vorstellung, daß ich je so ... so von meinen eigenen Gelüsten versklavt sein könnte ... Bevor ich mich so aufführen könnte, hoffe ich, daß ich ehrbar genug bin, *Emmasca* zu machen, wie es die winselnden *Cristoforos* tun!"

Seine Heftigkeit entsetzte Kennard. Er drückte Dyans Arm mit stummer Zuneigung, aber es gab nichts, was er angesichts der Offenbarung des jüngeren Mannes sagen konnte. Davon hatte er keine Ahnung gehabt ...! Schließlich, nach einer langen Zeit, sagte er schüchtern: „Dein Vater ... er ist nicht recht bei Sinnen, *Brodhyu,* du darfst dir von seiner Verruchtheit nicht dein Leben entstellen lassen."

„Werde ich nicht", erwiderte Dyan, wieder zurückhaltend und trotzig, „aber ich habe es nicht eilig, das Glück und die Ehre in meine Hände gelegt zu bekommen. Es wäre eine ... eine furchterregende Verantwortung. Und angenommen, ich würde mich so in das Verlangen nach Frauen versklavt finden ..."

Halb leichtherzig, halb ernst sagte Kennard: „Oh, ich glaube wohl nicht, daß hierfür sonderlich viel Gefahr besteht. Frauen sind ziemlich angenehm, aber auch ich verspüre nicht den Wunsch, meine Aufmerksamkeiten auf eine allein zu beschränken – ich möchte sie lieber alle glücklich machen, nicht einer von ihnen das Recht auf Eifersucht und Vorwürfe geben."

„Wie kannst du so zynisch sein!" entfuhr es Dyan entsetzt.

„Dyan, ich habe nur Spaß gemacht! Aber wirklich, mein Bruder, ich bin noch nicht sonderlich an einer Heirat interessiert, ich bin noch nicht einmal lange genug zu Hause, um auch nur alle meine alten Bindungen und Freundschaften erneuert zu haben, und so möchte ich lieber noch eine Weile warten, bevor ich neue knüpfe. Und da wir von alten Bindungen und Freundschaften sprechen – du und ich, wir haben uns kaum gesehen! Sollen wir eine Jagd planen? Oder – Rafael Hastur sprach davon, eine Langwoche in Syrtis zu verbringen . . . Dom Felix weiß mehr über Falken als irgendein anderer Mensch von Dalereuth bis zu den Kadarin, und er hat mir einen auf meine Hand trainierten Falken versprochen. Ich weiß, daß sie beide erfreut wären, wenn du dich uns anschließt."

„Ich mache mir nichts aus der Falknerei", wehrte Dyan steif ab. Rafael Hastur glaubte also, er könne seinen Freund, den Sohn des Falkenmeisters, Kennard Alton aufzwingen, indem er ihn mit dieser Art von Gefälligkeit – dieser Art von Bestechung – verpflichtete!

„Nun, wie du willst", sagte Kennard. „Dann werden wir in die Berge reiten, nur wir beide, wenn du das vorziehst. Ich kann mir kurz nach der Festnacht drei Tage freinehmen, und du auch."

Einen oder zwei Tage später kam die Einladung von Rafael Hastur, zu ihnen nach Syrtis zu kommen, tatsächlich zur Sprache, und seine Schwester und Patenschwester sollten der Gesellschaft ebenfalls angehören, aber Dyan lehnte ab, indem er erklärte, er und Kennard hätten bereits andere Pläne gefaßt.

Als Dyan an Kennards Seite die niedrigen Kämme der Venza-Hügel entlangritt, fühlte er sich vollkommen glücklich, als wären sie nach all diesen Jahren in eine glückliche Knabenzeit zurückgekehrt. Auch Kennard schien glücklich zu sein. Er erzählte Dyan – wenn auch nicht allzuviel – von seinen Jahren auf Terra, seinem Kampf gegen die schwere Luft und die erdrückende Schwerkraft, von der langen Reise von Stern zu Stern, den eigenartigen Fremdwelt-Sitten. Und der Einsamkeit unter den größtenteils nicht mit *Laran* Begabten.

„Nur einmal fand ich echte Freunde“, sagte er. „Ausgerechnet auf Terra, Verwandte von den Montrays, die auf Darkover gelebt hatten und wußten, wie jenes Licht dort meinen Augen weh tat ... Das war das schlimmste, der Schmerz des Lichts, und selbst wenn die Sonne nicht am Himmel stand, glaubte ich manchmal, ich müßte verrückt werden unter der gräßlichen kalten Helligkeit dieses schrecklichen bleichen Mondes ... Weißt du, daß ihr Wort für Wahnsinn verwandt ist mit ihrem Wort für Mondanbeter*? Da war auch ein Mädchen ... Ihr Name war Elaine, das heißt in unserer Sprache Yllana ... aber sie war auch mit Aldaran verwandt. Ich rechne nicht damit, daß ich sie jemals wiedersehe. Aber sie verstand ein wenig ... wie sehr ich diesen erschreckenden Mond fürchtete.“

Dyan warf ein: „Der Mond-Wahnsinn ist recht leicht zu verstehen ... Wir haben ein Sprichwort: *Was unter vier Monden getan wird, braucht nie erinnert oder bereut zu werden ...*“

„Stimmt“, erwiderte Kennard lachend, „und ich sehe, es stehen drei am Himmel, und später am Abend wird auch Idriel aufgehen, und dann werden vielleicht auch wir ein Abenteuer des Wahnsinns erleben!“

Tatsächlich standen alle Monde hoch am Himmel, als sie ihr Lager aufschlugen und ihre Mahlzeit zubereiteten: Sie brieten einen Vogel, den Dyan mit seinem *Courvee,* dem gekrümmten Wurfholz, das in den Hellers zur Jagd verwendet wurde, heruntergeholt hatte. „Ich habe meine Geschicklichkeit eingebüßt“, klagte Kennard. „Es ist so lange her!“

Lange saßen sie vor der Glut des Feuers, beleuchtet von den vier Monden, und sprachen von ihrer Kindheit, den frühen Tagen bei den Kadetten.

„Ich war so unglücklich auf Terra“, sagte Kennard. „Und ich frage mich oft, ob es Larry an meiner Stelle nicht genauso

* Gemeint ist „lunatic“ (Anm. d. Übers.)

erging. Seine Verwandten waren so freundlich zu mir und versuchten so sehr, verständnisvoll zu sein. Ich weiß, daß mein Vater wohl ebenfalls freundlich war, aber was ist mit den anderen, Dyan? War er glücklich bei den Kadetten? Hat irgend jemand mit ihm Freundschaft geschlossen? Ich hätte ihn gern deiner Freundlichkeit, dir, meinem geschworenen Freund, anvertraut."

Dyan sagte schroff: „Glaubst du, irgendein beliebiges anderes Lebewesen könnte deine Stelle einnehmen? Ich denke, wir alle haben ihn spüren lassen, daß wir ihn für einen Eindringling hielten!"

Kennard schüttelte voller Bestürzung den Kopf. „Aber wir waren Freunde, Dyan, ich hätte es gerne gesehen, daß du ihn so behandelst, wie du mich behandelt hättest, als Freund und Bruder . . . Nun, es ist vorbei, ich will dich nicht tadeln", lenkte er ein, „aber ich wünschte, du hättest ihn so gut kennenlernen können wie ich. Glaube mir, er ist es wert, *Janu.*"

Aber Kennard gebrauchte den alten Kosenamen aus ihrer Kindheit, und Dyan wußte, daß er ihm nicht böse war, natürlich nicht. Wegen eines *Terranan* würde Kennard nicht mit ihm streiten!

Das Feuer war heruntergebrannt. Kennard gähnte und sagte: „Wir sollten schlafen gehen. Andererseits . . . wir haben schließlich die vier Monde . . . Was für eine Verrücktheit sollen wir anstellen?"

Mit einer Schüchternheit, die ihn überraschte, sagte Dyan: „Wohl kaum eine Verrücktheit . . . Aber nach so vielen Jahren, *Bredhyu* . . . sollten wir da nicht unser altes Gelöbnis erneuern . . .?"

Für einen Moment war Kennard bewegungslos, verblüfft. Dann sagte er ganz sanft: „Wenn du willst, *Bredhyu.*" Er wiederholte dieses Wort mit dem gleichen besonderen Tonfall, den auch Dyan benutzt hatte, der nur für geschworene Brüder galt, zwischen denen es keine Schranken gab. „Es bedarf keiner Erneuerung, um so stark zu sein wie eh und je . . . Ich vergesse nicht, was ich geschworen habe. Und du bist alt genug; ich hätte nicht einmal daran gedacht, dich als Jungen zu behandeln, der zu jung ist für Frauen ... Aber wenn du es dir wünschst, mein liebster Bruder, dann sei es, wie du willst."

Er zog Dyan an sich, so daß sich ihre Lippen trafen, die Schranken in der allerintimsten Berührung fielen, bis ihr Geist voreinander so entblößt war, wie dies ihre jungen Körper waren ... Und in diesem Moment zerbrach etwas tief im Innern von Dyan Ardais, um nie wieder ganz zu werden.

Kennard hatte nicht aufgehört, ihn zu lieben. Er würde niemals aufhören, ihn zu lieben. Er begrüßte ihre Zusammenkunft, und jetzt hatte auch er sich vollständig der Wärme und Zärtlichkeit dieser körperlichen Neubestätigung ergeben, er hielt nichts zurück. Und doch ... doch gab es einen wesentlichen Unterschied, einen für Dyan herzzerreißenden Unterschied. Was für Dyan der lebenswichtige, verzweifelt ersehnte Quell seiner Existenz war, der Kern und die Erneuerung seines Daseins, das war für Kennard nichts dergleichen. Kennard liebte ihn, ja, schätzte ihn als Bruder, Freund, Verwandten, schätzte ihn mit tausend freundlichen Erinnerungen. Aber genau das Zentrum ihrer Liebe, diese gegenseitige Bestätigung, die allein Dyans Existenz begründete, war für Kennard lediglich eine angenehme Freundlichkeit – er wäre genauso zufrieden gewesen, hätten sie sich die Hand gereicht und getrennt geschlafen ... Und vor der Qual dieses Wissens fühlte Dyan Ardais, daß sein gesamtes Innerstes zertrümmert, zerrissen, in Fragmente gebrochen wurde.

Noch während er zärtlich in Kennards Armen gehalten wurde, völlig absorbiert im gegenseitigen Teilen, fühlte er, wie ihn das Eis des Todes umfing, wie die eisigen Krallen von Nevarsin, frostig, allein ... Selbst die Auflösung in der gegenseitigen Freude war Qual, er wußte, daß er unkontrolliert schluchzte, und durch seine eigene Verzweiflung hindurch fühlte er Kennards verwunderten Kummer und sein Bedauern. Er konnte Kennard nicht einmal böse sein. Kennards Gedanken waren seine eigenen: *Was kann ich tun? Er kann nicht anders sein, als er ist, und ich auch nicht. Ich liebe ihn, ich liebe ihn sehr, aber Liebe allein ist nicht genug ...*

„Dyan, Dyan ... *Janu, Bredhyu,* mein geliebter Bruder,

trauere nicht so, du brichst mir das Herz", bettelte Kennard. „Wie kann ich dich trösten, Bruder? Du wirst mir immer teurer sein als jedes andere menschliche Wesen, das schwöre ich dir. Ich flehe dich an, trauere nicht so . . . Die Welt wird ihren Lauf nehmen . . . den Lauf, den sie will, nicht wie du oder ich ihn haben möchten . . . Es gibt niemanden, niemanden, den ich mehr liebe als dich, Dyan, es ist nur so, daß ich kein Knabe mehr bin . . . Dyan, ich schwöre dir, es wird die Zeit kommen, da dies nicht mehr so schrecklich viel Bedeutung für dich haben wird . . . alles ändert sich . . ."

Innerlich wütete Dyan: *Ich werde mich nicht ändern, niemals!* Alles in ihm geiferte in erzürnter Auflehnung, aber langsam schaffte er es, sein Weinen unter Kontrolle zu bringen, sich hinter eine undurchdringliche Barriere der Ruhe, der guten Manieren, fast der Unbeschwertheit zurückzuziehen. Wieder griff er nach Kennard, mit seiner gekonnten, verführerischen Berührung, um ihn einfach seine Gedanken spüren zu lassen: *Wenigstens gibt es dies hier, und Kennard kann nicht so tun, als fände er keine Freude daran . . .*

Kennard, noch immer besorgt, jedoch dankbar für Dyans Ruhe, griff mit sanftem Drängen nach ihm und sprach laut . . . er konnte die tiefere Geist-Berührung nicht ertragen, nicht jetzt. „Ich werde niemals versuchen, das hier vorzutäuschen, mein Bruder."

Der Sommer zog sich dahin. Eines Tages, als sich Kennard in dem kleinen Raum nahe der Wachhalle umkleidete, nachdem er einigen jüngeren Kadetten im Schwertkampf Stunden gegeben hatte, sagte er zu Dyan: „Tja, es ist passiert. Vater hat eine Frau für mich gefunden."

Dyan hob ironisch eine Augenbraue. „Meinen Glückwunsch. Bin ich mit der glücklichen jungen Frau bekannt?"

„Ich weiß nicht! Ich kenne das Mädchen nicht einmal. Vater sagt, sie sei passend, von einer geringeren Hastur-Seitenlinie; er sagt, daß sie nicht besonders schön ist, allerdings auch nicht häßlich, und sie ist liebenswert und vollendet und mit *Laran* begabt – und das ist ungeheuer wichtig für mich. Er hegt überhaupt keinen Zweifel daran, daß wir uns mögen und gut zusammenleben werden. Schönheit mag vielleicht bei den Bettgefährtinnen eines Mannes wichtig sein, aber ein gutes Gemüt und freundliche Veranlagung sind für ein gemeinsames Teilen eines Heimes und Lebens wesentlich wichtiger, und ich bezweifle nicht, daß wir einigermaßen glücklich sein werden. Sie ist die Patenschwester von Rafael und Alisa Hastur... Bist du ihr schon einmal begegnet? Sie heißt Catriona, Catrine, irgendwas in der Art."

„Caitlin?" fragte Dyan, und Kennard nickte. „Ich glaube – ja. Du kennst sie?"

„Nein", erwiderte Dyan, „aber ich weiß, wer sie ist."

Innerlich lachte er triumphierend. Das würde Rafael Syrtis lehren, seine Augen nie wieder zu einem Mädchen der Hastur-Familie zu erheben! Jetzt, da man einen richtigen Gatten für das Mädchen gefunden hatte, würde Rafe Syrtis erfahren, daß es Grenzen gab für den Ehrgeiz eines Bürgerlichen!

„Ich wünsche dir alle Glückseligkeit, Verwandter", sagte er förmlich. Aber seine eigene Glückseligkeit floß über, als Kennard lächelte und erwiderte: „Das Mädchen bedeutet mir nichts, lieber Bruder. Mir ist noch nie eine Frau begegnet, die mir mehr sein kann als ein geschworener Bruder, und ich bete von Herzen, daß sich dies auch niemals ändern möge."

Er brannte darauf zu erfahren, wie die beiden Rafaels auf dieses Wissen reagieren würden, und er sollte es bald herausfinden. Eigentlich war er außer Hörweite und erledigte eine kleine Aufgabe in der Kasernenstube, während Rafael Hastur und Rafe Syrtis am anderen Ende des Raumes vorgaben, Karten zu spielen. Aber er hörte, wie sie Kennards Namen erwähnten, und spürte nicht die geringsten Skrupel, seine Sinne auszuweiten und telepathisch dem zu lauschen, was sie sprachen.

Ich konnte es kaum fassen, sagte Rafael Syrtis. *Ich wußte natürlich, daß sie erfreut und froh sein würde, mich zu sehen, als ich sie aufsuchte, aber ich hätte niemals geglaubt, daß sie wirklich nach mir schicken, mich bitten würde... Rafael, ich konnte es nicht ertragen ... Sie hatte so geweint, ihr armes, kleines Gesicht war von den vielen Tränen verschwollen, ich glaube, sogar die Steine des Nevarsin-Gipfels wären vor Mitleid geschmolzen! Und natürlich denkt dieser ihr Vater nur daran, was es für sie bedeuten wird, einen Comyn-Erben zu heiraten ... Was soll ich nur tun, Rafael? Ich kann nicht zulassen, daß ich sie verliere, nicht jetzt, da ich weiß, daß sie dasselbe für mich empfindet wie ich für sie ...*

Dyan verspürte heftige Genugtuung. Endlich begriff dieser verdammte Bürgerliche, daß er sich letztlich doch nicht in Comyn-Kreise hineinzwängen konnte, indem er eine Patenschwester von Rafael Hastur heiratete! Nun, sollte er leiden, es würde ihm eine Lehre sein! Dann hörte er voller Schmach, was Rafael zu seinem Freund sagte: Ein Hastur, der so sprach? Schändlich!

Wenn ihr beide, du und Caitlin, den Mut habt ... werde ich an eurer Seite stehen. Eine Freipartner-Heirat kann nicht bestritten werden, wenn sie vollzogen ist ... Würdest du mit meinem Vater sprechen, so hielte er dir vor, es sei nur eine Knabenlaune ... aber wenn ihr ein Bett, eine Mahlzeit, eine Feuerstelle geteilt habt ... Ich weiß nicht, ob das Mädchen die geistige Kraft hat, den Wünschen der Alten zu trotzen, aber wenn ja, und du ebenfalls, so werdet ihr Zeugen haben wollen, und Alisa hat versprochen, daß auch sie an eurer Seite stehen wird ...

Und dann diskutierten sie über Pferde und über Möglichkeiten, und Dyan nahm sein Lauschen zurück, als sich Rafe Syrtis umdrehte und ihn unbehaglich anstarrte ... Hatte der verdammte Bürgerliche also doch einen winzigen Funken *Laran?* Doch er bekam den Treffpunkt mit, *die Hütte des Reisenden an der Straße zu Callistas Quell ...*

Von Dyan hast du nichts zu befürchten, sagte Rafael Hastur ruhig. *Auch er hat unter den Launen eines überstrengen Vaters gelitten, er wird uns nicht verraten.*

Wirklich nicht? dachte Dyan erzürnt. Selbst wenn er nicht wegen Rafe Syrtis' Vermutung wütend geworden wäre – dieser Rafe Syrtis, der es wagte, seine Augen ehrgeizig zum Mündel eines Hastur zu erheben –, wäre er um Kennards willen zornig.

Wer war dieses Mädchen Caitlin, daß sie einen unverschämten Niemand Kennard Alton vorzog? Was für ein Schlag ins Gesicht wäre es für Kennard, wenn im Rat darüber geklatscht werden würde, daß seine versprochene Braut weggelaufen war, um jemand anderen zu heiraten! Und für wen dies alles? Für einen Prinzen, für eine edlere Heirat? Nicht einmal das? Für den Sohn des Falkenmeisters ihres Vormunds! Welch eine Beleidigung für Kennard! Dyan dachte wutentbrannt, daß er die Übeltäterin Caitlin – wenn sie vor ihm gestanden wäre – angespuckt hätte.

Kennard mußte dies sofort erfahren – daß Rafael Hastur und dieser sein unverschämter und anmaßender Liebling sich verschworen, ihn um seine Braut zu betrügen!

Während er auf der Suche nach Kennard unterwegs war, probte er in Gedanken bereits, was er sagen wollte, um seinem Freund bewußt zu machen, wie sehr er von dem Hastur-Erben beleidigt wurde! Diese falschen Freunde und Verräter verschworen sich, um Kennard zu betrügen, ihn vor den Wachen und dem Rat das Gesicht verlieren zu lassen.

Doch seine Gedanken blieben dabei, ihm Kennard nicht als dankbar dafür darzustellen, daß er, Dyan, ihn vor dieser Erniedrigung, die sie ihm zudachten, gewarnt hatte, nein, er war vielmehr wegen seiner Einmischung ärgerlich auf ihn ... Fast schien es, als könne er Kennards Stimme hören, wie er sagte: *Zandrus Höllen, Dyan, glaubst du, ich mache mir etwas aus diesem Mädchen? In dieser Zeit meines Lebens ist ein Mädchen ganz wie das andere für mich, vorausgesetzt allein, es ist angemessen ... Ich habe sie noch nie gesehen.* Und je mehr Dyan in seinen Gedanken argumentierte und versuchte, Kennard davon zu überzeugen, daß er nicht zustimmen konnte, seine versprochene Braut an einen Bürgerlichen zu verlieren, desto mehr wiederholte sein Verstand Kennards logische Erwiderung:

Was könnte ich für eine Freude daran haben, ein Mädchen zu heiraten, das rettungslos in einen anderen Mann verliebt ist? Es gibt viele Frauen, die ebensogern mich haben möchten ... War-

um also soll ich den Syrtis-Jungen diese eine nicht haben lassen – und gern, wenn sie einander wollen ... Wer weiß, vielleicht werde ich eines Tages so viel Glück haben, eine Frau zu finden, die mir genausoviel wie Rafe Caitlin bedeutet.

Verwirrt durch die Stimmen in seinem Geist, plagten Dyan schwere Befürchtungen. Sollte er sich einfach ruhig verhalten? Wenn Caitlin Lindir-Hastur und Rafe Syrtis so sehr daran gelegen war, warum sollte er sie auseinanderreißen, um Caitlin in die Hände eines Mannes zu spielen, dem es gleichgültig war, ob er sie oder eine andere hatte? Dann, in einem letzten Moment gequälter Selbsterkenntnis, die noch von dieser unbeabsichtigten Zurückweisung durch Kennard in ihm schwelte, wußte er: Er wollte nicht, daß Kennard eine Frau heiratete, die ihm irgendwann das bedeuten konnte, was Rafe Caitlin bedeutete ... *was mir keine Frau – jetzt weiß ich es – je bedeuten wird ...*

Fest entschlossen verwarf er seine Bedenken. Die Loyalität zu den Comyn verlangte, daß er die jungen Hasturs daran hinderte, dem Willen des Rates zu trotzen, daß Kennard Alton Caitlin als Ehefrau haben sollte. Kennard durfte nicht erniedrigt werden – nicht dadurch, daß ihm gezeigt wurde, wie seine versprochene Braut es vorzog, die Frau eines Bürgerlichen zu werden, eines Schmarotzers, des Sohns des Falkenmeisters!

Kennard wird wissen, daß ich seine Ehre als Comyn-Lord so hoch schätze wie meine eigene. Er wird mir dankbar sein, und ich werde ihm noch immer mehr bedeuten als jede Frau ...

Seine Hände zitterten. Er stellte fest, daß er vor den Hastur-Wohnquartieren angekommen war, und als er dem Diener mit dem ernsten Gesicht zu melden auftrug, daß Dyan Gabriel, Regent von Ardais, mit dem Lord Danvan Hastur zu sprechen wünschte oder, wenn das nicht möglich sei, mit dem alten Lord Lorill, probte er im Geiste bereits seine Einleitungsworte.

Wißt Ihr, mein Lord, was sie planen – Euer Sohn und sein schamloser Paxmann, der Sohn Eures Falkenmeisters? Sie beabsichtigen, daß Kennard, der Erbe Altons, um die im Rat beschlossene Heirat betrogen werden soll ...

Sie waren eine kleine Gruppe. Alle von Comyn-Geblüt oder Wachen, denen großes Vertrauen entgegengebracht wurde und bei denen man sicher sein konnte, daß sie den Skandal nicht verbreiten würden. Danvan Hastur selbst ritt mit ihnen, und Dyan war der Jüngste der Gruppe, die nordwärts zu Callistas Quell ritt. Der alte Hastur hatte diskret Erkundigungen eingezogen. Als er hörte, daß der Lord Rafael und Alisa mit Rafaels Paxmann, dem jungen Syrtis, und Alisas Patenschwester vor Mittag ausgeritten waren und Falken mitgenommen hatten, als sei es nur ein harmloser Ausflug, hatte er den Trupp zusammengerufen und war sogleich aufgebrochen. Jetzt erblickten sie die kleine Schutzhütte für Reisende, und davor sahen sie vier Pferde stehen; eines davon war der weiße Hengst, den Rafael Hastur ritt.

Danvan Hasturs Stimme war tief und bitter.

„Schwärmt aus und umstellt die Kate! Wer weiß, wie sie reagieren werden, diese vorschnellen Jugendlichen? Mit Ungehorsam bestimmt, vielleicht gar mit Schande und Schmach.“ Als sein Paxmann neben ihm war, führte er mit seinem Schwertknauf einen schweren Schlag gegen die Tür. Dyan konnte sehen, daß der ältliche Ratslord auf alles vorbereitet war, sogar auf rohen Trotz.

Doch kein Schlag wurde geführt. Dyan sah und hörte nichts von dem, was im Innern der Hütte geschah, aber nach langer Zeit trat Danvan Hastur heraus. Sein Gesicht war kalt und angespannt; er hielt die weinende Caitlin an der Hand. Lord Hastur gab zwei Wächtern ein Zeichen, zu beiden Seiten von Rafe Syrtis zu reiten, dessen Gesicht so weiß war wie sein Hemd.

„Bewacht ihn, damit er sich nichts antut“, wies Hastur sie nicht unfreundlich an. „Er ist außer sich. Er wurde schlecht beraten von jenen, die es hätten besser wissen sollen.“ Seine Blicke ruhten auf seinem Sohn Rafael, und sein Gesicht war wie aus Stein gehauen.

„Was dich betrifft“, knurrte er, „so weiß ich, wem ich die Schuld für diese schändliche Affäre geben muß. Du hast Glück, daß dich dein Vetter Alton nicht zum Duell fordert, weil die

Comyn-Immunität euch beide schützt. Nein, kein Wort..." Er hob gebieterisch die Hand. „Du hast schon genug gesagt und getan, aber mit Glück und schnellen Pferden ist es zu nichts gekommen. Wir sprechen uns später noch. Geh zu deinem Pferd und reite los, und wage es nicht, heute abend auch nur ein Wort an mich zu richten."

Rafaels Lippen bewegten sich in unhörbarem Protest, aber sein Vater hatte sich bereits abgewandt. Er selbst setzte Caitlin auf ihr Pferd und sagte: „Komm, mein Kind, es ist kein Schaden angerichtet, obgleich deine Torheit groß war. Ich verpfände meine Ehre dafür, daß Kennard niemals hiervon erfahren wird, und zum Glück hat er dir nichts zu verzeihen. Alisa!"

Seine Stimme war plötzlich scharf wie ein Peitschenknall. „Steig in den Sattel, mein Mädchen, oder wir werden dich hineinheben lassen! Nein, kein Wort!"

Alisa zog ihren grünen Umhang vor das Gesicht. Dyan schien es, daß auch sie weinte. Aber seine Blicke waren auf den zusammengesunkenen Rücken von Rafael Syrtis gerichtet. Wahrhaftig, dieser abscheuliche Bürgerliche hatte seine Lektion bekommen!

Am Ende kam nichts dabei heraus; Alisa wurde in Ungnade in die Fremde geschickt – nach Neskaya, sagte man, doch es gab überraschend wenig Klatsch. Nur die Wachhalle war übervoll davon, aber Dyan beantwortete keine Fragen. Er war bei seiner Ehre dazu verpflichtet worden, stillzuschweigen. Ein paar Tage später wurde die Handreichung ordnungsgemäß abgehalten, und Caitlin Hastur-Lindir wurde Kennard Alton *di Catenas* zur Ehe versprochen. Dyan, der zusah, wie Braut und Bräutigam während der Zeremonie mit höfischer Gleichgültigkeit miteinander tanzten, verspürte eine eigenartige hohle Leere. Als er vortrat, seine Glückwünsche auszusprechen, begrüßte ihn Kennard herzlich.

„Ich möchte dich meiner versprochenen Frau vorstellen, Dyan. *Damisela,* dies ist mein Verwandter und gechworener Bruder Dyan."

Einen Moment lang erwachte das starre Gesicht des Mädchens mit einem Aufflackern von Zorn und Groll zum Leben, und Dyan begriff, daß sie ihn in dem Kreis höflich abgewandter Gesichter vor der Hütte an der Straße zu Cassildas Quell gesehen haben mußte... Dann war es wieder ausdruckslos, und Dyan wußte, daß sie sich nicht einmal mehr daraus etwas machte.

„Ich wünsche dir alles Glück", sagte er förmlich, und Kennard erwiderte etwas genauso Förmliches und Bedeutungsloses. Nur Dyan bemerkte sein kaum wahrnehmbares Achselzucken.

„Hier ist Euer Pflegebruder, um mit Euch zu tanzen, Caitlin", sagte Kennard und führte sie zu Rafael Hastur. „Kommt bald zu mir zurück, meine Lady." Doch er sah sie mit einem fast hörbaren Seufzer der Erleichterung gemeinsam davongehen.

„Ich glaube, Caitlin mag mich nicht besonders", sagte er. „Ich nehme an, früher oder später wird sie sich an den Gedanken gewöhnen. Ich werde versuchen, so freundlich wie nur möglich zu sein, und ich glaube, wir werden wie jedes andere Ehepaar miteinander auskommen. Sie ist gewiß keine Schönheit", setzte er freimütig hinzu, als er dem Mädchen nachblickte, „aber sie scheint ein liebes Wesen zu haben, selbst wenn sie jetzt schmollt, und sie ist redegewandt und sanft, und sie scheint ziemlich intelligent zu sein! Ich wäre nur ungern mit einer Närrin verheiratet. Ich schätze, ich bin eigentlich gar nicht so unzufrieden", endete Kennard ohne viel Überzeugung. „Mein Vater hätte es schlechter für mich treffen können, vermute ich. Nun, wenn sie mir einen Sohn mit *Laran* schenkt, werde ich nicht viel anderes von ihr verlangen." Fast sichtbar zuckte er mit den Schultern. „Oh, tja, es ist ein Vorwand für ein Fest und eine Lustbarkeit – sollen wir also etwas trinken? Dyan – hör mir zu. Von allen meinen Bekannten bei den Wachen ist nur Rafael Syrtis nicht gekommen, um mir zu gratulieren oder mir Glück zu wünschen. Mein Bruder, was kann ich denn wohl getan haben, das ihn verletzt hat – und daß er eine so große Abneigung gegen mich hegt?"

Dyan fühlte eine enge Einschnürung an seiner Kehle. Es war nicht zu spät, selbst jetzt noch nicht... Statt dessen hörte er sich sagen: „Was, zum Teufel, spielt es für dich für eine Rolle, was er denkt, Kennard? Wer ist dieser Rafael Syrtis überhaupt, daß er dir Verachtung zeigen darf? Ein Niemand – der Sohn des Falkenmeisters!“

„Wir haben deinen Vater mit jemandem verheiratet, den wir für angemessen hielten“, sagte der alte Hastur, „und sie lebten viele Jahre lang in vollkommener Harmonie und völliger Gleichgültigkeit zusammen.“

Hasturs Erbe

Wie in dieser Einführung immer wieder erwähnt, sind Autorinnen oft Frauen mit überbesetztem Terminplan, die mit Beruf, Babys, Haushalt und kreativen Bemühungen jonglieren. Penny Ziegler ist wahrscheinlich die beschäftigtste von allen, denn ihr Beruf verlangt schon normalerweise einen Achtzehn-Stunden-Tag, und sie hat dazu drei Kinder, eine Tochter von zehn und zwei Söhne von zwölf und dreizehn. Mit fünfunddreißig hat Penny die Hälfte ihrer Krankenhauszeit in ihrer Ausbildung zum Psychiater hinter sich.

Sie ist in Palm Beach, Florida, aufgewachsen, besuchte ein College in Boston oder dort in der Nähe, und lebte nach ihrer Heirat in Colorado. Dann zog sie in die Gegend von Washington, D. C., wo sie einen Bachelor of Science in Biologie erwarb, wissenschaftliche Arbeit auf dem Gebiet der Genetik leistete und medizinische Vorlesungen hörte, alles an der George-Washington-Universität.

„Ich habe schon als Halbwüchsige SF *und Fantasy gelesen", schrieb sie mir, als ich nach einem kurzen Lebenslauf fragte, „aber bis zu dem* Starstone-*Wettbewerb für Kurzgeschichten nie versucht, irgend etwas zu schreiben." Penny ist eine schöne, ernste und (notgedrungen) gehetzt wirkende junge Frau, die aussieht, als habe sie ihre ersten dreißig Jahre auf Darkover verbracht. Soviel ich weiß, ist sie die einzige Rothaarige, die einen Beitrag zu dieser Anthologie geliefert hat. Außerdem wirkt sie so zerbrechlich, daß sie wahrscheinlich einen Großteil ihres Lebens damit verbringen wird, ungläubigen Patienten zu antworten, die nicht glauben können, daß eine so zarte junge Frau der Doktor ist.*

„Ein Traum", mit dem sie bei dem Starstone-*Wettbewerb den ersten Preis gewann, ist eine Geschichte, die ich immer schon selbst habe schreiben wollen. Von Terranern, die sich in Darkover verliebten, ist bereits berichtet worden. Deshalb hätte ich*

gern einmal von einem Darkovaner erzählt – und es muß viele gegeben haben –, der sich von dem Terranischen Imperium und seinen Raumschiffen bezaubern ließ. Ich erwähnte dies einmal gegenüber Don Wollheim. Er meinte, ohne die Atmosphäre des Planeten der Blutigen Sonne würde es der Geschichte an etwas mangeln, und deshalb arbeitete ich die Idee nie aus. Aber jetzt legt Dr. Ziegler, ohne auf Darkover zu verzichten, die Geschichte von Eduin vor, der sich die Sternenschiffe wünschte, und von Lomie, dem Kneipenmädchen, das ihm weiterhalf.

(Leser der gesamten Darkover-Serie werden sich an die Episode aus Die Blutige Sonne *erinnern, wo Jeff Kerwin sie beschimpft.)*

Penny Ziegler

Ein Traum

A SIMPLE DREAM

Das große Imperiumsschiff stand stolz auf seiner Rampe und ragte hoch über dem Platz auf, wo sich eine Menschenmenge versammelt hatte, die dem Start zusehen wollte. Während der Countdown lief, leerte sich das Gebiet um die Rakete allmählich von den Männern mit ihren Geräten, die die letzten Arbeiten durchgeführt hatten. Darkovers rote Sonne hing niedrig am Himmel und färbte die spärlichen Wolken in leuchtende Töne.

In der Nähe des Raumhafentors stand ein Mann, der die Tracht der Berge trug. Er merkte nichts von dem Gedrängel der anderen Schaulustigen, er starrte nur zu dem Schiffsrumpf auf, der sich zusammen mit den fernen Berggipfeln gegen den farbenprächtigen Himmel abzeichnete. Groß und auffallend dünn, wirkte er hier fehl am Platz. Sein lockiges schwarzes Haar war zu lang für die gegenwärtige Mode, seine Stiefel eigneten sich mehr für das Felsklettern als für Stadtstraßen. Und ein Zug um seine Augen verriet eine innere Festigkeit und Selbstbeherrschung, die bei einem Städter ungewöhnlich ist.

Eduin hatte in seinen dreißig Jahren schon vieles getan. Seit er seine Heimat in den Hellers verlassen hatte, war er Bauernknecht, Holzfäller und Brandbekämpfer gewesen, hatte sich als Söldner und als Leibwächter verdingt, als Pferdetrainer und Bergführer gedient. In Thendara war er bisher noch nie gewesen. Tatsächlich hatte er um Städte einen Bogen gemacht, weil sie ihm zu hektisch waren und die dicht bei dicht stehenden Häuser ihn einengten. Doch jetzt war all das vergessen, jetzt rissen ihn die Erregung des Augenblicks und die Begeisterung der Menschen mit, die in Erwartung des Starts den Atem anhielten.

Plötzlich erwachten die Motoren mit ohrenbetäubendem Brüllen zum Leben. Das große Schiff hob sich langsam in den Himmel. Sein Schweif war eine riesige Feuerkugel, die ein breites Band aus weißem Dampf hinter sich herzog. Es stieg höher, und Eduin spürte die Anwesenheit eines altbekannten Traums wie die Berührung eines vertrauten Freundes. Sein ganzes Leben lang hatte der Raumflug seine Phantasie beschäftigt. Es war der Wunsch eines Kindes an den Abendstern gewesen, mehr nicht. Jetzt wagte Eduin zum erstenmal zu hoffen, er werde in Erfüllung gehen.

Viele Minuten später, als das Schiff zu einem Lichtpünktchen am sich verdunkelnden Himmel zusammengeschrumpft war, kam Eduin zu Bewußtsein, daß er allein auf dem großen Platz stand. Die Sonne ging unter. Schnell machte er kehrt und strebte der terranischen Handelsstadt zu. Der Wind war eisig, und er zog seinen Mantel fest zusammen. Sein Kopf war voll von Plänen für morgen.

In der dritten grellen Raumhafenbar, die er betrat, hörte Eduin das Bruchstück einer Unterhaltung und erkannte einen ihm vertrauten Bergdialekt. Der Sprecher und sein Gefährte tranken an der Theke. Nach ihrer Kleidung waren sie Schwertkämpfer, die sich verdingten. Eduin stellte sich hinter sie und ließ sich ein Glas *Shallan* geben.

„. . . und ich sage, daß alles, was die *Terranan* Darkover bringen können, Ärger ist“, behauptete der Ältere der beiden. Er strich eine Locke seines ergrauenden Haares zurück und faßte nach dem Krug vor ihm. „Sie halten sich nicht an den Vertrag, sie locken die unschuldigen Töchter guter Familien an sich und lassen sie in ihren Freudenhäusern arbeiten, und . . .“

„Und es gibt keinen einzigen anständigen Schwertkämpfer unter ihnen“, unterbrach der andere, ein junger Mann mit einer dunkelroten Narbe auf der Wange. „Sie haben seltsame Sitten, das steht fest.“

„Stellen sie Arbeiter an?“ fragte Eduin, darauf verzichtend, seinen Namen zu nennen. „Die *Terranan* meine ich." Beide Männer drehten sich um und starrten den aufdringlichen Gast an. Aber sein Akzent sprach von Heimat, und so hieß ihn der ältere Mann mit einem Lächeln willkommen.

„Du bist ohne Arbeit, Mann? Aye, sie haben innerhalb des Raumhafens ein paar Jobs zu vergeben. Aber jetzt, wo die Gebäude fertig sind, brauchen sie kaum noch ungelernte Kräfte."

„So ist es", bestätigte der andere. „Sie nehmen nur noch Leute, die die Sprache des Imperiums beherrschen und über die benötigten Kenntnisse und Fähigkeiten verfügen."

Eduin dankte ihnen und ging hinaus auf die Straße. Fast hatte er die Hoffnung verloren. Er hatte noch nie einen Terraner gesehen, bevor er nach Thendara gekommen war. Er wußte nichts von terranischen Sitten und Bräuchen und noch weniger von ihrer Sprache. Von welchem Nutzen konnte er diesen Außenweltlern sein?

Drei Tage lang wanderte er in der Handelsstadt umher. Es war eine fremde Welt; die Häßlichkeit und der Schmutz stießen ihn ab, doch der Raumhafen hielt ihn fest wie ein Magnet. Er ging durch Straßen, die ständig voll von Menschen zu sein schienen: Gruppen von Raumsoldaten auf Landurlaub waren auf Abenteuer aus, darkovanische Händler und Kaufleute führten Packtiere oder schoben Karren, Rudel von hohläugigen Kindern in zerlumpten Kleidern platschten in den Pfützen, die der schmelzende Frühlingsschnee zurückgelassen hatte. Das helle Licht und die grellen Farben taten seinen Augen weh. Musik dröhnte aus den Eingängen terranischer Bars und Bordelle – nicht der vertraute Klang singender Stimmen, sondern eine seltsame, mißtönende Mischung von Geräuschen, die zu laut für seine Ohren waren.

Endlich fand er Arbeit in einem kleinen Weinlokal in der Nähe der Altstadt. Er fegte den Boden und spülte die Gläser. Die Gäste bestanden hauptsächlich aus Arbeitern, Darkovanern und Terranern, und gelegentlich dienstfreien Raumsoldaten von den großen Schiffen. Tomaso, der Eigentümer, war ein schwarzer Bär von einem Mann mit schwerem Gebirgsakzent, dessen dicker Bauch die Wahrheit seiner Behauptung bezeugte, er persönlich überwache die Qualität seiner Ware. Hatte er wenig zu tun, unterhielt er die Gäste mit unerhörten Geschichten über die sexuellen Eroberungen und Messerkämpfe seiner Jugend.

Die Drinks servierte Lomie, die Barfrau, die mit einem Nebenerwerb in einem kleinen Hinterzimmer zusätzlich zu Tomasos Profit beitrug. Sie war ein molliges, rundgesichtiges Mädchen mit dichten schwarzen Locken und einem trägen Lächeln. Überraschend anmutig für eine so große Frau, schien sie vor unterdrückter Energie und der Verheißung von Leidenschaft zu vibrieren, wenn sie durch den verqualmten Raum ging. Dazu kontrastierten ihre Augen, kalt, verschlossen. *Hochmütig,* dachte Eduin, verwirrt von so viel Stolz bei einer Frau, die ihren Körper jedem Mann hingab, der den verlangten Preis bezahlen konnte. Sie erinnerte ihn an ein Marl-Junges, das er vor ein paar Jahren in der Falle gefangen und gezähmt hatte: warm und verschmust, wenn ihm danach war, aber nie ganz vertrauend. An diesem Abend beobachtete er, wie sie zwei betrunkene Terraner in das Hinterzimmer führte, und in ihm stieg ein altes Sehnen wie Rauch von einem vergessenen Feuer auf.

Im Laufe der Zeit sprach Eduin oft mit Tomaso, und schließlich vertraute er dem so manches gewöhnten Ohr des Wirtes etwas von seinen Hoffnungen und Plänen an. Zuerst lachte Tomaso. „Was könnten die *Terranan* im Raum mit dir anfangen, Mann? Du verstehst nichts, und wahrscheinlich ist es zu spät für dich, noch etwas zu lernen. Kann ein alter Falke einem neuen Herrn dienen?“ Sie diskutierten stundenlang, und am Ende erklärte sich der ältere Mann bereit, er werde Eduin helfen, Terra-Standard zu lernen.

Lomie hielt Abstand von ihm. Eduin unterbrach seine Arbeit oft, um auf ihr kehliges Gelächter von der anderen Seite des Raums zu lauschen, wo sie die Gäste bediente. Ging sie dicht an ihm vorbei, war der Geruch nach Weihrauch in ihrem Haar und ihren Kleidern merkwürdig verlockend. Doch sie begegnete nie seinem Blick, sprach nie mit ihm.

Eines Tages kurz vor Sonnenuntergang entstand Lärm in einer Ecke des Lokals. Eduin blickte auf und sah Lomie in Tränen hinauslaufen. Ein großer, rothaariger Mann in der Uniform des Imperiums stolperte aus der Tür auf die Straße. Sein besinnungslos betrunkener Gefährte schlief an ihrem Tisch weiter. Tomaso, der hinter der Theke zu tun hatte, winkte Eduin, er solle dem Mädchen nachgehen.

Er fand sie im Hinterzimmer. Schluchzend hielt sie ihr loses Kleid über den Brüsten zusammen. Eduin faßte sie fest bei den Schultern, drehte sie zu sich herum und sprach ihren Namen. Ihre Blicke begegneten sich für einen Sekundenbruchteil – dann wandte sie die Augen ab, aber er hatte in ihnen schon gelesen, wie sie sich ängstigte und wie verletzt sie war. Er versuchte, ihr Weinen zu stillen, und fragte sie mit leiser, ruhiger Stimme:

„Lomie, du bist doch schon von diesen Außenweltlern beleidigt worden. Was hat er nur gesagt, daß du dich so aufregst?"

„Das war kein Außenweltler, Eduin. Es war ein *Comyn*-Lord, das schwöre ich!"

„Comyn?" flüsterte Eduin ehrfürchtig. „Wie ist das möglich? Würde ein stolzer *Comyn* das schwarze Leder des verhaßten Imperiums tragen? Würde er kommen, um billigen Wein in einer Raumhafen-Bar zu trinken? Nein, Lomie, er muß ein *Terranan* gewesen sein, wahrscheinlich von der *Southern Cross,* die heute gelandet ist."

„Du hast sein Haar gesehen, Eduin. Er verfluchte mich, und er sprach *Casta!* Welcher *Terranan* kennt die Sprache der *Comyn?*" Sie erschauerte im Gedanken an die Gewalt in seinen Worten.

„Die Wege der *Comyn* sind für mich unbegreiflich, Lomie. Vielleicht wäre es am besten, wenn wir die Sache vergäßen." Seine Worte hatten die erhoffte Wirkung. Sie trocknete ihre Tränen und sah ihm wieder in die Augen, diesmal voll Dankbarkeit.

Tomaso stand schon eine ganze Weile im Eingang. Jetzt betrat er das Zimmer und meinte: „Ich behaupte, du hast dir das alles eingebildet, dummes Mädchen. Ich habe dir immer schon gesagt, deine wilde Phantasie wird dir noch Kummer bringen." Er tätschelte ihr breites Hinterteil, legte ihr dann väterlich die Hand auf die Schulter und führte sie in die Bar zurück. „Mach dich wieder an die Arbeit, *Chiya.* Da sind Gäste, zu denen du nett sein mußt." Sein Gesicht wurde hart. „Ich will nichts mehr von dieser Sache hören, Lomie. Zandrus Höllen, ich habe ein Geschäft zu führen!"

Als Eduin nach Lokalschluß seine Arbeiten beendet hatte, kletterte er die Leiter zum Boden hinauf, wo er schlief. Während er seinen Strohsack zurechtrückte und seine Stiefel auszog, dachte er an Lomie. Seit seiner Ankunft hatte er ständig gegen das lange ignorierte Verlangen angekämpft, das sie mit ihrem verführerischen Lachen und ihren katzenartigen Bewegungen in ihm weckte. Heute waren seine Verteidigungen schwer erschüttert worden, denn in ihren Augen hatte er zusammen mit der Furcht und dem unausgesprochenen Kummer eine Einladung gelesen.

Gerade knöpfte er sein Hemd auf, da hörte er die Leiter quietschen und fuhr herum. Ihr Gesicht war umrahmt von dem Licht, das unten brannte. Das Haar fiel ihr offen auf die Schultern. Sie lächelte.

„Warum bist du hergekommen, Mädchen?" fragte er ärgerlich. „Ich habe kein Geld, um dich für deine Gefälligkeiten zu bezahlen."

„Der Preis ist bereits entrichtet worden, freundlicher Herr", lachte sie und streckte ihm die Hand entgegen. „Ich wollte dir nur meine Dankbarkeit beweisen."

Eduin ergriff ihr Handgelenk mit seinen kräftigen Fingern und spürte, daß ihr Verlangen ebenso groß war wie seines. Er zog sie auf den Boden hinauf, drückte sie auf den Strohsack nieder und erstickte ihr Lachen mit seinem Mund.

Später lag Eduin da, das Kinn in die Hände gestützt, und lauschte dem stetigen Rhythmus ihres Atems.

„Lomie?"

„Hmmm?" In einer einzigen fließenden, trägen Bewegung rollte sie sich herum und streckte sich. Dann öffnete sie die Augen.

„Wie bist du zu diesem Leben gekommen, Lomie?“ fragte er und wickelte sich Strähnen ihres schwarzen Haars um die Finger.

„Welche Wahl hatte ich denn?“ flammte sie auf. Ihr Zorn und ihr Stolz trafen ihn wie ein Schlag. „Meine Mutter war eine Frau von der Straße. Aldones allein weiß, wessen Samen mich zeugte, ob es ein Darkovaner oder ein *Terranan* war. Ich servierte *Shallan* in einem Weinlokal, bevor ich sechs Winter zählte, und bot meinen Körper Männern an, ehe ich zum Weib herangewachsen war. Für das Bordell geboren!“

„Du hast keine Kinder?“

„Drei verlor ich, bevor sie sich in meinem Leib regten. Jedesmal dankte ich den Göttern, denn ich möchte keine Kinder gebären, für die ich nicht sorgen kann.“ Sie sah ihn fragend an. „Eduin, hältst du mich für herzlos, für unnatürlich?“

„Nein, *Caria.* Ich halte dich für außergewöhnlich tapfer.“ Er liebkoste ihr Gesicht mit den Fingerspitzen, dann zog er sie in einer leidenschaftlichen Umarmung an sich. „Außerdem finde ich dich schön“, flüsterte er.

Wieder liebten sie sich, diesmal ohne Hast, und als sie beide erschöpft waren, hielt er sie zärtlich in den Armen, wischte ihr die Tränen von den Wangen und erzählte ihr von seinen Träumen . . .

„Als ich ein kleiner Junge in den Hellers war, betete ich meinen Bruder Mikhail an. Er war viel älter, schon vor meiner Geburt ein Mann. Er verließ unser Dorf, um sich Arbeit in der Stadt Caer Donn zu suchen, aber jedes Jahr kam er zum Mittsommerfest nach Hause und brachte Geschichten über die *Terranan* und ihre Raumschiffe mit. Ich konnte stundenlang zu seinen Füßen sitzen und über Männer von anderen Welten hören, die ungehindert zwischen den Sternen umherreisen. Dann träumte ich davon, mit ihnen zu gehen. Ich kann diesen Kindertraum nicht vergessen, Lomie, obwohl ich es versucht habe, die Götter sind meine Zeugen!“

Ihr leises Lachen war ihm wie ein Schlag ins Gesicht.

„Du verspottest mich wie alle anderen! Ich hatte gehofft, bei dir Verständnis zu finden.“

„Ich verspotte dich nicht, Eduin. Auch ich habe Träume, die sicher niemals wahr werden. Aber du weißt nichts über die Welt der *Terranan!*"

„Darum bin ich hier, Lomie, um etwas über ihre Welt zu lernen. Ich muß die Sprache beherrschen, wenn ich für mich einen Platz innerhalb des Raumhafens finden will. Wenn ich aus mir etwas machen kann, das für die Raumfahrer von Wert ist, werden sie mich mit sich zu den Sternen nehmen." Mit leuchtenden Augen erzählte er ihr Geschichten, die er gehört hatte, nannte er magische Namen in unbekannten Zungen, deren Klang allein schon von Geheimnissen und Abenteuern sprach.

Wieder lächelte Lomie, aber es lag Traurigkeit in ihrer Stimme. „Ich habe Angst um dich, Eduin." Sie stand auf und strich ihre Röcke glatt. „Ich fürchte, du wirst herausfinden, daß andere Welten deiner eigenen nicht unähnlich sind, nur daß du nicht hineingehörst."

Während die Monate vergingen, lernte Eduin tatsächlich viel über die Terraner und ihre Sitten. Die Sprache flog ihm zu, und je fließender er sie beherrschte, desto mehr Zeit verbrachte er im Gespräch mit den Außenweltlern. Tomaso hatte jedoch keinen Grund zur Klage, da sein Helfer seine Arbeiten immer erledigte, gut darin war, Schlägereien zwischen Gästen zu beenden, und den Prahlereien des Wirtes sogar gern zu lauschen schien.

Es gab ein paar Stammgäste an der Theke, die hinter Eduins Rücken murmelten und ihn „Terranerfreund" und sogar „Verräter" nannten, aber es war schwer, den großen Mann aus den Bergen, der immer einen freundlichen Gruß und eine neue Geschichte über das Leben im Imperium bereit hatte, nicht zu mögen. Die meisten Darkovaner lächelten nur und schüttelten wissend den Kopf. „Der verrückte Träumer" gewöhnte sich an ihre Geringschätzung und träumte weiter.

Nach Lokalschluß pflegten er und Lomie auf den Boden zu klettern und stundenlang miteinander zu reden. Eduin brachte ihr die neuen Wörter bei, die er tagsüber gelernt hatte, oder erzählte ihr von politischen Ereignissen im Imperium. Manchmal gaben sie ihrer wildesten Leidenschaft die Zügel frei und stürzten sich aufeinander wie zwei *Cralmacs* in Hitze. Zu anderen Zeiten hielt er sie zart in den Armen, nannte sie *Bredha* und streichelte ihr nach Weihrauch duftendes Haar.

In den langen Winternächten schliefen sie aneinandergeschmiegt und wärmten sich gegenseitig. Und als der Frühling wiederkehrte und begann, den Schnee zu schmelzen, erkundeten sie Arm in Arm, lachend und frei die alte Stadt. *Ganz wie normale Leute,* dachte Lomie verwundert. *Er behandelt mich wie eine Frau, wie eine Freundin, als wisse er nicht oder als kümmere es ihn nicht, was ich bin.*

Zuweilen wachte sie des Morgens vor der Sonne auf, lag da und betrachtete ihn im Schlaf. Ein Teil von ihr wollte ihn festhalten und beschützen, der andere Teil haßte ihn dafür, daß er Gefühle erweckt hatte, die längst hätten tot sein sollen. Nicht imstande, den Konflikt zu lösen, vergrub sie dann ihr Gesicht in dem süß duftenden Stroh und weinte.

Eines Nachmittags kurz vor Mittsommer, einem warmen Tag, als die Stadt voll war von Gardisten und Soldaten, die zur Eröffnung des Comyn-Rates in die Stadt gekommen waren, gerieten zwei dienstfreie Kadetten der Stadtgarde, die in dem Weinlokal tranken, in Streit mit einem terranischen Raumsoldaten. Beleidigungen wurden gewechselt, Zorn flammte auf (später konnte sich niemand erinnern, wie es eigentlich angefangen hatte). Schließlich belegte der Erdenmann, der den Stadt-Dialekt in betrunkenem Zustand recht gut sprach, die Darkovaner mit sämtlichen obszönen Schimpfworten, die ihm auf *Cahuenga* geläufig waren, und endete mit einer gehässigen Vermutung über die sexuellen Vorlieben ihrer Mütter. Wütend zogen die beiden Kadetten die Schwerter.

Eduin stürmte hinter der Theke hervor, riß sein Messer aus dem Stiefel und brüllte: „Halt! Der Mann hat keine Waffe!“

„Stimmt, er hat keine Waffe, und gleich wird er auch kein Geschlecht mehr haben“, sagte der größere der beiden Darkovaner. Die Spitze seines Schwertes war nur wenige Zoll von den Genitalien des Erdenmannes entfernt. Der Kadett war sehr jung; er konnte noch nicht älter als fünfzehn Jahre sein. Mit vor Entrüstung flammenden Augen wandte er sich Eduin zu. „Unterstützt du die Sache dieses schmutzigen *Bre'suin?*"

„Ich unterstütze sein Recht auf einen fairen Kampf. Sind wir Männer von Darkover solche Schwächlinge, daß es zwei unserer Schwerter erfordert, einen unbewaffneten *Terranan* zum Schweigen zu bringen?"

Der größere Kadett sprang Eduin mit Gebrüll an, die Klinge in hohem Bogen schwingend. Eduin duckte sich unter dem Schwert weg, riß sein Messer hoch und schlitzte dem anderen die ungeschützte Seite auf. Blut floß. Als er zurücktrat, drückte ihm jemand ein Schwert in die Hand, und nun begann der Kampf in voller Härte.

Gäste machten, daß sie aus dem Weg kamen, zogen die Tische zurück, um Platz für die Kämpfer zu schaffen, während die Männer an der Theke Wetten über den Ausgang abschlossen und den einen oder den anderen anfeuerten. Das Klirren von Metall auf Metall füllte das Lokal. Die beiden Männer umkreisten einander, jeder lauerte auf Lücken in der Verteidigung des Gegners. Aber es war keine ausgeglichene Partie. Der Kadett war ein Anfänger, und Eduins Fertigkeit, wenn auch eingerostet, war der seinen weit überlegen. Als er dem Jungen eine tiefe Schenkelwunde beigebracht hatte, hob der Kadett die Klinge und gestand seine Niederlage ein. Er hinkte am Arm seines Freundes aus der Kneipe und schimpfte halblaut vor sich hin.

„Ich danke Euch, Fremder."

Eduin drehte sich um. Der Terraner, den er verteidigt hatte, stand mit ausgestreckter Hand vor ihm. Der Kampf hatte eine bemerkenswert ernüchternde Wirkung auf ihn gehabt. Eduin gab das Schwert seinem Eigentümer mit Dank zurück und ergriff dann die Hand des Terraners auf die Art, die er als üblich unter Raumsoldaten beobachtet hatte.

„Zu Ihren Diensten, Sir", sagte Eduin, ein Lachen unterdrückend, auf Terra-Standard.

„Z'par servu", erwiderte der Terraner.

Sie lachten zusammen, und dann lachten alle Männer im

Lokal und kehrten zu ihren Getränken und ihren Gefährten zurück. Bald hatten sich Eduin und der Raumfahrer in ein Gespräch vertieft.

Tomaso und Lomie standen an der Theke und sahen Eduin mit seinem neuen Freund durch die Tür verschwinden. Tomaso hatte ihm als Belohnung für seine Fechtkunst und die zusätzlichen Einnahmen, die sie ihm gebracht hatte, freigegeben.

„Ja, *Chiya,* es sieht so aus, als bekäme unser Junge seinen Wunsch doch erfüllt, auch wenn wir uns noch so sehr bemüht haben, ihn von der Unmöglichkeit zu überzeugen. Ich sähe ihn übrigens ungern gehen, falls es dazu kommen sollte."

„Ich glaube gar, Tomaso, du nimmst Anteil an Eduin. Und ich habe dich immer für den perfekten Kneipenwirt gehalten, für einen Zyniker durch und durch." Das ironische Funkeln in Lomies Augen verbarg ihre Angst. Der Mann wand sich unter ihrem Blick.

„Und was ist mit dir, Lomie?" schoß er bösartig zurück. „Ich habe *dich* immer für die perfekte *Grezalis* gehalten, kalt und berechnend, eine, die nie Geschäft mit Vergnügen mischt – *dein* Vergnügen, meine ich!" Er sah, wie ihr das Blut in die Wangen stieg, wie sie die Hände zu Fäusten ballte, aber er konnte sich nicht beherrschen, weiter zu sticheln. „Diesmal ist es anders, nicht wahr? Du liebst ihn, wie?"

„Gre'zu!" spie sie ihn an. Heiße Tränen zurückdrängend, hob sie das Tablett mit Gläsern auf ihre Schulter und ging davon.

Als Eduin an diesem Abend in das Weinlokal zurückkehrte, konnte er seine Aufregung nicht verbergen. „Ich habe den ganzen Raumhafen von innen gesehen, Lomie! Du würdest es nie glauben. Jim Martin hat mich herumgeführt. Wir sind sogar an Bord des großen Schiffes gegangen, das jetzt auf der Startrampe steht. Es war überwältigend, ganz voll von blitzenden Lichtern und schimmerndem Metall, und Männer und Frauen eilten hierhin und dahin." Er machte kaum Pause, um Atem zu holen, so sprudelten die Worte aus ihm heraus. Lomie überlegte müßig, ob ihm bewußt war, daß er Terra-Standard sprach. „Um seine Dankbarkeit zu beweisen, wird Jim mir helfen, Arbeit auf dem Raumhafen zu finden. Es ist möglich, daß ich mit seiner Unterstützung als Bürger des Imperiums registriert werde. Dann, vielleicht in ein paar Monaten, einem Jahr . . ."

Lomie beobachtete sein Gesicht, während er sprach. Sie spürte, daß der Traum ihn ganz in seine Gewalt bekommen und daß sie ihn verloren hatte. *Er ist ein Kind,* dachte sie. *Jetzt wird er seine Chance bekommen, zu wachsen, zu lernen. Und ich werde niemals erfahren, zu welchem Mann er geworden ist.* Sie drückte seine Finger an ihre Lippen. Tränen liefen ihr über das Gesicht. Sie weinte um das Kind, das sie trug, und fragte sich wieder einmal, ob es von ihm sei.

Sie dachte an die Stunden, die sie zusammen verbracht hatten, und erkannte erst jetzt, wieviel dies Jahr ihr für immer bedeutete. Er würde seinen Weg gehen, und sie dachte nicht daran, ihn aufzuhalten, sich zwischen diesen Mann und seinen verzehrenden Traum zu stellen. Denn sie wußte, das würde sie beide zerstören. Sie wagte nicht einmal, ihm ihren Schmerz zu zeigen oder ihn an ihre Liebe zu erinnern. Er mußte seine Chance bekommen.

So wandte sie sich von Eduin ab, trocknete ihre Augen und ergriff den Krug mit *Shallan.* Wie hatte dieser Comyn sie genannt? *Tochter einer Bergziege!* An einen der Tische herantretend, beugte sie sich über den dort sitzenden terranischen Arbeiter, drückte ihren weichen, vollen Körper an den seinen und gurrte: „Du neu hier, Fremder? Komm, Lomie dich machen fühlen zu Hause . . ."

Wieder stand Eduin auf dem Platz vor den Toren des Raumhafens und sah die *Southern Cross* in den Himmel steigen. Diesmal hatte sich keine Menschenmenge versammelt, denn es war Nacht, und ein kalter Regen fiel auf die Stadt. Das Röhren des großen Schiffes, ihm inzwischen ein vertrauter Laut, ließ sein Herz immer noch vor Aufregung rasen.

Für einen Augenblick sah er weg, zurück zur Altstadt. *Was wird aus Lomie werden?* fragte er sich. *Es war grausam, sie zu verlassen, aber ich sehe keine andere Möglichkeit. Wäre sie nicht, was sie ist*... Er starrte zu dem Lichtpünktchen hinauf, das das Sternenschiff war, und plötzlich traten ihm Tränen in die Augen. *Darauf kommt es nicht an. Ich kann nicht einfach davongehen, wenn wir einander so viel bedeutet haben. Ich muß*...

Eine Hand faßte seine Schulter. Eduin fuhr zusammen. Doch dann erkannte er seinen Freund Jim, der neben ihm auf dem verlassenen Platz stand und ihm zulächelte.

„Komm, Mann, es wird spät. Wir haben eine Menge Arbeit vor uns, müssen für dich eine Schlafstelle finden und so weiter." Der große Raumsoldat führte ihn durch das Tor. „Du wirst es dir doch nicht noch einmal anders überlegen? Eduin, das ist die Chance deines Lebens! Du kannst von diesem Hinterwäldler-Planeten wegkommen, die Galaxis sehen, etwas aus dir machen!"

Das ist es, was ich mir mein Leben lang gewünscht habe. In seinem Kopf stritten Stimmen, an die er sich gut erinnerte...

Sein Bruder Mikhail: „Es gibt mehr Sterne, als wir zählen können, und diese Männer des Imperiums behaupten, da draußen seien Hunderte, Tausende von Welten, die diese kleinen Lichter umkreisen. Stell dir das vor, *Bredu!*"

Tomaso: „Nur ein Dummkopf läßt sich mit den *Terranan* ein. Diese Männer von den Sternen haben keine Ehre, sie nehmen sich, was sie wollen, man kann ihnen nicht vertrauen."

Jim Martin: „Chance deines Lebens! Reisen, Abenteuer! Du wirst jemand *sein!*"

Lomie: „Andere Welten sind deiner eigenen nicht unähnlich, nur daß du nicht hineingehörst."

Leichter Schneefall hatte den Regen abgelöst, und der Wind war jetzt stärker, kälter. Mit einem Schmerz in seinen Eingeweiden, der wie ein Messerstich war, wandte Eduin dem Tor den Rücken und folgte dem Erdenmann auf den Raumhafen-Komplex zu. Und diesmal blickte er nicht zurück.

Patricia Mathews schrieb mir, nachdem die vorstehende Geschichte („Ein Traum“ von Penny Ziegler) in Starstone *als mit dem ersten Preis ausgezeichnet veröffentlicht worden war: „Ich konnte es kaum ertragen, sie zu lesen; ich arbeitete bereits schwer daran, Lomie dort herauszuholen.“*

Und so hielt ich es für richtig, beide Geschichten abzudrucken, die eine als Fortsetzung der anderen. Dies ist die Geschichte einer Terranerin auf Darkover – und etwas, das viele Leser der Darkover-Bücher sich gewünscht haben, die Geschichte einer Frau, die dem Imperium angehört, in der fremden Welt von Darkover.

Patricia Mathews

Una Paloma Blanca

UNA PALOMA BLANCA

Also endete die lange Suche hier, in einem schlampigen kleinen Raumhafenbüro. Der Beutel, der alles enthielt, was von Caris Ridenow, Xenotelepathin, übrig war, brannte in meiner Schultertasche. Es hatte einmal vier von uns gegeben.

Der Legat blickte von meinem Dossier hoch. „McCullough, Lee C.“, sagte er. „Pilotin des Vermessungsdienstes, fast zwanzig Dienstjahre. Nie verheiratet gewesen.“

„Ich habe nie den Richtigen gefunden, Sir“, antwortete ich, den schwachen Versuch ignorierend, einen billigen Witz auf meine Kosten zu machen. Der Legat war einsam und wollte plaudern. Ich wollte, daß er den Schein für meinen Jahresurlaub und für die Erlaubnis, auf dem Planeten zu reisen, unterschrieb und mich gehen ließ.

„Fünf Fuß acht Zoll, ‚Besenstiel‘ hat man Sie auf der Akademie genannt. Hatten Sie als Kind rotes Haar, McCullough?“

Ich stellte die Tasche ab und machte mich auf ein langes Gespräch gefaßt. „Ja, Sir.“

„Wie ich sehe, haben die Tests des Rhine-Instituts quer durch den Garten negative Ergebnisse gebracht.“ Der Mund des Legaten fing an, einem Katzenmaul zu ähneln, aus dem die Federn eines Kanarienvogels hervorragen. „Interessant. Sehr interessant! Nun, McCullough, Sie wissen doch, daß Sie Besichtigungen im Eingeborenenland auf eigene Gefahr machen.“

„Ja, Sir.“ Ich wollte nichts wie raus hier.

„Oh, McCullough, noch eins, bevor Sie gehen. Für was steht das Initial Ihres Mittelnamens?“

„Cassilda“, antwortete ich und genoß den entgeisterten Ausdruck auf seinem Gesicht. Es muß gewesen sein, als stoße man auf eine Darkovanerin namens Venus.

Es gab einmal vier von uns, dachte ich und trat hinaus unter den neonbeleuchteten Himmel und auf die krumme, blau gepflasterte Straße, die nach Weihrauch und fremdartigen Hölzern roch. Dal Ambron und Caris Ridenow, Gilbert Mendoza und Lanetha C. McCullough, meine Wenigkeit. Caris starb schreiend in Krämpfen ohne irgendein Mal an ihrem Körper bei der Vermessung der dritten Eiswelt, und Dal empfahl dringend, wir sollten uns alle absetzen. Das hinterließ eine schwarze Marke in allen unseren Personalakten.

„Feigheit ... Der Vermessungsdienst kann Ahnungen nicht offiziell zur Kenntnis nehmen, McCullough ... Sie hatten den Befehl, nicht Ambron, nicht Ridenow, nicht Mendoza ...“

Zum Kuckuck mit ihnen.

Ein feindseliges Gemurmel an der Grenze meines Hörvermögens folgte mir vom Tor des Raumhafens bis in das Eingeborenenviertel. Sie wollen das Imperium nicht auf ihrem Planeten haben, sie wollen keine Frauen des Imperiums auf ihrem Planeten haben, und am allerwenigsten wollen sie Frauen in der Uniform des Imperiums. Wenigstens warf niemand Steine.

Caris war mein Kumpel. Man versuche nur, das irgendwem außerhalb des Imperiums zu erklären! Er würde mit Hilfe seiner Sprache nicht einmal auf Lichtjahre an das Konzept herankommen. Wir müssen zusammen über ein Dutzend Planeten besucht haben, angefangen mit dem Tag, als sie gleichzeitig mit mir in der Imperiumszentrale den Vertrag unterschrieb, eine hellwache Rothaarige, die auszog, sich das Universum anzusehen, bis sie auf dem Gletscher Fantastic schreiend starb. Den Namen hatte Ambron ihm gegeben.

Mir sagte der erste Blick, daß ich hier nicht auf einem Planeten war, wo man die Stadtinformation wählt und Ridenow verlangt. Technik war vorhanden, das verrieten die durchscheinenden blauen Fensterwände und das glühende quellenlose Licht, das es im Eingeborenenviertel während der Nacht nie ganz dunkel werden ließ. Aber es lagen auch Pferdeäpfel auf der Straße, und die Männer trugen Schwerter und Messer und Dolche.

Eine Handvoll Typen des Zivildienstes holten mich ein und riefen: „McCullough, wir gehen ein Bier trinken. Wollen Sie mitkommen?"

Man kann Informationen in einer Bar erhalten. Im Augenblick bekam ich gerade das richtige Gefühl für den Planeten und verglich meine Eindrücke mit dem, was Caris mir erzählt hatte. Und es hatte für mich keine alkoholische Abschlußfeier gegeben; das Team war in Bitterkeit auseinandergebrochen. „Ich komme", sagte ich, und alle hielten auf ein kleines Lokal zu, das auf die Straße überquoll und nicht sonderlich respektabel wirkte. Entweder war das Essen dort außergewöhnlich gut, oder die Bedienungen waren attraktiv und gefällig. Unglücklicherweise war es eine üppige Kellnerin, eine große Brünette mit langem, lockigem Haar und einem dünnen, halboffenen Kleid.

Als wir einen Tisch gefunden und uns alle gesetzt hatten, drückte sie sich an mich und gurrte: „Du möchten, Lomie dir etwas Schönes zeigen, Raumfahrer?"

Alle am Tisch explodierten vor Lachen, und Lomie wurde blutrot, das arme Ding. Einer der Jungen rief: „He, Lomie, bist du neuerdings im *Menhiedris*-Geschäft tätig?" Sie lachten noch lauter. Lomie war kurz davor, unter den Tisch zu kriechen, mitsamt dem Tablett.

„Haltet den Mund, ihr Affen!" brüllte ich. „Miß, es tut mir leid. Setzen Sie sich, ich spendiere Ihnen einen Drink." Ich wußte, was sie sich dachte, und fügte hinzu: „Ich bin nicht auf diese Weise an Frauen interessiert. Ich versuche, die Familie eines Mädchens aus meiner Einheit zu finden, das bei einer Expedition ums Leben gekommen ist."

„Warum fragen mich?" Lomies Gesicht und Stimme verrieten Zurückhaltung.

„Irgendwo muß ich anfangen", erklärte ich geradeheraus,

„und ich glaube, Sie werden ehrlich mit mir sein – Sie sind sternenverrückt."

Sie sah mich fassungslos an, die großen grauen Augen voller Angst. „Comynara?" murmelte sie. „Comyn . . . nein, nicht schon wieder."

„Ich habe gar nicht gewußt, daß du den ‚Traum' hast, Mädchen", meinte einer der Jungen mitfühlend.

Ein anderer wandte sich an mich: „He, Lee, ich dachte, die Benachrichtigung über Todesfälle erfolgt von Amts wegen."

Ich trank mein Bier aus und bestellte bei Lomie eine neue Runde, auch für sie, auf meine Kosten. Die Tische und Bänke bestanden aus rauhem Holz wie in einem Schutzgebiet, aber das Bier wurde in Silberkrügen serviert. Langsam gefiel mir dieser verrückte Planet.

„Das Amt", erklärte ich grimmig, „hat entschieden, das Xenotelepathen hysterische, labile Typen sind, die vor einem Schatten erschrecken. Caris ist an selbsterzeugtem Herzversagen gestorben und nicht in Ausübung ihrer Pflicht, und ich sollte so viel Verstand haben, daß ich auf die amtlichen Anweisungen höre und nicht auf meine Team-Gefährten. Ambron ist nach Hause an einen Schreibtisch in der Bank seines Großvaters zurückgekehrt." Ich setzte hinzu: „Er hat den Kanal voll. Prominente Familie; er ist es nicht gewöhnt, daß seine Vorgesetzten ihm den Kopf tätscheln und ihm sagen, daß sie *verstehen.* Jetzt sind es nur noch Bert Mendoza und ich. Ich werbe neue Leute an, falls jemand Interesse hat."

Lomie sah mich an, sternenäugig und voll von einer Hoffnung, die in Zynismus umschlug, als sie merkte, daß ich sie beobachtete. „Warum wissen wollen Familie, ha?" fragte sie.

„Um die Angelegenheit abzuschließen", erwiderte ich. „Um ihnen die Wahrheit zu sagen."

„Eine Sache der Ehre", sagte sie zu meiner Überraschung sofort. „Ich helfen, Sie mich einschmuggeln zu sehen große Schiffe, ha?"

„Klar. Haben Sie noch nie eins gesehen?“ Von den Raumhafenverwaltungen wird der Tourismus gefördert, außer auf Planeten, wo es Probleme mit Terroristen gibt. Merkwürdig, wenn sie den „Traum“ hatte.

Ihr Gesicht bewölkte sich. Sie strich sich das Haar hinter die Ohren. „Geh weg, Hure“, grollte sie. „Keine Huren ins Tor, auf Raumhafen. Du sehen? Nicht gut genug für großes Schiff. Nicht gut genug für sehen großes Schiff!“ schrie sie, warf sich auf mich und schüttelte mich. „Wie du Frau kommen auf großes Schiff? Ha? Mit wem du schlafen? Mit allen? Kapitän? Ha? Wie du kommen in großes Schiff?“ verlangte sie zu wissen.

Der fette Bär von Eigentümer schob sich heran, zog Lomie von mir weg und schlug ihr die Faust ans Kinn. So nahe ich noch vor einer Minute daran gewesen war, das selbst zu tun, spürte ich jetzt den Zorn der rothaarigen Schotten in mir und stand auf.

„*Domna,* verzeiht“, sagte der Mann unterwürfig, während Lomie sich den Kiefer hielt. „Ich werfe die Schlampe noch in dieser Minute auf die Straße.“

Ich schob meinen Stuhl zurück und nahm meine Jacke. „Sie ist entlassen?“

„McCullough“, flüsterte einer der Männer, „mischen Sie sich nicht ein.“

„Halten Sie den Mund, Jackson. Okay, Tomaso, entlassen Sie sie. Sofort. Laut, deutlich und juristisch einwandfrei. Lomie, holen Sie Ihren Mantel.“

Jetzt glotzten alle. Mir war es gleichgültig. Ich half Lomie in die fadenscheinige Hülle, die alles war, was sie besaß, und war aus der Tür hinaus, bevor Tomaso seine Rede beendet hatte.

Am Tor bekamen wir von neuem Ärger. Ein Raumsoldat hielt uns an und informierte mich, Prostituierte hätten keinen Zutritt. „Sie müssen mit ihr anderswo hingehen, Miß“, schloß er.

Er war an diesem Abend schon der zweite, der mich dessen beschuldigte, und ich platzte. „Wenn ich zum Huren ins Eingeborenenviertel gehe, dann mit einem Mann! Miß Paloma . . .“ – ich mußte irgendeinen Namen nennen, und der fiel mir als erster ein – „. . . ist meine Führerin, meine Informantin, meine Dolmetscherin, und im Augenblick braucht sie dringend ärztliche Behandlung. Lassen Sie uns jetzt ein oder rufen Sie die Medizinische Abteilung an – das eine oder das andere.“ Mit zusammengekniffenen Augen musterte der Posten Lomies leichten, grellfarbigen Schal und ihr auffälliges Kleid, die völlig unzureichenden Slipper und das Haar. „Sie trägt noch das Kostüm, das sie für ihren letzten Auftrag brauchte. Was ist wichtiger, Sergeant, angemessene Kleidung oder ärztliche Hilfe für diese Frau?“

„Tut mir leid, Miß“, erklärte er wie ein Roboter.

„Jesus Christus und große Göttin Astarte!“ explodierte ich.

Einer der Männer, die mit uns getrunken hatten, hatte die Diskussion teilweise mitbekommen; ich glaube, halb Darkover muß sie gehört haben, jedenfalls meinen Anteil daran. „Captain McCullough, im Eingeborenenviertel gibt es einen Flohmarkt. Möchten Sie, daß ich ihn Ihnen zeige?“ erbot er sich.

Ich sah, daß Lomie Schmerzen litt. „Gehen Sie vor, Rodgers, und – danke.“

Innerlich schüttelte ich den Kopf über mich, daß ich mich in eine solche Situation gebracht hatte. Wenn ich eine Führerin und Dolmetscherin brauchte, war ein Barmädchen, das kaum Terra-Standard sprach und im ganzen Leben noch nie außerhalb des Eingeborenenviertels gewesen war, die allerunwahrscheinlichste Wahl. Aber ich kann es nicht leiden, wenn einer einem anderen meinetwegen einen Kinnhaken verpaßt, und wenn die Notaufnahme der Medizinischen Abteilung auf Darkover eine Kleiderordnung hatte, blieb mir nichts übrig, als Lomie auszustatten.

Caris hatte mir ein bißchen Darkovanisch beigebracht. Es war ebenso schlecht wie Lomies Terra-Standard; ich hätte eine Dolmetscherin schon brauchen können. Keinem der Budenbesitzer konnte ich klarmachen, daß ich etwas so Einfaches wie Winterhosen für eine Frau und Jacke und halbwegs anständige Schuhe meinte. Schließlich zupfte ich an meinen eigenen Sachen und zeigte auf Lomie, und ein Mann führte mich durch Stapel von Waren in das Hinterzimmer seines Hauses. Dort gab er mir einen hübschen Anzug in Dunkelrot und Grün, mit Gold bestickt, und dazu Knöchelstiefel aus Wildleder und einen guten Mantel. Sein Gesicht war voller Schmerz, als er Lomie anprobieren ließ und ihr eine Schere reichte. Wozu das? fragte ich mich.

Sie kam mit kurzgeschnittenem Haar heraus, und sie war nicht nur dem Klima entsprechend gekleidet, sondern auch eine ganz andere und sehr eindrucksvolle Frau. Rodgers stieß einen kurzen Pfiff aus. Dann nahm er den Hut ab. „Miß Paloma", sagte er respektvoll. Der Händler hielt ihre alten Kleider und das abgeschnittene Haar in den Händen. Er rief ihr etwas nach, das wie *„Adelandaya, com'hi-letzii"* klang. Er begann zu weinen. *„Adelandaya, mestra."*

Der gleiche Wachposten hielt uns von neuem an und sagte ehrerbietig: „Entschuldigt, *Mestra,* aber ich brauche einen Einlaßschein oder irgendeinen Ausweis."

„*Mestra* Paloma ist in meiner Begleitung", erklärte ich fest und ging an ihm vorbei. An der Medizinischen Abteilung drückte ich auf den Summer, bis jemand kam. Ihr Kiefer war gebrochen. Man gab ihr ein Betäubungsmittel, injizierte ihr Knochenwachs und behielt sie eine halbe Stunde in der Klammer. Der Arzt schimpfte mit mir, daß ich sie nicht eher gebracht hätte.

Die Wirkung des Betäubungsmittels verflüchtigte sich auf dem Weg zu meinem Zimmer. Lomie bewegte ihren Kiefer ein bißchen. Dann meinte sie versuchsweise: „Paloma. Bedeuten Vogel." Sie demonstrierte es mit den Händen.

„Ich weiß. Ein schöner weißer Vogel. Una paloma blanca."

Sie entdeckte ihr Bild in einem Spiegel und staunte: „Paloma. *Mestra* Paloma. *Nicht* Grezalis, Tochter von Bergziege."

Da erinnerte ich mich an etwas. „Was bedrückte den Mann, der Ihnen den Anzug verkauft hat, Lomie?"

Ihr Gesicht wurde ernst. „Festtagsanzug. Sein Kind. Am Leben? Tot?"

Ich kam mir vor wie eine Laus.

In dieser Nacht versuchte Lomie, mit mir ins Bett zu steigen, so daß ich klare Verhältnisse schaffen mußte. „Hör zu, Mädchen, mir liegt verdammt gar nichts an dir persönlich. Ich habe dich mitgenommen, weil ich glaube, du wirst ehrlich gegen mich sein – und ich werde ehrlich gegen dich sein, solange du nicht etwas anstellst, mit dem ich nicht leben kann. Weiter geht die Sache nicht. Kapiert?“

Auf dem Ankleidetisch stand ein Bild von Caris. „Deine *Bredha,* sie tot“, sagte Lomie wissend.

Ich holte tief Atem. „Ja. Meine beste Freundin. Ich habe sie sehr gern gehabt. Nun sei nicht böse.“

„Nein. *Mestra* Macullah, warum ihr Leute leben in Käfigen?“ fragte sie und sah sich in dem engen kleinen Raum um. So ging das Gespräch weiter – Unterschiede zwischen Terranern und Darkovanern, meine Geschichte, ihre Geschichte –, bis sie um Mitternacht sagte: „Ich glauben, du *Comynara,* Telepathin, lesen Gedanken. *Comynara* nie kommen in Viertel, in Lokal von Tomaso. Bleiben warm hinter Mauern, stolz, heilig.“

Langweilig.

Wir mieteten Pferde und kauften Lebensmittel in einem Geschäft am Rand der Stadt, ganz am Ende der Hauptstraße. Ich hoffte, Lomie war schon auf einem Pferd geritten, denn andernfalls standen uns schwere Zeiten bevor. Die anderen Leute auf dem Pfad, der sich selbst eine Straße schimpfte, waren zumeist Männer in Kleidern, die so schwer und farbenprächtig und schön wie die Lomies waren, und bis an die Zähne bewaffnet. Ich trage kein Messer, denn schließlich bin ich kein Straßenräuber, aber Caris hatte zwei von zu Hause mitgebracht, und einmal hatte sie mir eins gegeben und darauf bestanden, daß ich es als Geschenk annahm. Ich fischte es aus meiner Satteltasche und steckte es mir so in den Gürtel, daß jeder es sehen konnte. Lomie, die durchaus eine Straßenräuberin sein konnte, hatte sich bereits ebenso bewaffnet.

Der Himmel war purpurn, und die Luft roch stechend wie in einem Nadelwald. Mir gefiel es. Zunächst einmal liebe ich Berge. Ich bin aus New Mexico, wo Berge mit endlosen Ebenen abwechseln. Außerdem war es offenes Land, wie Teile von New Mexico immer noch sind. Ich habe fünfzehn Welten gesehen, wenn man diese und die Erde mitrechnet. Alle unterschieden sich, alle waren sich sehr ähnlich; die hier war eine von den besseren.

Ich hatte den „Traum" immer gehabt und getreulich jede Ausgabe von *Imperial Astrographic* und jede Zeitschrift über Raumabenteuer, die ich in die Finger bekommen konnte, gelesen. Ich sammelte Karten und Bilder, und ich sah mir regelmäßig *Vermessungsteam Alpha* an. Ich blieb wissenschaftlich auf dem laufenden und lehnte ein halbes Dutzend Jobs auf der Erde sowie zwei Heiratsanträge ab, ich verkaufte mein Renn-Triphib und ließ die Fußballmannschaft am Tag vor den Regionalmeisterschaften im Stich, alles, um in den Vermessungsdienst zu kommen, und am Tag vor meinem achtzehnten Geburtstag schaffte ich es. Ich habe es bis heute nie bereut.

Wir waren ein Team. Caris und ich begannen gemeinsam, und Ambron kam ein Jahr später. Seine Heimatwelt ist so städtisch, wie Darkover ländlich ist, aber er und Caris fanden sofort Gefallen aneinander. Wir rekrutierten Bert Mendoza auf Dia, wo sein Vater Legat ist. Jean Alvárez Mendoza ist der einzige Schreibtischarbeiter, vor dem ich wirklich Achtung empfinde. Er hörte von der Voruntersuchung und schickte Bert prompt einen Brief per Raumpost – verdammt teuer und zeitaufwendig –, und vermutlich hat allein das ihm die notwendige Kraft gegeben.

An den darkovanischen Straßen findet man überall diese Reiseunterkünfte mit Heu für die Pferde und Feuerstellen und Holz. Am ersten Tag machten wir an einer halt, die voll von Männern war. Sie machten uns Platz, und eine Gruppe lud uns ein, ihren Wein zu teilen. Mein sechster Sinn riet mir abzulehnen, und wir hielten uns in dieser Nacht für uns. Lomie war wund und steif. „Du hast gesagt, du könntest reiten", warf ich ihr vor.

„Nicht den ganzen Tag", antwortete sie. Ich rieb sie mit Massageöl ein. Wir übten uns in der Sprache der jeweils anderen; jedes Gespräch zwischen uns fand in gebrochenem Terra-Standard und noch schlimmerem Darkovanisch statt. Dann sagte sie: „Deine *Bredha,* sie hat dir den richtigen Weg gesagt?"

Ich erklärte ihr, was eine Landkarte ist, und wir sahen uns unsere an. Lomie zerbrach sich den Kopf darüber und wollte wissen, wie es mir möglich sei, die einzelnen Zeichen zu unterscheiden. Ich hatte nicht daran gedacht, sie zu fragen, ob sie lesen könne, und ich glaube, ihr war nicht in den Sinn gekommen, ich sei dazu fähig.

Einmal lachte sie mich aus. „Du hast gesagt, ihre Mutter Lord Damon Ridenow“, erklärte sie.

Wie macht man jemandem in einer Sprache, die vielleicht nicht einmal das Konzept kennt, klar, was eine Biomutter, ein nährender Elternteil und alles übrige ist? Damon Ridenow war die Person, die ich sprechen wollte. Wer Caris geboren oder zu ihrem genetischen Erbe beigetragen hatte, mochte relevant sein oder nicht; Ridenow hatte sie aufgezogen.

„Lord Damon nicht in der Ridenow-Forst“, sagte Lomie dann. „Ist Familie Alton-Domäne.“

Wie bitte?

Es war eine lange Geschichte, wie es die meisten unwahrscheinlichen Dinge sind, aber Lomies Quelle war nicht anzuzweifeln. Einige von Valdir Altons Männern waren Stammgäste bei Tomaso, und Lomies Gehirn war so durstig wie ein Schwamm. Ich dachte daran, wieviel Zeit sie auf der Straße mit dem Kampf ums nackte Überleben verbracht hatte, und wurde von neuem wütend. Welche Verschwendung!

„Cassilda“, sagte Lomie am dritten Tag unserer Reise. „Vielleicht Mama Darkovanerin, ha?“

Ich schüttelte den Kopf. „Lya-beth Kroginold; ihre Familie lebt seit Jahren an der Grenze zwischen dem nördlichen New Mexico und Arizona. Niemand weiß genau, woher sie gekommen sind, obwohl es eine Legende über ein abgestürztes Raumschiff und eine Nova gibt. Aber sie sind parapsychisch begabter als Caris. Ich bin eine altmodische, hartköpfige Hochland-Schottin von der Art, wie man sie auf einem Sternenschiff immer als Ingenieur findet.“

„Maschine verstehen, das seltsameres *Laran* als alle anderen“, meinte Lomie.

Am fünften Tag schloß sich uns eine Gruppe von Männern

an. Voraus ritt ein magerer Mann Mitte Dreißig mit kastanienbraunem Haar und einer Haltung, die von Kompetenz und ruhiger Autorität sprach. „Mestra, können wir zusammen reiten?“ fragte er – in perfektem Terra-Standard. Sein Haar war länger, als es irgendein Erdenmann getragen hätte, und der Edelstein an seinem Hals sah dem, den Caris besessen hatte, sehr ähnlich. Ich hätte ein halbes Monatsgehalt darauf verwettet, daß er ein Eingeborener war. Ein Eingeborener hohen Ranges.

Lomie antwortete. „Es wäre uns eine Ehre, die Straße mit Euch zu teilen, *vai dom.*“

„Loris Ridenow“, stellte er sich vor. „Meine *Com'ii.* Ich habe Sie erwartet, Lanethea McCullough. Ihre Gefährtin ...“

„Paloma n'ha Martina“, fiel sie ein und zitterte, als spreche sie eine schreckliche Lüge aus, obwohl es die Wahrheit war. Sie erzählte mir später, zwei von Ridenows *Com'ii* seien Stammgäste bei Tomaso und hätten sie entweder nicht erkannt oder ließen sich von ihrer neuen Aufmachung täuschen. Ich glaube, es war letzteres. Sie hatte sich auf der Reise erstaunlich schnell abgehärtet, und ich fing an, mir zu überlegen, ob ich sie für die Vermessung anwerben sollte, auch wenn sie Analphabetin war.

„Caris war meine Schwester“, sagte Ridenow. Seine Augen, so grau wie ihre, blickten ernst. Sie gleichen sich im Äußeren nicht sehr, aber ich spürte die Ähnlichkeit und glaubte ihm sofort. „Sie war eine Entsagende ...“

Das Wort hatte ich einmal von ihr gehört. Es war mir nicht gelungen, sie als einen Menschen zu sehen, der der Welt entsagt; sie hatte viel zuviel Lebensfreude gehabt.

Er lächelte. „Sie wählte für sich das Leben, das auch Sie führen“, erläuterte er. Wir brauchten noch zwei Tage oder länger bis zu unserem Ziel, vor allem, weil ich uns anfangs auf den falschen Weg geführt hatte. Die Nacht verbrachten wir in einer der Unterkünfte mit den Männern an dem einen Feuer; sie überließen uns das andere. Ich sah, wie Ridenow das Feuer entzündete, indem er sich auf seinen blauen Stein konzentrierte. Caris hatte ihren Stein ebenfalls dafür und für viele andere

Dinge benutzt. Er funktionierte jetzt nicht mehr. Soviel ich wußte, war das eine automatische Folge ihres Todes. Wenn ich Ridenow mit zusammengekniffenen Augen beobachtete, konnte ich beinahe sagen, wie es gemacht wurde. Mir wurde davon schwindelig. Auch wenn ich Caris ihren Sternenstein – so nannte sie ihn – benutzen sah, war mir schwindelig geworden.

Ridenow merkte, daß ich ihn beobachtete, und stellte ohne Überraschung fest: „Sie haben *Laran*."

„Negatives Ergebnis bei jedem Test."

„Ich weiß. Das deutet auf eine geistige Abschirmung von sehr guter Qualität hin." Er lud uns ein, Essen und Feuer mit seinen Männern zu teilen. Diesmal nahm ich an.

„Auf Orado kann man künstliche Gedankenschilde kaufen", sagte ich und hieb in die Mischung aus Obst, Bohnen und Fleisch ein – Chili con manzano? „Einprägsame Verschen, die man nicht mehr aus dem Kopf bekommt, oder eine Phantasievorstellung, die die Gedanken intensiv beschäftigt, das kostet mehr." Ich vermied es, Loris anzusehen, denn ich merkte, daß er nicht ohne Wirkung auf mich blieb, und das ist etwas, wovon man in einer fremden Kultur besser die Finger läßt. Man weiß nämlich nie, in welche Patsche man sich schließlich bringt. Für gewöhnlich amüsiere ich mich mit Kollegen. Wir leben im großen und ganzen nach denselben Regeln, und es besteht ein allgemeines Zusammengehörigkeitsgefühl.

Plötzlich kam mir der Gedanke, daß wir zwei und sie fünf waren, bewaffnet, uns völlig fremd, und wir übernachteten zusammen in einem kalten Steingebäude. Dummheit war noch das freundlichste Wort dafür. *McCullough, der Vermessungsdienst kann Ahnungen nicht offiziell zur Kenntnis nehmen.* Das lag auf der gleichen Linie wie der Einfall, Lomie als Fremdenführerin zu nehmen. Verstandesmäßig ließ es sich nicht rechtfertigen. Natürlich müssen alle Vermessungsleute ein bißchen parapsychisch begabt sein, sonst würden sie nicht lange am Leben bleiben.

Und wenn sie auf diesem Gebiet zu begabt sind, dachte ich finster und meinte Caris, bleiben sie auch nicht lange am Leben.

Der Raum explodierte rings um mich, und plötzlich drehte sich mir der Kopf von innen nach außen.

Loris Ridenow hielt meinen Kopf. „Kämpfen Sie nicht dagegen an“, riet er mir. „Verspätetes Erwachen. Je älter einer ist, desto schlimmer wird es. Die Imperiumszentrale ist nicht dumm; wenn Sie auf der einen Seite von Dem Volk und auf der anderen von Hochland-Schotten abstammen und Ihr Psi-Test laut nach einem gut entwickelten Block schreit und wenn man Sie dann auf Darkover losläßt, muß die Zentrale damit gerechnet haben. Ihr Problem ist die biologische Grenze, die in Sicht ist; noch nie hat jemand diese bestimmte tödliche Gen-Kombination gesehen, aber wahrscheinlich wird sie schmerzhaft sein . . .“

Ich war eine Fliege auf der Decke und blickte auf einen kleinen rothaarigen Käfer nieder, der an einer biologischen Grenze entlangkrabbelte, und ich war raumkrank mit all den schlimmsten Symptomen eines Azubi, den man direkt vom freien Fall in den Hyperraum schleudert. Das tut man, um die schwachen Mägen auszusortieren, bevor man Millionen auf ihre Ausbildung verschwendet.

Ich spürte etwas Kaltes auf meiner Stirn und hörte Lomie weinen. Mein Gott, das Mädchen hatte sich mir angeschlossen wie ein Hündchen, das arme Ding. Sie protestierte: „*Comh'ii-letzii* schwören bei der Großen Göttin, nicht bei Gott oder Jesus.“ Sie erregte sich genau wie meine Mutter, die sich bis zu ihrem Todestag bemüht hatte, mir die blasphemischen Krogi-nold-Ausdrücke abzugewöhnen – nicht daß sie gegen meine Onkel und Tante Clemency eine Chance gehabt hätte.

„Loris“, fragte ich plötzlich, und meine Gedanken waren so klar wie Februar-Sonnenschein und ebenso schmerzhaft scharf, „woher wissen Sie von meiner Herkunft, und wie können Sie auch nur die leiseste Ahnung haben, was sie zu bedeuten hat?“

Loris lachte, und es tat meinen Ohren weh. Es klang wie: „Mein Teil-Vater hat in Arizona, im gleichen Teil des Landes wie Ihre Onkel, eine Pferde-Ranch. Caris schrieb mir gelegentlich Briefe, und wir stehen in Tiefenverbindung.“

Mein Kopf riß weit auf, und plötzlich verstand ich die Lehrerin in der ersten Grundschulklasse, die immer jammerte, die Kinder trieben sie in den Wahnsinn: Alle schrien gleichzeitig auf mich ein, alle in verschiedenen Stimmen und Dialekten, es waren lauter verschiedene Botschaften über schrecklich dringende Notfälle und energische Befehle, dies oder jenes zu tun. Ich hätte am liebsten losgekreischt.

„Das ist ein gewaltiger Block“, stellte Loris nüchtern fest. „Überfüllte Welten wie Mutter Erde müssen die Hölle für Telepathen sein.“ Ich sah seine Vorstellungen von endloser unverdienter Folter; er fluchte nicht, er benutzte einen technisch präzisen Ausdruck; es war die Hölle. Auf der Erde wird ein Kind im Durchschnitt von fünfzehn verschiedenen Leuten in fünfzehn verschiedene Richtungen gezerrt, und jeder ist davon überzeugt, daß sein spezielles Anliegen Priorität genießt. Trainer, Wissenschaftslehrer, Verhaltensnormer, Ernährungsspezialist, Gesundheitsratgeber, Berufsberater, was Sie sonst noch wollen. Bevor das Kind sechs ist, hat es gelernt, sich damit zurechtzufinden, oder es ist weg vom Fenster. Darum siedelte sich Das Volk oben um das Navajo-Gebiet in New Mexico an, damals, als die Navajo-Nation noch nicht verstädtert war.

(Vor meinem geistigen Auge sah ich meinen Vater und Senator Yazzie bei einem ihrer lauten Streitgespräche über Energieanlagen versus menschliche Werte. Das vorstädtische Socorro, wo ich aufwuchs, gleicht dem industriellen Shiprock nicht im geringsten. Jetzt machte ich mir ein Bild von Darkover und legte die beiden Bilder nebeneinander, und dann fing der Raum von neuem an, um mich zu kreisen.)

Loris wischte mir das Gesicht ab. „Deshalb wollen wir nicht Teil des Imperiums werden“, sagte er, und nach langer Zeit ergab das endlich Sinn. Dann explodierte die Welt in einem Durcheinander ungesehener Farben. Ich hörte ihn etwas über Vater Damon und Mütter Callista/Ellemir sagen, und als nächstes fand ich mich in ihrem Vorderzimmer sitzend wieder, wo ich in ein brennendes Feuer aus echtem Holz sah und irgend etwas Heißes trank.

Auf manchen kalten Welten legt man keinen Wert auf Komfort – Karhide ist ein eisiges Beispiel –, aber auf Darkover schon. Die vier älteren Leute, die bei mir saßen, brauchten sich nicht erst vorzustellen; ich erkannte sie mit absoluter Sicherheit. „Danke, Damon“, sagte ich.

Ich war in eine Reihe langer, karierter Röcke und einen dicken wollenen Rollkragenpullover und darüber zu allem Überfluß noch einen Mantel eingehüllt. An den Füßen hatte ich Schaffell-Pantoffeln. Plötzlich wurde es mir zu warm. Lomie war auch da. Sie hatte sich geweigert, Röcke anzuziehen, weil sie Angst hatte, in ihr altes Leben zurückzurutschen, und ihr augenblickliches Kostüm sie davor gefeit machte.

„Du wirst ins Gildenhaus gehen müssen, Paloma“, sagte Ellemir zu ihr. Offenbar befanden sie sich mitten in einer Diskussion. Wieviel Zeit war vergangen?

„Drei Tage“, informierte Callista mich.

Und Andrew Carr fragte: „Tritt Old Man Yazzie immer noch für industrielle Entwicklung um jeden Preis ein? Ich habe noch ein Hühnchen mit ihm zu rupfen für etwas, das er meinem Vater angetan hat.“

„Er hatte vor sechs Jahren einen Herzanfall.“ Ich nahm mir noch eine Schüssel mit Chili con manzano. Diesmal wurde es mit Nußbrot serviert, süß, aber gut. „Lomie, du willst doch die großen Schiffe, nicht wahr?“

„Bekommt ein Mädchen wie ich je eine Chance, eins der großen Schiffe zu betreten?“ fragte sie. Entweder hatte ihr Terra-Standard einen Quantensprung gemacht oder mein Darkovanisch.

„Man hat Caris Ridenow angenommen. Telepathische Begabung ist eigentlich keine unersetzliche Fähigkeit: Zu viele der Datenschieber glauben nicht daran, obwohl der Vermessungsdienst die offizielle Berufsbezeichnung auf der Liste hat.“

„Caris war eine Ridenow, eine Aristokratin, Comynara“, wandte Lomie ein.

Ich gab einen Pfiff von mir. „Du kennst die Mentalität des Terranischen Imperiums überhaupt nicht, Schatz. Es hätte, wenn überhaupt etwas, gegen sie gesprochen.“

„Der Raumdienst stellt Entsagende – Freie Amazonen –

ein“, bemerkte Callista plötzlich. „Lady Ardais’ Pflegetochter ist eine von ihnen. Man weiß dort, daß eine Amazone kommt, um zu arbeiten. Ich möchte dich nicht beleidigen, Lomie, aber man wagt es nicht, eine Frau anzustellen, die sich den Lebensunterhalt hauptsächlich durch Männer verdient. Dann wäre die Galaxis bald voll von sitzengelassenen Mätressen, die Wohlfahrtsunterstützung bekommen müssen. Die Amazone verpflichtet sich durch einen Eid, weißt du ...“

Lomie unterbrach mit bösem Gesicht und in ihrer alten Ausdrucksweise. „*Comh’ii letzii* sagen, schmutzige *Grezalis,* seht euch schmutzige *Grezalis* wie Scheiße an, sagen, geh weg, Dreckstück, wir nicht mit dir reden.“

Ich geriet von neuem in Zorn. „Haben sie das tatsächlich getan?“

„Sie haben geschworen, keine Frau abzuweisen, die zu ihnen um Hilfe kommt!“ rief Callista, und dann sagte sie: „Oh, ich verstehe. Du hast nicht gefragt. Du hast nur angenommen, sie würden sich so verhalten.“

Lomie schnüffelte. „Sie verachten Frauen von meiner Sorte.“

Ich war ihr zu Dank verpflichtet. „Versuche es, Mädchen; ich gehe mit. Reden sie dich dumm an, bekommen sie von mir ein paar saftige Ausdrücke zu hören. Wenn du erst gar nichts unternimmst, lasse ich dich auf der Stelle sitzen. Zivilcourage kann einen vors Kriegsgericht bringen, aber wenn man keine hat, passiert es einem vielleicht, daß das ganze verdammte Team ums Leben kommt.“

Ich habe das Richtige getan, wurde mir plötzlich klar, und es war eine große Erleichterung. Ich hatte nie daran gezweifelt, daß es richtig gewesen war, nach Darkover zu gehen, Voruntersuchung hin oder her, schwarze Marke im Dossier hin oder her. Doch jetzt *wußte* ich es über jeden Zweifel hinaus, und es war, als falle ein Schuldgefühl von mir ab.

„Ja“, sagte Loris, und da wußte ich noch etwas anderes.

Ich mochte ihn. Ich mochte ihn so sehr, daß ich ihn als Freund und als Mann haben wollte, aber nicht genug, um den Vermessungsdienst seinetwegen zu verlassen. Ich mochte ihn, aber ich war mir nicht sicher, zu welchem Teil das Gefühl ihm selbst galt und zu welchem Teil der Tatsache, daß er Caris so ähnlich war.

Ich sagte, ich hätte Caris gern gehabt. Das richtige Wort ist Liebe.

Ich würde den Vermessungsdienst nie verlassen. Das Team und die neuen Welten und die Gefahren und der Lebensstil im allgemeinen waren mein ganzes Leben. Die biologische Grenze war in Sicht, und es würde schön sein, ein Kind zu haben. Nur war ich ebensowenig zur Mutter geschaffen – zum nährenden Elternteil – wie eine Kuh zum Fliegen.

Damals, als wir Mendoza ins Team aufnahmen, lernte ich Freunde seines Vaters kennen, selbständige Handelskapitäne, einen Mann und eine Frau, die als Team arbeiteten – selten auf diesen Schwert-und-Zauberei-Welten –, und ich hätte jederzeit bei ihnen anfangen können. Nicht einmal im schlimmsten Augenblick der Voruntersuchung, als das Team auseinanderbrach, hatte ich es in Erwägung gezogen.

Ich hatte umgekehrt versucht, sie für den Vermessungsdienst anzuwerben, aber der Mann wurde als zu alt abgelehnt, und er meinte lachend, er führe das von ihm erwählte Leben seit vierzig Jahren wie ich das meine. Jeder von uns müsse bleiben, was er sei. Das setzte seine Frau hinzu, und sie trug ein Breitschwert über ihren Röcken.

„Ja“, sagte Loris endlich. „Du könntest auch einen Platz in unserm Team haben, wenn du ihn wolltest, und ich danke dir, aber ich möchte keinen in dem deinen. Mein Leben ist hier.“ Dann meinte er noch: „Du hast bereits jemanden angeworben. Und wenn Ambron ein echter Telepath und dir verpflichtet ist, frage ihn doch, ob er zurückkommen will.“

Ich hörte ein Echo meiner eigenen Worte an Lomie und schüttelte ihm die Hand. „Wenn ich die Zeit hätte, würde ich gern die Biomutter eines Kindes für dein Team werden“, sagte ich. Weiter konnte ich nicht gehen. „Ich glaube, das würde mir gefallen, Loris.“

Kurz danach brachten wir Lomie im Gildenhaus unter. Im Gegensatz zu ihren Befürchtungen sagte niemand ein Wort außer „Willkommen“. Die Amazonen begrüßten mich als eine der ihren und luden mich ein zu bleiben, aber irgendwann muß man die silberne Schnur durchschneiden.

„Ich komme wieder, Lomie“, versprach ich. „Wenn du soweit bist, daß du den Vertrag unterschreiben kannst, laß es mich wissen.“ Am Raumhafen machte ich halt und schickte Ambron mit dem ersten Darkover verlassenden Schiff eine Botschaft auf seine neue Welt. „Neues Mitglied auf Darkover gefunden, hole sie schleunigst hier ab, bevor Soll und Haben deinen Verstand aus dem Gleichgewicht bringen, Dein Captain.“ Ich fügte an: „Das ist ein Befehl, d'Alembert.“ Er haßt diesen pompösen Namen.

Dann reiste ich zurück in Loris' – und Caris' Heimat. Mir blieb gerade genug Zeit, wenn ich die Sache ein bißchen beschleunigte.

Bekam ich ein Mädchen, wollte ich es Caris nennen. Wurde es ein Junge, sollte er nach seinem Vater heißen.

„Nein“, sagte Loris. „Damon Andrew.“

Es wurde ein Damon Andrew, und ich weinte ein wenig, als Lomie und Gilbert Mendoza und Dal Ambron und ich an Bord gingen. Er blieb in guten Händen zurück; Caris' Bruder würde ein guter Vater sein. Ein süßer kleiner Bursche. Ich hatte gar nicht gewußt, daß sie bei der Geburt so winzig sind, besonders diese Fingernägel.

Bert legte mir den Arm um die Schultern, und Dal quetschte meine Hand. „Kopf hoch, Captain, er ist in guten Händen“, wiederholte Dal meine Gedanken.

Dann begann der Start, und Lomie und Bert und Dal und ich waren wieder unterwegs. *Lebe wohl, Caris,* dachte ich, und schon ließen wir die Schwerkraft hinter uns.

Linda Frankel beschreibt sich als „einen dreiundzwanzigjährigen Bachelor of Arts in Geschichte, der sich lieber dem Schreiben widmete als weiterzustudieren." Sie hat an verschiedenen Fan-Schriften von Raumschiff Enterprise *mitgewirkt, und als erstes im Druck erschien ihre Geschichte „Betrüger und Betrogene" in* Starstone.

„Ansonsten", sagt sie, „sind Ablehnungen der Fluch meines Lebens gewesen."

„Als Gesandter in Corresanti", geschrieben für unsern Kurzgeschichten-Wettbewerb, erhielt eine ehrenvolle Erwähnung, und ich sah darin den besten bisher den Freunden Darkovers vorgelegten Versuch, vom Standpunkt einer fremden Rasse aus zu erzählen.

Viele Leser waren gefesselt von den Katzenwesen, die im Zauberschwert *eingeführt wurden. Aber Linda ist die erste, die sich Gedanken darüber macht, wie es wohl in ihrem Inneren aussieht. „Es mag manche Leute überraschen, daß ich nur kurze Beziehungen mit zwei Exemplaren der felinen Spezies gehabt habe. Das letzte dieser Wesen beeindruckte mich so stark, daß ich seine Einstellung gegenüber der Menschheit in diese Geschichte aufgenommen habe ..." Diese Erklärung erweckt natürlich sofort die Frage, ob Linda nicht selbst über ein gewisses Maß an* ESP *verfügt, das ihr die Kommunikation mit einer fremden Spezies erlaubt! „Warum ich das geschrieben habe? Meiner Meinung nach wird das Katzenvolk im* Zauberschwert *schlecht behandelt! Ich mußte es einfach rehabilitieren, weil ich mich immer auf die Seite des Underdog stelle (eine entschieden interspezielle Metapher)!"*

Linda fügt hinzu, daß sie begeisterte Feministin, aber nicht der Meinung ist, ihre Werke müßten das ständig widerspiegeln. „Beschränkungen dieser Art könnten meiner Entwicklung nur schaden."

Viele Autorinnen dieser Anthologie haben ihre Beiträge im Zeitalter des Chaos angesiedelt, einer unbekannten Periode der darkovanischen Geschichte. Linda Frankel wählte statt dessen die Zeit nach den Weltenzerstörern, *über die ich bisher noch nichts geschrieben habe.*

Linda Frankel

Als Gesandter in Corresanti

AMBASSADOR TO CORRESANTI

Ich spüre die Anwesenheit von Menschen, die sich unsern Bergen nähern. Der Regent der Domäne hat eine kleine Gruppe geschickt – ein Zeichen des Vertrauens. Ich bin mir nicht sicher, wer der größere Narr ist, der Hastur-Lord oder mein Bruder.

Der Höhlenboden vibriert unter ihren Schritten. Läßt sich bei ihnen eine Spur von Grazie finden? Nein, Menschen sind geboren zu stolpern, wo Katzen mühelos dahingleiten.

Die Besessenheit meines Bruders, mit diesen tölpelhaften Kreaturen zu kommunizieren, entwickelte sich langsam im Verlauf der zehn Jahre, die er das Amt der Großen Katze innehat. (Es hat immer etwas Verkehr mit den Menschen der Trockenstädte gegeben, aber er wurde auf ein Minimum beschränkt. Der Kontakt scheint für sie so widerwärtig gewesen zu sein wie für uns.)

Die Unstimmigkeit in diesem Punkt entzweite den Clan wie den Rat. Noch nie zuvor hat eine Große Katze bei so vielen Gegenstimmen gehandelt. Aber Nyal war immer ein Einzelgänger – das war schon so, als wir zusammen Junge waren. Ihn interessierten die üblichen Spiele nicht, bei denen mit dem Schwanz gepeitscht und mit den Klauen gekratzt wird!

Trotz meines Unbehagens kann ich mich vor meiner Pflicht, diese Gäste zu empfangen, nicht drücken. Die Gedankensprache nennt ihre Namen als Regis Hastur und Lerrys Ridenow (ah, *da* ist ein beinahe feliner Beigeschmack. Seine Gedanken bilden Muster, die anscheinend . . . doch er kann keiner von uns sein!). Ihre Begleiter sind Gardisten der Stadt Thendara.

Stadt! Meine Vernunft schwankt schon bei der Vorstellung. Eine Stadt stinkt wie ein stagnierender Tümpel. Warum müssen Menschen sich in eine Reihe von künstlichen Behausungen zwängen? Warum geben sie sich nicht mit dem zufrieden, was die Göttin geschaffen hat? Menschen haben so wenig Achtung vor dem, was ihnen ohne Anstrengung zufällt, daß sich die Zufriedenheit auf ewig ihrem Zugriff entzieht.

Sie sprechen miteinander in ihrer ungeschickten und unverständlichen Sprache. Ich entdecke . . . Überraschung. Ja, sie staunen, daß ich keine Ketten trage! Sie hatten geglaubt, wir seien wie die Bewohner von Shainsa, die alle ihre Frauen in Ketten legen. Nur Menschen können Sinn in einer solchen Verallgemeinerung finden. Der Brauch des Ankettens soll dafür sorgen, daß die Launen der Unverantwortlichen den Frieden nicht gefährden und die Tobsüchtigen unter uns vor sich selbst geschützt werden. Niemand, der Vernunft und Selbstbeherrschung zeigt, braucht Ketten zu tragen. Das weibliche Erbgut ist so beschaffen, daß Rückschläge auf unsere wilden Vorfahren fast ausschließlich in unserem Geschlecht auftreten. Aber wenn bei einem Mann eine über die normalen Grenzen hinausgehende Wildheit festgestellt würde, müßte auch er nach dem Gesetz jedes Clans in Ketten einhergehen.

Es gelingt mir nicht, tiefere Regionen als die an der Oberfläche liegenden Gefühle zu sondieren. Diese Comyn-Vertreter sind fest verbarrikadiert. Sie verbergen große Fähigkeiten, die sie streng unter Kontrolle halten. Die Legenden dieses Clans sind nicht aus dem Nichts entstanden. Das ist sicher. Myor, mein eigener Großvater, erlitt eine Niederlage gegen einige Comyn-Adepten, als er versuchte, ihnen Teile der Macht zu entreißen. Sein versengter Leichnam konnte uns die Identität seines Mörders nicht enthüllen.

Warum sind sie gekommen? Haben sie uns nicht gezeigt, wie unwillig sie sind, ihre vielgepriesene Matrix-Technologie zu teilen? Es geht das Gerücht, die Comyn seien schwach geworden. Laßt uns jetzt gegen sie ziehen! Laßt uns das stolze Arilinn und das mächtige Neskaya in Besitz nehmen! Mein Bruder will nicht auf solchen Rat hören. Oh, er ist viel klüger. Hoffen wir, daß Nyals Klugheit nicht unser Untergang ist.

Ich führe sie in die große Höhle, wo mein Bruder mit ihnen konferieren will – allein! Er hat alle seine Begleiter entlassen. Das ist der helle Wahnsinn! Ich zögere zu gehen.

„Du mußt sie deine Macht spüren lassen, Nyal."

„Die Katze, die lebende Beute anspringt, endet im besten Fall mit leeren Pfoten."

„Es heißt auch, daß niemand sich vor Feinden in acht zu nehmen braucht, der sie an ihrem schwächsten Punkt unterminiert hat."

„Jetzt ist nicht die richtige Zeit, alte Redensarten auszutauschen, Schwester. Geh und sag den Müttern, es wird der Göttin kein Opfer dargebracht werden, solange diese Menschen unter uns weilen."

„Du willst den Müttern Vorschriften machen? Du riskiert ihren Zorn, Nyal."

„Die Gefahr nehme ich auf mich. Nun geh!"

Es läßt sich nicht mit ihm reden, wenn er mit einer solchen Stimme faucht. Ich fürchtete die Folgen seiner Anordnung. Würden die Menschen irgendwie Anstoß an unsern Opfern nehmen? Wie kann ihre gute Meinung jemandem so wichtig sein, der die Große Katze ist? Er wird sein angesammeltes *Gyar* erschöpfen (die Trockenstädter nennen es *Kihar,* sie entstellen alles bis zur Unkenntlichkeit), wenn er vor ihnen kriecht – es sei denn, er kann den Rat überzeugen, daß sich die Katze mit *Gyar* bedeckt, die ein Bündnis mit den Comyn zuwege bringt.

Aber sie wollen doch keine Verbündeten, sie wollen Herren sein! Wird nicht berichtet, daß in alter Zeit Katzen die Halsbänder der Sklaverei trugen und die Milch der Demütigung tranken? Diese Katzen waren uns ebenso ähnlich, wie die gelegentlich in den Wäldern vorkommenden wilden Affenwesen den Waldläufern ähnlich sind. Unsere Ahnen gaben sich mit vorgetäuschtem menschlichem Wohlwollen zufrieden. An diesem Punkt griff die Göttin ein und verwandelte uns mit der Erkenntnis der Wahrheit. Die Menschen lernten, uns zu fürchten, und suchten uns zu vernichteten (womit zu rechnen war, denn damals fürchteten und vernichteten sie sich gegenseitig). Wir suchten Zuflucht in den Höhlen, und dort sind wir geblieben . . .

Nein, wir werden uns den Domänen nicht beugen! Heute werden die Opfer aufgeschoben, morgen wird uns vielleicht befohlen, ihren Aldones anzubeten! Ich weiß, was getan werden muß. Mein Entschluß steht fest.

Ich versammele die Mütter in der Halle der Clans. Sie stellen mir Fragen über die Comyn-Gäste. Ich kann nur wenige Antworten liefern. Einen Comyn-Verstand kann man nicht begreifen. Er fließt einem mit der dem Wasser eigenen Tücke davon.

„Mütter", begann ich und zog aller Augen auf mich, „die Göttin verlangt, daß wir Ihr eine besondere Ehre erweisen . . ."

Es gibt wenig Widerstand gegen meinen Plan, und auszuführen ist er leicht. Gäste werden an einem bestimmten Ort untergebracht. Als die ersten Händler aus den Trockenstädten mit Waren eintrafen, die die Arglosen bezaubern sollten, bauten sie nicht weit vom Eingang zum Höhlensystem eine Hütte. Sie weigerten sich, die Nächte von Stein umschlossen zu verbringen – ich bezweifle allerdings, ob irgendein Clan bereit gewesen wäre, ihre Anwesenheit zu dulden. In diesem von Menschen errichteten Bauwerk (oftmals geflickt, repariert und erneuert) würde das Comyn-Paar in dieser Nacht liegen.

Die menschlichen Gardisten sind eine Barriere, die nicht so leicht überwunden werden kann. Einer ist dabei, der mit der Wut der Angeketteten kämpft; vielleicht ist er aus einer ihrer neun Höllen emporgestiegen. Als es getan ist, liegen ein paar tot da, andere sind schwer verwundet und andere nur bewußtlos. Der Hastur verteidigt sich nicht, sondern begleitet mich ruhig zu dem Schicksal, das er vorhersehen muß.

Sein Gefährte, der mit der beunruhigend scharfen Sensibilität, täuscht Schlaf vor. Ich bin erleichtert, daß ich dies störende Spiegelbild nicht anzusehen brauche. So viel Katzenähnlichkeit in einem fremden Gehirn kann nicht natürlich sein.

An den Ort der Vorbereitung gebracht, hilft Regis Hastur aktiv den Müttern, die ihn für das Opfer baden und parfümieren. Es ist, als brenne er darauf, sich der Göttin hinzugeben. Das verstehe ich nicht ... er scheint ebenso willig zu sein wie irgend jemand von uns, der für diese Pflicht ausgewählt worden ist. Jede Katze lebt mit dem Bewußtsein, daß das Gleichgewicht aufrechterhalten werden muß. Die Geburt von Jungen drückt den Wunsch der Göttin aus, Mitglieder dieses Clans durch Neugeborene zu ersetzen. So ist es immer gewesen – aber von dem Hastur war nicht zu erwarten, daß er es weiß! Die Menschen sind mit dem zentralen Kern des Seins nicht so eng verbunden wie wir.

Ich prüfe die Klinge des rituellen Messers, um mich zu vergewissern ... *Bilder von Wärme und Mitleid erscheinen plötzlich vor mir. Eine Katzenmutter säugt ihre Jungen. Worte der Zuneigung treiben an die Oberfläche meines Bewußtseins – Worte, die ich selbst nie geäußert habe. Ich spüre das Einssein aller Wesen und die große Liebe, die geteilt werden könnte, wenn nur ... Wir müssen über uns hinauswachsen und die Mißverständnisse ausräumen, die es zwischen ...* Mein Fell prickelt unter dem Verdacht, was das ist, das ich – das wir *alle* erfahren. Ein hinterhältiger Streich! Ein Comyn-Trick! Ich will diese Entdeckung laut hinausschreien.

Eine begütigende, liebkosende Wesenheit kommt, um die Rache zu bezwingen und die Massen geronnenen Hasses in meinem Blut zu schmelzen. *Das ist kein Trick,* erklärt die Wesenheit in leisen, schnurrenden Rhythmen. *Ich bin Lerrys Ridenow. Die Ridenows sind Empathen. Meine Gefühle sind die deinen. Meine Gedanken sind die deinen. Fließe mit mir. Lerne, eine wie enge Verbindung zwischen unseren Spezies möglich ist.*

Ja ... es ist wahr. Es ist die Wahrheit der Göttin! *O du Weiser, warum hast du deine Natur nicht gleich enthüllt, als du zu uns kamst?*

Ihr wart noch nicht bereit für solches Wissen. Wir hatten geplant, ihr solltet es euch nach und nach einverleiben. Als ihr Lord Regis in Gefahr brachtet, mußte ich schnell handeln.

Es ist gut, daß du es getan hast, Verwandter, wirft der Hastur einigermaßen amüsiert ein. *Mit aufgeschlitzter Kehle auf einem*

Altar des Katzenvolkes zu enden, ist nicht gerade die Todesart, die ich vorziehen würde . . .

Und doch hast du keine Furcht gezeigt. Dein Verhalten hat dir viel Gyar gewonnen. Ich verberge meine Bewunderung nicht vor dem Menschen. Der Versuch wäre sowieso sinnlos gewesen.

Schwester, erreicht mich ein wohlbekanntes Gedankenmuster, *du siehst jetzt die Realität des Traums, für den ich gekämpft habe. Wir brauchen die Menschen nicht zu fürchten. Sie wissen, daß sie nie wieder unsere Herren sein werden. Das Geschenk der Göttin hat das unmöglich gemacht. Aber wir können Gleiche sein. Wir können in Freundschaft koexistieren.*

In einem traumartigen Zustand, ohne die Bedeutung meines Handelns zu erfassen, biete ich dem Hastur das Heft des Opfermessers dar, das ich immer noch halte. Er nimmt es feierlich. Ich finde es nicht seltsam, daß ich die Worte, die er spricht, verstehe.

„Dies ist ein Gelübde, daß das Blut von Hastur niemals von dir oder deiner Sippe vergossen werden wird.“ Er zieht ein Messer aus seinen Kleidungsstücken am Boden der heiligen Höhle. „Und dies siegelt den Bund. Hastur schwört dir und deiner Art Freundschaft, solange es Hasturs auf dem Gesicht Darkovers gibt.“

Dieses Ritual der Domänen wird offiziell von Nyal vor dem gesamten Rat in der Großen Höhle wiederholt. Wir sind jetzt für immer als *Bredin,* wie die neuen Freunde es nennen, verbunden.

In unsern Bergen wird ein Turm gebaut. Es ist die gemeinsame Anstrengung von Katzenkraft und Katzenwille. Er wird sich hoch über die Höhlen erheben – das Symbol einer Zukunft, die ich nie für möglich gehalten hätte. Und wenn die Seelen des ersten felinen Kreises in die Überwelt springen, werden menschliche Seelen da sein, um ihnen über den Abgrund die Hände entgegenzustrecken. Hand in Pfote. Die Welt wird eins sein.

SCIENCE FICTION

Arthur C. Clarke, George R. R. Martin, Joan D. Vinge und andere Spitzenautoren sind die Verfasser der Stories dieser SF-Anthologie.
3501 DM 5,80/öS 45,–

George R. R. Martin, Ron Goulart, Steven Utley u. a. Autoren präsentieren herausragende SF-Stories.
3514 DM 5,80/öS 45,–

Kopernikus 3

Die Geschichten dieser Anthologie sind von Autoren wie Philip K. Dick, Robert Sheckley, Robert Thurston u. a. SF-Autoren.
3523 DM 5,80/öS 45,–

Kopernikus 4

Robert Silverberg, Bob Buckley, Stephan Robinett stellen sich mit herausragenden SF-Erzählungen vor.
3539 DM 5,80/öS 45,–

Kopernikus 5

Roger Zelazny, Joe Haldeman, Georg R. R. Martin und andere SF-Autoren sind die Verfasser.
3563 DM 6,80/öS 55,–

Kopernikus ist ein Forum für die besten Autoren der internationalen Science Fiction-Szene.
3575 DM 6,80/öS 55,–

Dieser Band enthält Erzählungen von Spitzenautoren wie George R. R. Martin, Gregory Benford, Jan Watson u. a.
3587 DM 6,80/öS 55,–

Neben einer mit dem „Hugo-Award" preisgekrönten Novelle von Philip José Farmer sind in dieser 8. Ausgabe Stories von Vonda N. McIntyre u. a. zu finden.
3599 DM 5,80/öS 45,–

Hugo- und Nebula-Preisträger Poul Anderson hat mit dem Band seinen ersten Fantasy-Roman geschrieben und sich einen Wunsch erfüllt.
3516 DM 6,80/öS 55,–

Q 500 wird eine Alltäglichkeit, als der Nebel weicht, der die Erde umfangen hielt.
3589 DM 5,80/öS 45,–

Die Story: Die Konfrontation eines Ritters mit den Sternen.
3566 DM 5,80/öS 45,–

Des Erdenmannes schwere Bürde

Anderson und Dickson mit ihren Abenteuern der Hokas.
3530 DM 6,80/öS 55,–

Auf dem Planeten Tarot hat sich eine neue Religion etabliert mit der Besonderheit: Die Existenz ihres Gottes läßt sich beweisen.
3576 DM 6,80/öS 55,–

Tarot ist ein Planet, auf dem Phantasie und Realität miteinander verschmelzen.
3604 DM 6,80/öS 55,–

Mönch Bruder Paul sieht sich mit der schrecklichsten Tarot-Schöpfung konfrontiert: der Hölle.
3616 DM 6,80/öS 55,–